Matthias Nöllke · Von Bienen und Leitwölfen

Von Bienen und Leitwölfen

Matthias Nöllke

Haufe Mediengruppe
Freiburg · Berlin · München

> **Bibliografische Information der deutschen Bibliothek**
> Die Deutsche Bibliothek verzeichnet diese Publikation in der Deutschen Nationalbibliografie; detaillierte bibliografische Daten sind im Internet über http://dnb.ddb.de abrufbar.

ISBN 978-3-448-09070-3   Bestell-Nr. 00243-0001

© 2008, Rudolf Haufe Verlag GmbH & Co. KG, Niederlassung Planegg/München
Postanschrift: Postfach, 82142 Planegg/München
Hausanschrift: Fraunhoferstraße 5, 82152 Planegg/München
Tel. 089 89517-0, Telefax 089 89517-250
Internet: www.haufe.de
E-Mail: online@haufe.de
Produktmanagement: Bettina Noé
Lektorat: Helmut Haunreiter

Alle Rechte, auch die des auszugsweisen Nachdrucks, der fotomechanischen Wiedergabe (einschließlich Mikrokopie) sowie der Auswertung durch Datenbanken oder ähnliche Einrichtungen vorbehalten.

Umschlaggestaltung: Hauptmann & Kompanie, Werbeagentur, München
Satz/Layout: appel media, 85445 Oberding
Druck: Schätzl Druck, 86609 Donauwörth

Zur Herstellung der Bücher wird nur alterungsbeständiges Papier verwendet.

Inhalt

Vorwort 8

Zum Geleit 10

Einleitung 12

Leittiere 16
    Der König der Tiere – der fette faule Löwe 16
    Der Leitwolf und sein Beta-Männchen 20
    Orang-Utans – der Ruf des sanften Paschas 28
    Der fürsorgliche Graudrossling 33
    Erfahrung führt – Management in der Elefantenherde 37
    Initiatoren und Entscheider – wie Paviane einen Fluss überqueren . 41
    Der König der Lüfte – der Adler 45

Konkurrenz und Konflikte 49
    Der Hirsch und sein Geweih 49
    Streitschlichter in der Affenhorde 56
    Gesträubtes Fell und tiefe Laute – so funktionieren Drohsignale ... 63
    Machtkämpfe unter Meerschweinchen 69
    Verlierer sind gefährlich – die „umgeleitete Aggression" 73
    Affentaktik – warum nicht immer der Stärkste
        die Alphaposition erobert 77
    Tupajas im Dauerstress 82
    Stressmanagement bei den Zebras 86
    Die Faultier-Strategie – der Triumph der Trägheit 88

Teamarbeit und Kooperation 93
    Die wahre Delfinstrategie 94
    Der Fink und die Riesenschildkröte – das Erfolgsgeheimnis
        ungleicher Partner 98
    Wie die klugen Piranhas vorsorgen 103
    Die blutspendenden Vampire – wie du mir, so ich dir 107
    Kooperation unter Beobachtung 112

Inhalt

Organisation und Selbstorganisation ... 117
Hackordnung im Hühnerhof ... 117
Mitarbeiterorientierung bei den Zwergmungos ... 121
Vom Nutzen der trägen Graumulle ... 126
Der zellige Schleimpilz – wie sich Amöben zu einem
  Superorganismus zusammenschließen ... 128
Die wundersame Welt der Parasiten ... 132

Werbung und Marketing ... 140
Imagepflege – die Federn des Pfaus ... 141
Die Schwänze der Rauchschwalben – warum letztlich
  Qualität zählt ... 147
Warum Blumen duften ... 150
Netzkunst – so jagen Spinnen ... 154
Balztänze für den Kunden ... 157
Service-Orientierung beim Putzerfisch ... 163
Die wundersame Selbstvermehrung von Informationen –
  virales Marketing ... 166

Tarnen und Täuschen ... 173
Die besten Mimikry Methoden ... 173
Der Kuckuck und die Geierschildkröte ... 178
Die raffinierten Glühwürmchen ... 182
Transparenz als Tarnung – so machen Quallen Beute ... 186
Kleine Vögel, kleine Lügen ... 190
Mantelpaviane und Truthähne – wie man den Boss
  austrickst ... 192
Die Kunst zu bluffen – der Hammer des Heuschrecken-
  krebses ... 196

Innovation und Wachstum ... 201
Der Wagenheber-Effekt oder die kreativen Affen ... 202
Laborratten in der „Effizienzfalle" ... 205
Wie Bakterienkulturen wachsen ... 209
Sukzession – wie Pflanzen einen Lebensraum neu besiedeln ... 212
Die Entwicklungsgeschichte der Seescheide ... 216

Evolution 220
    Die natürliche Auslese 221
    Es lebe die Vielfalt - die Erfindung der Sexualität 227
    Die Entstehung der Arten 232
    Wettlauf auf der Stelle – die „Red-Queen-Hypothese" 238
    Wie die Vögel fliegen lernten 241
    Evo-Devo – oder wie wenig uns vom Fadenwurm trennt 245
    Evolutionäres Entscheidungsmanagement 250

Schwarm-Intelligenz 257
    Kleine Schritte, klare Ziele – der Termitenmanager 258
    Verborgene Ordnung – das Geheimnis der hundertsten Ameise 264
    Die Schwarm-Intelligenz der Heringe 268
    Die Weisheit des Bienenstocks 275
    Heuschrecken – die „lebenden Teppiche des Teufels" 282
    Die Spur der Düfte – wie Ameisen ihre Straßen anlegen 283

Epilog 288

Über den Autor 290

Literatur 291

Verzeichnis der Themen 294

Stichwortverzeichnis 296

Vorwort

Lernen von der Natur, das war die Grundidee des Buchs „So managt die Natur", das im Herbst 2003 herauskam, sich einige Wochen auf der Bestsellerliste „Wirtschaftsfachbuch Deutschland" der Financial Times Deutschland halten konnte und seit einiger Zeit restlos vergriffen ist. Zunächst plante der Verlag eine Neuauflage, doch hatte sich so viel neues Material angesammelt, dass ich das Buch noch einmal komplett umarbeiten wollte. Nun, das hat einige Zeit in Anspruch genommen – nicht nur weil ich zwanzig Kapitel neu hingefügt habe, sondern weil ich mich auch von vielen Abschnitten trennen musste. Alle Texte habe ich noch einmal überarbeitet, manches gestrafft und manches hinzugefügt. Dabei habe ich versucht, dem Buch eine etwas andere Richtung zu geben. Die Beispiele aus der Natur stehen nun ganz im Vordergrund. Sie hatten zwar schon im ersten Buch eine wichtige Rolle gespielt, doch hatte da das Konzept der „Organisation als lebendes System" noch starkes Gewicht bekommen. Dadurch war das Buch etwas uneinheitlich. Deshalb habe ich hier auf die Überlegungen zu den „lebenden Systemen" und ihrer Steuerung verzichtet. Stattdessen greifen wir hinein ins Leben der wilden Tiere, betrachten Orang-Utans im Urwald von Sumatra, Kolonien von Graumullen, die in Südafrika unter der Erde leben, raffinierte Glühwürmchen, die sich gegenseitig austricksen, und Termiten, die architektonische Wunderwerke in die Savanne bauen. Von ihnen und ihren vielfältigen Leistungen wollen wir uns anregen lassen. Konsequenterweise heißt das Buch nun auch nicht mehr „So managt die Natur", sondern „Von Bienen und Leitwölfen".

Den Anstoß für diese Neufassung habe ich nicht zuletzt durch die Vorträge bekommen, die ich für verschiedene Unternehmen und Organisationen zu diesem Thema gehalten habe. Etwa für Accenture, BVF Finanzberatung, Döhler Group, envia Mitteldeutsche Energie AG, Kirson Industrial Reinforcements, Mölnlycke Health Care, Proseat, SAP, Sick Sensor Intelligence, Siemens, Synthesis Persönlichkeits- und Unternehmensentwicklung, Universitätsklinik Mainz, Verdi und Vossloh. Für die vielen anregenden Gespräche möchte ich mich bedanken. Viele Ideen und Anregungen sind in dieses Buch eingegangen.

Weiterhin habe ich für dieses Buch zahlreiche Interviews und Hintergrundgespräche geführt, darunter mit dem Oxforder Zoologen Alexander Kacelnik, der eine Unternehmensberatung gegründet hat, mit dem Verhaltensforscher Irenäus Eibl-Eibesfeldt, mit Eric Bonabeau, der das Konzept der Schwarm-Intelligenz internationale bekannt gemacht hat, mit dem Primatologen Frans de Waal von der Emory Universität, mit dem Direktor am Max-Planck-Institut für Bildungsforschung Gerd Gigerenzer, auf den viele Ideen in dem Abschnitt über „evolutionäres Entscheidungsmanagement" zurückgehen, und mit dem Physiker Marco Wehr, der – ohne es zu wissen – mit seinen Anmerkungen über das Pantoffeltierchen den Anstoß für das erste Buch gegeben hat. Bei ihnen allen möchte ich mich bedanken.

Zuletzt noch eine Anmerkung in eigener Sache: Wenn Sie Interesse an einem Vortrag zum Thema haben, nehmen Sie Kontakt auf mit der Agentur für Helden (www.agentur-fuer-helden.de) oder wenden Sie sich direkt an mich (über den Verlag).

München, im Juli 2008   *Matthias Nöllke*

Zum Geleit

Matthias Nöllke vermittelt uns in seinem Buch „Von Bienen und Leitwölfen" erstaunliche Einblicke in faszinierende Verhaltensweisen einer vielfältigen Tierwelt. Seine Betrachtungen reichen von einfachen Organismen bis hin zu unseren nächsten Verwandten, den anderen Primaten. Nöllke hat die Fakten und die Literatur gewissenhaft studiert. Das haben vor ihm schon viele gemacht, die Erkenntnisse sind meist auf akademischem Boden versickert. Doch dieses Buch unterscheidet sich von vielen anderen. Der Wissenschaftsjournalist Matthias Nöllke spricht eben nicht nur „Von Bienen und Leitwölfen": Er stellt ganz klar den Menschen in den Mittelpunkt!

Matthias Nöllke hat uns mit seinem Buch nicht nur einen Spiegel vorgehalten, sondern einen Schlüssel in die Hand gedrückt, der es jedem von uns ermöglicht, mit einfachsten Mitteln das Leben in der Gemeinschaft zu begreifen.

Doch, kann man Mensch und Tier überhaupt miteinander vergleichen? Die Entwicklung der Lebewesen auf unserem Planeten hat in zigmillionen Jahren zwar eine unglaubliche Vielfalt zugelassen, jedoch bewährte Grundprinzipien kontinuierlich mitgenommen. Jedes Kind lernt beispielsweise in der Schule, dass Wirbeltiere, zu denen auch wir Menschen zählen, mit den gleichen Organen ausgestattet sind.

Ein intaktes Organsystem war ebenso eine Voraussetzung, um in der Evolution zu überleben, wie sinnvolles Verhalten. Wenn wir nun die gleichen Organerkrankungen wie der Wolf bekommen können, obwohl wir uns in der Stammesgeschichte schon seit ca. 60 Millionen Jahren getrennt entwickelt haben, warum sollten dann nicht auch bewährte Verhaltensweisen dieses Rudeltieres für uns Menschen der heutigen Generation von Bedeutung sein?

Die Unterschiede zwischen Menschen und den „anderen" Tieren sind viel kleiner, als wir uns krampfhaft einzureden versuchen. Im Wesentlichen haben wir mit der Weiterentwicklung des Gehirns und der Vergrößerung der Gehirnrinde Bewusstsein, Selbstbewusstsein dazugewonnen. Wir können vermehrt reflektieren und beschäftigen uns intensiver mit Vergangenheit und Zukunft und, im Gegensatz zu allen anderen Tieren, fürchten wir uns vor dem Tode.

Als Gegenstrategie haben wir Ideologien und Religionen entwickelt. Aber all das kann unser angeborenes Verhalten lediglich überdecken, keinesfalls auslöschen.

Vergleiche zwischen Mensch und Tier gibt es inzwischen in viele Lebensbereichen. Ich selbst werde als Tierarzt und Zoodirektor seit Jahrzehnten launig um Mensch-Tier-Vergleiche gebeten. Nicht nur für Sternzeichen müssen tierliche Verhaltensmuster zurechtgeschneidert werden, Zoodirektoren müssen auf Grund ihres etwas exotischen Berufs die jeweils agierenden Politiker mit Tieren vergleichen und auch im Alltagsleben werden Mitmenschen oft – leider meist in abwertender Weise – mit Tieren verglichen.

Der legendäre Biologe, Tierfilmer und Unterwasserforscher Hans Hass hat jahrelang auf Basis evolutionärer Themen Vorlesungen an der Wirtschaftsuniversität in Wien gehalten, so wie auch heute noch Zoofachleute in der Managementfortbildung und der Mitarbeiterschulung gefragt sind.

Matthias Nöllke hat wohl als Erster derartig umfassend einen Bogen über die Verhaltensweisen in der Tierwelt gespannt. Und er war auch vorsichtig genug, auf direkte Vergleiche mit dem Menschen zu verzichten, wahrscheinlich, um die Hüter der reinen Lehre nicht zu provozieren. Aber auch das am weitesten verbreitete Buch dieser Erde, die Bibel, hat sich damit begnügt, in Bildern (Metaphern) zu sprechen und dies dürfte wohl auch das Geheimnis ihres Erfolgs sein. Wir wollen Geschichten hören, die anschaulich sind, die wir verstehen und mit deren Figuren wir uns identifizieren können. Beim Buch „Von Bienen und Leitwölfen" sind die Leserinnen und Leser stets mitten im Geschehen, sie fühlen sich nicht nur angesprochen, sondern sehen sich meist auch selbst als eines der handelnden Gruppenmitglieder.

Ich bin glücklich darüber, dass es dieses Buch gibt. Und eigentlich sollte man jedem Menschen, dem man Gutes wünscht, dieses Buch ans Herz legen – noch besser auf den Gabentisch.

Wien, August 2008
Prof. Dr. Helmut Pechlaner,
Vorsitzender des Universitätsrates der
Veterinärmedizinischen Universität Wien,
Präsident des WWF Österreich

Einleitung

In einem Interview mit der Süddeutschen Zeitung erklärte kürzlich der Deutschland Chef der Investmentbank Goldman-Sachs Alexander Dibelius zur aktuellen Finanzkrise: „Dass exponentielle Entwicklungen auf Dauer nicht durchzuhalten sind, lehrt schon die Biologie. Eine Bakterienkultur kann für eine gewisse Zeit exponentiell wachsen, aber irgendwann reicht der Nährstoff nicht mehr und sie bricht plötzlich zusammen. Man tut sich jedoch schwer zu erkennen, wann solch eine Entwicklung endet, wenn man selbst mitten drin steckt."

Noch vor einigen Jahren hätte der Vergleich von Business und Bakterien vermutlich Befremden ausgelöst. Heute ist das anders. In Wirtschaft und Politik werden gerne Bezüge zur Natur hergestellt. Ob es sich um Alphatiere, Bienen, Löwen, Zugvögel, Wölfe, Affen, Elefanten oder Amöben handelt. Auch Themen wie Symbiose, Schwarmbildung und vor allem die Evolution werden im Zusammenhang mit Management, Marketing und Unternehmensstrategien erörtert.

Erfolgsunternehmen Natur

Warum ist das so? Nun, zunächst einmal ist die Natur eine ausgezeichnete Lehrmeisterin, die eine ganze Fülle von Anregungen bereithält. In der Produktentwicklung kennt man diesen Ansatz schon länger. Bionik heißt das Konzept, natürliche Lösungen auf technische Sachverhalte zu übertragen. Der Bionik verdanken wir so nützliche Erfindungen wie den Klettverschluss, den Tarnanzug für Soldaten, Kleinflugzeuge, die nach dem Prinzip der fliegenden Fische konstruiert sind, Abflussrohre, die nicht so schnell verstopfen, und vieles, vieles mehr. Doch auch in Sachen Business können wir von der Natur lernen. Immerhin gibt es kein vom Menschen erfundenes System, das so erfolgreich und ökonomisch wirtschaftet wie die Natur. Der Kybernetiker Frederic Vester hat es einmal so ausgedrückt: „Die Natur ist ein Erfolgsunternehmen, das in Millionen Jahren nicht pleite gemacht hat."

Vielleicht runzeln Sie die Stirn: Ist es überhaupt sinnvoll, von einem erfolgreichen Unternehmen zu sprechen, wenn es um die doch sehr umfassende Natur geht? Im wörtlichen Sinne natürlich nicht. Dennoch haben Ökonomie und Natur sehr viel mehr miteinander zu tun, als uns vielleicht bewusst ist. Nehmen wir nur vier Beispiele:

- *Wettbewerb:* Auf keinem Markt herrschen so harte Bedingungen wie in der Natur. Es geht nicht nur um das Fressen und Gefressen werden. Das Prinzip der Konkurrenz herrscht überall. Es wird um Futterplätze, Fortpflanzungspartner und Jagdreviere konkurriert, ja sogar um Ruheräume. Und alle Mittel sind erlaubt.

- *Organisation*: Ein zentrales Erfolgsprinzip in der Natur heißt Organisation. Wölfe tun es, Ameisen tun es, Piranhas und Delfine tun es auch: Sie schließen sich zusammen und vollbringen gemeinsam die erstaunlichsten Leistungen. Dabei finden wir in der Natur eine ungeheure Vielfalt von Organisationsformen: locker verbandelte, „multikulturelle" Vogelschwärme, variable Delfinteams, despotisch geführte Affenhorden, riesige, hochkomplexe Termitenstaaten und vieles, vieles mehr.

- *Kundenansprache*: Der biologische Erfolg eines Organismus hängt in hohem Maße davon ab, dass sich ein passabler Fortpflanzungspartner für ihn entscheidet. Tiere und Pflanzen müssen daher werben. Pflanzen werben um Insekten, die die Bestäubung für sie erledigen; bei einigen Tieren gibt es Balztänze und Lockrituale. Kurz gesagt, in der Natur finden wir einige interessante Strategien, wie man eine attraktive, höchst wählerische Zielgruppe anspricht und an sich bindet. Und auch hier sind alle Mittel erlaubt.

- *Ressourcenmanagement*: Niemand muss so ökonomisch denken und handeln wie Tiere und Pflanzen. Jede Jagd, jede Futtersuche, jeder Nestbau, jede Balz, jeder Erwerb zusätzlicher Fähigkeiten, all das verbraucht Ressourcen und muss sich unter dem Strich „rechnen". Verschwendung endet in der Natur meist tödlich.

Tödlich – das ist ein weiterer wichtiger Aspekt: Die natürlichen Strategien haben den „reality check" bereits bestanden. Sie haben sich in den Jahrmillionen der Evolution nicht nur herausgebildet, sich optimiert, sondern im Kampf ums Dasein eben auch bewährt. Angepasst an die spezifischen Lebensumstände, die wir immer mitbedenken müssen. Lösungen, die nicht funktioniert haben, sind ausgestorben. Insoweit lohnt sich ein Blick auf die

Leitwölfe und „Termitenmanager", auf die Heringsschwärme, die Piranhas und die balzenden Auerhähne. In jedem Pantoffeltierchen steckt eine ganz eigene Erfolgsgeschichte. Und in diesem Sinne ist es eben doch sinnvoll, vom „Erfolgsunternehmen Natur" zu sprechen.

Beispiele aus der Natur sind anschaulich

Es spricht noch ein weiteres Argument dafür, sich mit den Vorgängen in der Natur zu beschäftigen: Sie sind anschaulich und wirken daher oftmals überzeugender als theoretische Erörterungen. Wenn Sie Ihr Servicekonzept anhand des Balztanzes der Stichlinge erläutern (→ S. 157) oder bei der Besetzung einer Führungsposition auf das Beispiel des Leitwolfs (→ S. 20) eingehen, dann ist Ihnen zumindest die Aufmerksamkeit sicher. Ihre Gesprächspartner können sich viel eher etwas darunter vorstellen, was Sie sagen. Und Ihre Ausführungen bleiben wesentlich stärker bei Ihren Zuhörern verankert. Wie die „vier goldenen Serviceregeln" hießen, die Sie Ihren Mitarbeitern in einer Schulung erklärt haben, das werden Sie vielleicht schon am nächsten Tag nicht mehr so genau wissen. Aber die vier Grundsätze, wie die Spinne ihre Fliegen fängt (→ S. 154), bleiben ganz gewiss hängen wie der Brummer im Netz.

Metaphern aus der Natur

Das führt uns zu einem sehr wichtigen Punkt, der häufig für Missverständnisse sorgt: Unsere Beispiele aus der Natur sind ausdrücklich Metaphern. Das heißt, sie sind eine Übertragung von einem Bereich in den anderen, sie sind nicht „wörtlich" zu verstehen, sondern gelten nur mit Einschränkungen. Vielleicht glauben Sie, das entwerte sie, aber aus meiner Sicht ist gerade das nicht der Fall. Vielmehr ist es die einzige Art, mit den Anregungen aus der Natur umzugehen. Ich halte gar nichts davon, aus der Natur vermeintliche „Gesetze" abzuleiten, wie Menschen oder Unternehmen zu führen seien. Das wäre anmaßend. Und wenn man einen solchen Ansatz konsequent zu Ende denkt, gerät man in sehr gefährliches Fahrwasser. Totalitäre Ideologien zeichnen sich nämlich genau dadurch aus: Sie beanspruchen, für menschliches Verhalten natürliche Gesetzmäßigkeiten entdeckt zu haben, aus denen es kein Entrinnen gibt. Gegen solche „Naturgesetze" muss man entschieden Einspruch erheben.

Worum es hier geht, das sind Anregungen, Übertragungen, Gedankenanstöße. Einmal, um etwas Kompliziertes oder Abstraktes deutlich werden zu lassen. Dann aber auch, um auf etwas Neues zu stoßen. Und für diesen Zweck gibt es kaum etwas Nützlicheres als Metaphern. Sie verbinden Bereiche, die auf den ersten Blick nicht zusammengehören. Dadurch verhelfen sie uns zu einer neuen Sicht und sorgen dafür, dass wir alle möglichen Dinge begreifen können („begreifen" ist auch eine Metapher). Metaphern sind das Erfolgsgeheimnis menschlichen Denkens. Sie lassen uns in neue Bereiche vorstoßen.

Was heißt das jetzt genauer? Wir greifen verschiedene Beispiele aus der Natur auf und übertragen ihre Bedeutung in einen neuen Zusammenhang, häufig auch in mehrere neue Zusammenhänge. Das Balzverhalten des Pfaus (→ S. 141) bietet nicht nur Anregungen für das Eventmarketing, sondern auch für die Karriereplanung oder für die Auswahl hochqualifizierter Mitarbeiter. Das bedeutet nicht, dass der Pfau ein Experte für Eventmarketing ist, sondern dass wir aus seinem Verhalten manches ableiten können, was uns bei diesem Thema weiterhilft. Ähnlich wie ein Haifisch auch nichts von Autos verstehen muss, um den Designern brauchbare Anregungen zu geben. Natürlich gibt es gewaltige Unterschiede zwischen einem Ameisenhaufen und einer Firma oder Organisation – auch wenn uns das manchmal schwer fällt zu glauben.

Wie Sie dieses Buch nutzen können

Dieses Buch ist so aufgebaut, dass Sie ganz nach Belieben kreuz und quer darin herumlesen können, Sie können vorne beginnen oder auch hinten oder sich von der Mitte in beide Richtungen vorarbeiten. Sie können sich einzelne Kapitel vornehmen oder überschlagen. Ebenso ist es möglich, dass Sie sich vom Stichwortverzeichnis leiten lassen und zu einem bestimmten Thema die betreffenden Abschnitte zusammenstellen. Letzteres bietet sich an, wenn Sie für einen Vortrag oder eine Präsentation ein treffendes Beispiel suchen. Doch unabhängig davon, wo Sie mit dem Lesen anfangen und wo Sie aufhören, wäre es schön, wenn Ihnen das Buch nicht nur viele Anregungen gibt, sondern Ihnen die Lektüre auch Vergnügen macht.

Leittiere

In diesem ersten Kapitel stellen wir Ihnen einige Tiere vor, die unterschiedliche Aspekte von Führung verkörpern. Angefangen beim „König der Tiere", dem Löwen, über Wölfe, Elefanten, Wüstenvögel, Orang Utans und Paviane bis hin zum „König der Lüfte", dem Adler. Er lebt im Unterschied zu allen anderen Leittieren keineswegs in einem sozialen Verband, sondern ist ein ausgesprochener Einzelgänger. Dennoch gilt er für viele Führungskräfte als Leittier, und zwar als ihr ganz persönliches Leittier. Denn der Adler steht für Freiheit, Stärke und die besondere Fähigkeit, Übersicht mit Detailkenntnis zu verbinden.

Der König der Tiere — der fette faule Löwe

Themen: Delegieren, Führungspersönlichkeit, Macht, Durchsetzungsfähigkeit

Seit jeher ist er das Symbol für Macht, Führungsstärke und Souveränität: Der König der Tiere, der Löwe. Warum bloß? Ein männlicher Löwe schläft dann und wann länger als ein Faultier, nämlich bis zu zwanzig Stunden am Tag. Sein entspannter Lebenswandel beruht auf der konsequenten Anwendung von drei einfachen Erfolgsregeln:

1. Tue möglichst wenig selbst.
2. Lasse nur Profis für dich arbeiten.
3. Wenn es darauf ankommt, zeige Stärke.

Die hohe Kunst des Selbstmanagements

Vor allem die dritte Regel unterscheidet den Löwen von anderen Geschöpfen im Tierreich, die einfach nur träge sind. Ja, die dritte Regel macht wohl den eigentlichen Kern seines Erfolgs aus. Faul sein allein genügt nicht. Aber wer wollte hier überhaupt von Faulheit sprechen? Reden wir lieber von Effizienz und der hohen Kunst des Selbstmanagements. Und damit sind wir bei Regel 1. Der Löwe ist ein Meister des schonenden Umgangs mit seinen Ressourcen.

Denn er beherrscht die Kunst des Delegierens. Das Ergebnis würde alle Berater in Sachen Zeitmanagement begeistern: In seinem Time-Planner wären fast alle Stunden des Tages blau markiert für ausgedehnte Rekreationsphasen.

Womit wir bei Regel 2 wären: Er verschwendet seine Zeit nicht mit Aufgaben, die andere Tiere für ihn weit kostengünstiger übernehmen können. Die Arbeitskraft eines majestätischen Löwenmännchens ist zu teuer, um sie mit Jagen, Futtersuche oder Kindererziehung zu vergeuden. Dafür steht kompetentes Fachpersonal zu Verfügung, die Löwenweibchen etwa. Sie kümmern sich um die Jagd. Und weil mehr Weibchen auch mehr Beute heimbringen, beschäftigt ein Löwenmännchen gleich mehrere Löwinnen in seinem Rudel, die im Team ohnehin besser jagen und gemeinsam auch größeres Wild zur Strecke bringen.

Management by walking around

Was aber tut nun ein männlicher Löwe? Er praktiziert eine Form des „Managements by walking around", lässt sich mal hier, mal dort blicken, um nachzuschauen, ob noch alles planmäßig läuft oder sein Eingreifen gefragt ist. So ist das nämlich beim erfolgreichen Delegieren. Ohne ergebnisorientierte Kontrolle geht es nicht. Und so lässt sich der männliche Löwe hinter einem Buschwerk nieder und überwacht zum Beispiel, wie seine Löwinnen mit der Verfolgung eines Zebrafohlens zurecht kommen. Dabei sollten Sie nicht glauben, dass sich der Löwe übertrieben oft einmischt: Gibt es Probleme, was häufig vorkommt, dann greift er ebenso wenig ein, wie sich der Vorstandsvorsitzende eines Großunternehmens bei einem firmenweiten Netzwerkabsturz einmischen würde. Die Lage ist ernst, aber Jagen ist Frauensache, wenigstens bei den Löwen, der einzigen Katzenart übrigens, die in der Gruppe auf Beutezug geht.

Wenn Sie sich fragen, warum sich das majestätische Löwenmännchen nicht an der Jagd beteiligt, so lautet die Antwort: Es ist körperlich nicht dazu in der Lage. Für eine solche Aufgabe ist es zu langsam, denn es ist zu muskulös. Und so erbeutet das Männchen nur gelegentlich seine Mahlzeit selbst. Dabei legt es sich auf die Lauer und schlägt mit seinen gefährlichen Pranken zu.

Wie man sich den Löwenanteil sichert

In der Savanne gibt es noch viele andere ausgezeichnete Jäger. Leoparden etwa, Geparden oder auch Hyänen. Was Sie vermutlich noch nicht gewusst haben: Der Löwe lässt auch diese Spezialisten für sich arbeiten. Jawohl, auch die Hyänen. Da Hyänen bevorzugt bei Dunkelheit jagen, waren die Tierforscher lange Zeit ahnungslos, bis sie ihnen und damit auch den Löwen mit Nachtsichtgeräten auf die Spur kamen: Wenn in der Savanne die Sonne aufgeht und die Löwen vor ihrem Morgenimbiss sitzen, dann haben sie gut die Hälfte davon den struppigen Hyänen abgenommen.

Legt man strenge Maßstäbe an, müsste man sie für die gierigsten Aasfresser der ganzen Savanne halten. Der „Löwenanteil" trägt seinen Namen zu Recht. Unterm Strich zahlt sich sein etwas rücksichtsloses Verhalten aus. Kein anderes Geschöpf in der Savanne konsumiert so viel Fleisch wie der majestätische Löwe. Mit einer bezeichnenden Ausnahme: In einigen Fällen wird er vom Geier noch übertroffen. Eigentlich keine Überraschung. Denn der kann fliegen.

Im Ernstfall Krallen zeigen

Aber vergessen wir die dritte Regel nicht. Löwen zeigen immer dann Stärke, wenn es darauf ankommt. Ein Rudel besteht meist aus vier bis sieben Weibchen und zwei bis drei Männchen. Wird das Rudel angegriffen, dann übernehmen die sonst so entspannten Männchen die Verteidigung und kämpfen bis zum Äußersten. Der sprichwörtliche Löwenmut, hier kommt er zum Tragen. Entweder werden die Angreifer in die Flucht geschlagen oder die Löwen sterben. In solchen kritischen Momenten setzt der König der Tiere seine geballte Kraft ein und erbringt damit den Nachweis, dass er kein fauler Kostgänger, sondern dass er wichtig, überlebenswichtig ist. Vielleicht stellen Sie sich die Frage: Wer greift eigentlich ein Rudel Löwen an? Leoparden? Hyänen? Elefanten? Nashörner? Natürlich nicht. Die Antwort ist: Andere Löwen.

Harter Verdrängungswettbewerb

Unter den Löwen herrscht ein mörderischer Verdrängungswettbewerb, bei dem viele, viele Männchen samt Nachwuchs auf der Strecke bleiben. Dabei fallen nicht etwa benachbarte Rudel übereinander her, sondern es sind vagabundierende Gruppen von drei bis vier Löwenmännchen, die noch kein eigenes Revier haben. Diese so genannten „Bruderschaften" suchen nach einer Gelegenheit, ein Revier samt Weibchen zu übernehmen. Für junge Löwen gibt es in der freien Wildbahn sonst kaum Möglichkeiten, in geordnete Familienverhältnisse zu wechseln. Hat ihre feindliche Übernahme Erfolg, töten die Löwen den bestehenden Nachwuchs, um eigene Nachkommen in die Welt zu setzen, die sie natürlich ihrerseits vor anderen „Bruderschaften" schützen müssen.

Von einem ökonomischen Standpunkt aus betrachtet bedeutet das eine ungeheure Vergeudung von Ressourcen. Doch vielleicht ist das der Preis dafür, dass ein Löwenmännchen seine Umgebung so stark dominiert.

Anregungen für das Business

Natürlich, Löwen leiten kein Unternehmen, ja nicht einmal in ihrem Rudel übernehmen sie so etwas wie Führungsverantwortung. Dazu sind sie zu stark auf ihren eigenen Vorteil bedacht. Wenn Sie das beiseite lassen, dann lassen sich doch einige brauchbare Hinweise aus dem Verhalten der Löwen ableiten.

In der Ruhe liegt die Kraft
Eine Führungskraft im Zeichen des Löwen geht mit ihren Ressourcen äußerst schonend um. Sie verzettelt sich nicht, delegiert die meisten Aufgaben und mischt sich nicht übertrieben oft ein. Sie lässt ihre Mitarbeiter in aller Ruhe ihre Arbeit tun.

Fachlich muss der Vorgesetzte nicht der Beste sein.
Eine Führungskraft muss nicht das können, was in ihrer Abteilung erarbeitet werden soll, sondern sie muss dafür sorgen, dass andere diese Leistung optimal erbringen. Deren Aktivitäten muss sie koordinieren, unterstützen und zusammenführen – nicht in ihrem Magen, sondern als stimmiges Gesamtergebnis. Es kommt nicht darauf an, selbst der beste Jäger zu sein, sondern auf die Tätigkeit der besten Jäger „zugreifen" zu können. Aus der eigenen Belegschaft, aber auch auf die Tätigkeit von externen Fachleuten. Dazu gehört für menschliche Führungskräfte, dass man Fachleute bezahlt, motiviert und an das Unternehmen bindet.

Die Qualität einer Führungskraft zeigt sich in kritischen Situationen.
Beim Löwen wird das auf die Spitze getrieben, was für gute Führungskräfte unerlässlich ist: In kritischen Momenten müssen sie präsent sein. Sie müssen wissen, wann sie einschreiten und Stärke zeigen müssen. Vielleicht gar nicht oft, aber genau diese Sensibilität für die kritischen Situationen und die Bereitschaft, sich gerade dann ohne Wenn und Aber zu engagieren, zeichnet eine gute Führungskraft im Zeichen des Löwen aus.

Um „Löwenpositionen" wird hart gekämpft.
Die privilegierte Stellung des Löwen bringt es mit sich, dass solche Positionen hart umkämpft sind. Der Wettbewerb darum ist erbarmungslos und erfordert eine bestimmte charakterliche Konstitution, einen ausgeprägten „Machtinstinkt" und ein Mindestmaß an Rücksichtslosigkeit. Das mag manche abhalten, eine solche Position anzustreben. Doch auch das mittlere Management kann von „Löwenkämpfen" betroffen sein. Rücken neue Führungskräfte in eine „Löwenposition" auf, dann haben die „Nachkommen" des „alten Löwen", sprich: seine altgedienten loyalen Mitarbeiter häufig einen schweren Stand. Ein machtbewusster Löwe bringt seine eigenen Leute auf die besten Positionen.

Der Leitwolf und sein Beta-Männchen

Themen: Leadership, Führungsstil, Konflikte, Stellvertreter

Im Wolfsrudel gibt es zwei Hierarchien: Eine für die Weibchen und eine für die Männchen. An der Spitze treffen sie sich. Denn da steht der Leitwolf und die Leitwölfin. Eine Sonderstellung hat das Betamännchen und mit deutlichem Abstand folgt der Rest des Rudels. Die untersten Ränge werden von Tieren besetzt, die kein leichtes Leben haben. Immer wieder werden Wölfe aus dem Rudel ausgestoßen. Einzelne von ihnen tun sich paarweise zusammen und kommen vielleicht noch eine Weile durch. Denn ein einsamer Wolf hat keine hohe Lebenserwartung.

Leitwolf und Beta-Männchen praktizieren eine bemerkenswerte Arbeitsteilung. Wie der Verhaltensforscher Erich Klinghammer bei Feldstudien in Kanada beobachtet hat, kümmert sich das Beta-Männchen darum, dass die Gruppenregeln eingehalten werden. Dabei verfährt es recht rigide. Bei schlechtem Benehmen schreitet es sofort ein, knurrt und fletscht die Zähne und beißt auch schon mal zu. Auf den ersten Blick könnte man meinen, das ist der strenge Chef. Der hält die Fäden in der Hand. Doch das stimmt eben nicht.

Geteilte Rudelführung

Der echte Leitwolf benimmt sich den Rudelmitgliedern gegenüber völlig anders, er ist der „freundlich tolerante Mittelpunkt des Rudels", wie der Wolfsforscher Erik Zimen bemerkt. Der Leitwolf ist derjenige, der führt, der für gute Stimmung sorgt und der den Laden zusammenhält. Er steht in der Verantwortung, dass sein Rudel durchkommt. Wenn die Nahrung im Winter knapp wird, dann ist es der Leitwolf, der allein loszieht, um Beutetiere aufzuspüren. Die andern bleiben in der Höhle zurück und warten, bis der Leitwolf sie ruft oder zur Jagd abholt. Für den Bestand ihres Rudels setzen sich die Leitwölfe bis zum Äußersten ein. So wird aus Alaska ein Fall berichtet, bei dem vier Grizzlybären in einer Wolfshöhle Unterschlupf suchten. Dem Rudel gelang es die zweieinhalb Meter großen Giganten nach einem dreistündigen Kampf in die Flucht zu schlagen. Dabei trug der Leitwolf so schwere Verwundungen davon, dass er am Abend starb. Ein veritabler Heldentod. Kein Wunder also, dass ein Leitwolf bei den Seinen geachtet und nicht gefürchtet wird. In der Wildnis ist der Leitwolf auf die Loyalität aller Rudelmitglieder angewiesen. Und Loyalität erwächst auch bei Wölfen nicht aus Einschüchterung und Schikane.

Zugleich muss sich jemand um die Disziplin kümmern. Das aber macht unbeliebt. Und so überlässt der Leitwolf seinem Betamännchen die unangenehmen Pflichten, die Rudelmitglieder zu maßregeln. Der zieht dadurch die ganze Abneigung der Gruppe auf sich. Dafür hält der Leitwolf seine schützende Pfote über ihn. Natürlich auch im eigenen Interesse, denn wenn sich ein Rudelmitglied auflehnt, dann fordert er nicht etwa den Leitwolf heraus, sondern richtet seine Angriffe erst einmal gegen den „Blitzableiter", das Beta-Männchen.

Der Leitwolf als Streitschlichter

Lässt sich der Konflikt nicht mit dem üblichen Anknurren und Zähnefletschen beilegen, muss der Leitwolf eingreifen. Bezeichnenderweise eilt er nicht etwa seinem Beta-Männchen zu Hilfe und sorgt dafür, dass der Herausforderer in Stücke gerissen wird. Vielmehr bleibt er neutral und betreibt eine Taktik der Deeskalation. Er fordert den Stärkeren auf, mit ihm zu spielen. Der fühlt sich geschmeichelt, schließlich hat man nicht jeden Tag Gelegenheit, mit dem Chef herumzuspaßen, und so löst sich alles in Wohlgefallen auf.

Dass der Leitwolf einschreitet, hat seinen Sinn: Würde das Beta-Männchen im Kampf unterliegen, dann wäre als nächstes eine Auseinandersetzung mit dem Leitwolf fällig. Und würde das Betamännchen den Rivalen halb tot beißen, wäre dies für den Zusammenhalt des Rudels schädlich. Erfahrene Leitwölfe wissen: Sie festigen ihre Position, wenn sie Konflikte schlichten. Damit wirken sie im Interesse des gesamten Rudels.

Wie Entscheidungen getroffen werden

Der Leitwolf lenkt sein Rudel erstaunlich konsensorientiert. Erik Zimen hat die Entscheidungsfindung im Rudel untersucht und herausgefunden, dass kein Tier den anderen seinen Willen aufzwingen kann. Vielmehr nehmen die Wölfe ihrem Rang entsprechend unterschiedlich stark Einfluss auf die Entscheidung, am stärksten natürlich der Leitwolf, der Entscheidungen auch häufig anschiebt.

Für bestimmte Probleme gibt es Spezialisten, zum Beispiel für das Aufspüren von Beutetieren oder das Überqueren von Flüssen. Hier können sie besonders stark „mitreden", unabhängig von ihrem Rang. Und doch wird die Entscheidung im Konsens getroffen, auch der Experte kann sozusagen „überstimmt" werden. Dabei dürfen wir uns die Entscheidungsfindung natürlich nicht als Abstimmung vorstellen. Es können auch keine Argumente ausgetauscht werden. Vielmehr vollzieht sich der Entscheidungsprozess durch Beobachtung und Handeln: Steht ein Wolf auf und sorgt dafür, dass alle zur Jagd aufbrechen? Legt er sich nieder, um eine Ruhepause vorzuschlagen? Wer läuft voran und bestimmt dadurch die Richtung, in die das Rudel läuft?

Jeder hält Kontakt zum Leitwolf

Beobachtet man ein Rudel auf der Jagd, so ist der Leitwolf daran zu erkennen, dass die anderen Mitglieder immer wieder seine Nähe suchen. Jagen die Wölfe größeres Wild, so kann es zu einer Aufgabenteilung kommen. Die einen treiben das Wild, die anderen liegen im Hinterhalt.

Auf Wanderungen ist es meist der Leitwolf, der vorneweg läuft, aber eben nicht immer. Im Tiefschnee trabt beispielsweise das Beta-Männchen voran und legt die Spuren, in denen dann die anderen folgen, mit dem Leitwolf in der Mitte. Schlägt das Beta-Männchen eine Richtung ein, die der Leitwolf für gefährlich hält, dann eilt er an die Spitze und fordert seinen Stellvertreter spielerisch auf, ihm nachzujagen. So vermeidet der Leitwolf, den andern zurechtzuweisen, ihn autoritär auf den gewünschten Pfad zu rempeln; er rettet vielmehr die Situation und gestattet es dem Beta-Männchen in gewisser Weise „sein Gesicht zu wahren".

Die Entthronung des Leitwolfs

Bei diesem konstruktiven Führungsstil überrascht es fast, dass sich ein Leitwolf nur begrenzte Zeit halten kann. Aber im Rudel rücken immer neue Jungwölfe nach. Und auch von außen kann ein Rudel übernommen werden. Zumindest sind Fälle bekannt, in denen stattliche revierfremde Männchen vom Rudel nicht etwa attackiert, sondern in den Rang des Leitwolfs erhoben wurden. Vor allem für ein kleineres Rudel ist das eine sinnvolle Strategie. Der neue Leitwolf bringt frische Gene ins Rudel; und weil er ja auch für neue Nachkommen sorgt, sichert diese „Auffrischung von oben" langfristig den Bestand.

Verstärkt wird die Tendenz zum Auswechseln des Führungspersonals durch jahreszeitlich bedingte Hormonschwankungen. Im Herbst schlägt die Stimmung unter den Wölfen plötzlich um. Zwar gelingt es einem fähigen Leitwolf, die aufkommenden Aggressionen eine Zeitlang zu dämpfen. Doch auch der begabteste Manager kann gegen Hormone nicht viel ausrichten. Und so werden in dieser Zeit die Karten der Hierarchie häufig neu gemischt.

Ein Leitwolf kann sich also niemals zurücklehnen oder auf die Loyalität seiner Mitwölfe bauen, die ihn schon nicht fallen lassen, weil er in der Vergangenheit so viel für sie getan hat. Ein Leitwolf, der Schwäche zeigt, wird entthront. Häufig verlässt er dann das Rudel aus eigenen Stücken.

In aller Deutlichkeit: Für den Leitwolf genügt es nicht, tolerant und ausgleichend zu wirken und bei den andern beliebt zu sein. Er braucht Stärke. Sonst kann er seine Herausforderer nicht im Zaum halten. Umgekehrt gilt für die ambitionierten Karrierewölfe: Um die Alphaposition zu erobern, müssen sie die bisherige Nummer eins herausfordern und besiegen. Um sich aber an der Spitze zu behaupten, reicht es nicht aus, stark zu sein. Die siegreichen Herausforderer müssen in die Rolle des Leitwolfs hineinwachsen. Sonst wird es ihnen niemals gelingen, das Rudel zu führen.

Nachfolger gesucht

Und was geschieht eigentlich, wenn das Rudel unvermittelt ohne Leitwolf dasteht, zum Beispiel weil er von einem Jäger erlegt wurde? Rückt dann die Nummer zwei auf seine Position, sein autoritärer Stellvertreter? Offenbar geschieht dies häufig nicht. Das Beta-Männchen ist zwar der ranghöchste Rüde, doch hat er im Rudel zuwenig Rückhalt, um es zu führen. Und er wäre auch vermutlich kaum in der Lage, das zu tun. Denn als Nummer zwei hat er sich gerade nicht dafür qualifiziert, an die Spitze zu rücken. Vielmehr hat er dem Leitwolf den Rücken freigehalten, für ihn gewissermaßen die Drecksarbeit geleistet, ihm galt seine ganze Loyalität. Darin liegt seine Leistung, und es wäre fatal, wenn er plötzlich allein an der Spitze stünde.

Was geschieht dann aber mit dem Betamännchen? Immerhin hat es ja den neuen Leitwolf bis dahin eher „gedeckelt". Wird er sich also dafür an ihm rächen? Keineswegs, denn an den Loyalitätsverhältnissen ändert sich nichts. Und so bleibt das Beta-Männchen auf der Position, auf der es sich bewährt hat.

Der Club der „Klein-Alphas"

Eine weitere Besonderheit im Rudel sind die aufstrebenden Jungwölfe, die Erik Zimen die „Klein-Alphas" genannt hat. Schon früh versuchen sie sich gegenüber ihren Geschwistern durchzusetzen, was ihnen auch gelingt. Und sie kopieren mit einer gewissen Unverfrorenheit das Benehmen der ranghohen Erwachsenen. Sie stolzieren mit hocherhobenem Schwanz umher und knurren gelegentlich sogar Erwachsene an. Manche versuchen sogar beim Urinieren das Bein zu heben. Das ist eine Geste, die nur dem Leitwolf zusteht, der auf diese Weise das Revier markiert. Doch die „Klein Alphas" üben sich schon einmal darin. Und weil es nicht so einfach ist, dreibeinig die Markierung möglichst hoch am Baum anzubringen, fallen sie gelegentlich dabei um. Auch suchen sie wie kein anderes Rudelmitglied immer wieder die Nähe des Leitwolfs. Der zeigt sich gegenüber den übereifrigen „Klein Alphas" ausgesprochen tolerant.

Dabei ist es keine Überraschung, dass sich aus dem Club der „Klein Alphas" oft die künftigen Leitwölfe rekrutieren. Aber bis dahin bleibt dem Rudel ja noch einige Zeit. Denn nur ein großer, starker und erfahrener Rüde kann ein erfolgreicher Leitwolf werden.

Tyrannei in Gefangenschaft

Alles in allem geht es im Wolfsrudel wesentlich sozialer und pragmatischer zu, als wir vielleicht erwarten würden. Brutalität, Einschüchterung, Rücksichtslosigkeit, all das, was gewöhnlich als das „Gesetz der Wildnis" gilt, findet sich dort, in der freien Wildbahn weit seltener. Unter den harten Lebensbedingungen können es sich die Tiere einfach nicht leisten, sich gegenseitig zu schikanieren und ihre Energie in Statuskämpfen zu vergeuden. Solche Rudel würden schnell von der Bildfläche verschwinden.

Allerdings ändert sich die Lage grundlegend bei Rudeln in Gefangenschaft. Hier hat man häufiger beobachtet, dass rangniedere Tiere tyrannisiert und gequält werden. Der sonst so milde Leitwolf kann sich zum brutalen Gewaltherrscher entwickeln. Der populäre Verhaltensforscher Vitus Dröscher glaubt, dass die komfortablen Lebensumstände die Ursache dafür sind. Den Wölfen geht es zu gut. Sie müssen sich nicht mehr um ihren Lebensunterhalt kümmern und kommen deshalb auf dumme Gedanken, aus Langeweile sozusagen. Vielleicht eine etwas gewagte Schlussfolgerung, doch können wir die Perspektive natürlich auch umdrehen und feststellen: Gerade in schwierigen Zeiten braucht ein Rudel einen sozialen, engagierten, konstruktiven Wolf an der Spitze. Sonst hat es keine Chance.

Anregungen für das Business

Führen Sie mit verteilten Rollen

Auch in menschlichen Organisationen ist es eine kaum zu schlagende Kombination: Hinter dem allseits beliebten, charismatischen und verständnisvollen Chef wirkt eine Nummer zwei, die für die unangenehmen Dinge zuständig ist. Die unpopuläre Maßnahmen durchdrückt, Mitarbeiter auf Linie bringt und dafür sorgt, dass alles so abläuft wie geplant. Bei Wölfen und Menschen ist es so, dass diese Tätigkeit zwar ungemein wertvoll sein kann, jedoch nicht gerade beliebt macht. Die eigentliche Nummer eins muss auf einem anderen Register spielen, um seine Mitarbeiter an sich zu binden und ihr Vertrauen zu erwerben. Sie kann sich großzügig geben, weil im Hintergrund jemand den Part des kleinlichen „Erbsenzählers" übernimmt. Sie kann fast immer freundlich sein, weil jemand schon dafür sorgt, dass Fehler konsequent geahndet werden.

Die ideale Nummer zwei blüht auf im Schatten von Nummer eins

Das Ganze muss man durchaus nicht als abgekartetes Spiel sehen. Es funktioniert ja ohnehin nur, wenn beide Seiten eine entsprechende Veranlagung mitbringen. Sie meinen es mit dem, was sie tun, vollkommen ehrlich, aber sie ergänzen sich eben auf das Vortrefflichste. Die Nummer zwei weiß, dass sie niemals ein allseits beliebter, charismatischer Leitwolf werden kann. Also nutzt sie ihre Chance und spielt ihre Qualitäten konsequent aus: Absolute Loyalität zur Nummer eins, Genauigkeit, Fachwissen und Hartnäckigkeit.

Opfern Sie niemals leichtfertig eine unbeliebte Nummer zwei

Die Nummer eins weiß, dass sie an ihrem „Beta-Männchen" jemanden hat, auf den sie sich absolut verlassen kann, der keine Ambitionen hat, auf ihren Stuhl zu steigen und der sich obendrein noch als „Blitzableiter" für unzufriedene Mitarbeiter anbietet. Nur in äußersten Notfällen sollte es eine Nummer eins riskieren, seinen Stellvertreter zu „opfern", weil jemand die Verantwortung für eine Fehlentscheidung übernehmen muss. Die Gefahr: Möglicherweise hegt die neue Nummer zwei ganz andere Ambitionen und arbeitet darauf hin, sich selbst an die Spitze zu setzen.

Auch ein Leitwolf muss beißen können
Eine Gefahr für einen allzu freundlich toleranten Leitwolf: Er selbst ist nicht in der Lage, sich gegen Konkurrenten zu behaupten, weil er das „Knurren und Beißen" ganz seinem „Beta-Männchen" überlassen hat. Auf Dauer kann so etwas nicht funktionieren. Im Ernstfall muss sich der Leitwolf ganz alleine wehren und durchsetzen können.

Machen Sie den „Beta-Wolf" niemals zum Chef
Es wäre das Schlimmste, was einer Idealbesetzung des „Beta-Männchens" widerfahren könnte. Dass sie gezwungen ist, die Spitzenposition einzunehmen. In menschlichen Organisationen ist dieser Fall gar nicht so selten. Der langjährige Stellvertreter hat sich bewährt und wird nun mit der nächsthöheren Position belohnt. Die Führungsrolle liegt dem Stellvertreter aber gar nicht. Im günstigsten Fall gelingt es ihm, allmählich in die neue Rolle hineinzuwachsen. Doch häufig ist er überfordert. Dann versucht er die fehlende Souveränität zu überspielen und gibt sich besonders autoritär und hart. In so einem Fall kann man nur darauf hoffen, dass er eine Nummer zwei hinter sich hat, die für Ausgleich sorgt und das strenge Regiment etwas abmildert. Das Beste wäre natürlich, wenn ein echtes „Beta-Männchen" (das in menschlichen Organisationen natürlich auch weiblich sein kann) auf seiner Position bleiben könnte, ohne befürchten zu müssen, an Macht und Einfluss zu verlieren.

Echte Verantwortung sorgt für bessere Führung
Bleibt zuletzt die Frage: Warum verhalten sich die Leitwölfe in der freien Wildbahn viel kooperativer als in Gefangenschaft? Müssen Führungskräfte ständig den heißen Atems des Überlebenskampfes im Nacken spüren, damit sie nicht zum Tyrannen werden wie der Wolf im Gehege? Das wäre wohl ein Missverständnis. Es ist keineswegs so, dass sich unter harten Bedingungen automatisch ein kooperativer Führungsstil herausbildet. Nur wird der Niedergang eines Rudels mit einem Tyrannen an der Spitze stark beschleunigt. Im Zoo ist es hingegen gleichgültig, wie sich der Leitwolf benimmt. Er muss keine Entscheidungen herbeiführen, z. B. wo das Rudel nach Futter suchen soll, und braucht auch kein Expertenwissen abzurufen, wie man beispielsweise

einen Fluss überquert. Er kann die andern schikanieren, ohne das „Betriebsergebnis" zu verschlechtern. Das schlechte „Arbeitsklima" hat für ihn keine Folgen.

Auf menschliche Verhältnisse übertragen heißt das: Organisationen sollten dafür sorgen, dass Führungskräfte stärkere Verantwortung für das „Arbeitsklima" übernehmen. Ein tyrannischer Führungsstil sollte sich gar nicht erst entfalten können. Nicht nur in schwierigen Zeiten, sondern auch unter ganz normalen Bedingungen ist ein kooperativer Führungsstil das Sinnvollste.

Orang-Utans – der Ruf des sanften Paschas

Themen: Leadership, Machtspiele, Fürsorgepflicht

Sie bauen sich Hängematten und Sonnenschirme, befestigen zur Schlafenszeit Blätter zur Insektenabwehr über ihrem Lager und wenn sie Kopfweh haben, dann kennen sie ein Mittel dagegen: Sie kauen die Blüten eines bestimmtes Strauchs und sind nach kurzer Zeit beschwerdefrei, wie der niederländische Tropenwaldökologe Willie Smits beobachtet hat, der das Mittel bei nächster Gelegenheit an sich selbst ausprobierte – gleichfalls mit günstigem Ergebnis.

Kein Zweifel, Orang-Utans verfügen über erstaunliche Fähigkeiten. Lange Zeit hat man sie unterschätzt, weil man sie nur in Gefangenschaft beobachtet hat. Es ist auch nicht einfach, Orang-Utans in ihrem natürlichen Lebensraum zu beobachten. Sie leben zurückgezogen in den dichten Tropenwäldern von Sumatra und Borneo. Häufig halten sie sich in einer Höhe von zwanzig bis dreißig Metern auf, wohin ihnen auch geübte Kletterer unter den Menschen nicht mehr folgen können. Doch mit Geduld hat die Feldforschung in den vergangenen Jahren sehr viel über die Lebensgewohnheiten der roten Affen herausgefunden.

Seitdem hat sich ihr Image stark verbessert. Manche Wissenschaftler halten sie sogar für die intelligentesten Menschenaffen, für schlauer noch als die Schimpansen, die doch mit uns näher verwandt sind und die weit häufiger als Orang-Utans Werkzeuge benutzen. Aber der Harvard-Psychologe James Lee und sein Kollege Robert Deaner haben die Fähigkeiten zu lernen und Probleme zu lösen bei verschiedenen Affenarten unter die Lupe genommen. Ihr Ergebnis: Die Orang-Utans schnitten am besten ab. Besser als Schimpansen, Klammeraffen, Languren, Makaken, Mandrills und Gorillas, die in diesem Feld überraschenderweise den letzten Platz belegten (was sie in anderen Studien nicht tun). „Orang-Utans sind geduldiger und nachdenklicher als die Schimpansen", erklärt Robert Deaner den Befund. Geduld und Nachdenklichkeit haben beim Problemlösen eben manche Vorteile.

Der Ruf hält Konkurrenten klein

Orang-Utans leben hoch oben auf den Bäumen, die meiste Zeit verbringen sie allein. Allerdings kümmern sich die Mütter sehr intensiv um ihr Kind. Sie haben immer nur eines; und das wird sieben Jahre lang rund um die Uhr gehätschelt. Durch diese einzigartige Fürsorge ist die Kindersterblichkeit so niedrig wie nirgendwo sonst im Tierreich, allerdings auch die Reproduktionsrate. Nicht einmal der Große Pandabär vermehrt sich so langsam wie die roten Affen.

Dass sie meist ihre eigenen Wege gehen, bedeutet keineswegs, dass sie ungesellig wären. Tatsächlich suchen sie von Zeit zu Zeit die Nähe ihrer Artgenossen, ziehen gemeinsam von Baum zu Baum und teilen sogar ihre Nahrung, wie der niederländische Affenforscher Carel van Schaik beobachtet hat. Außerdem gibt es so etwas wie einen Chef, ein Männchen, das ein Revier von mehreren Quadratkilometern Urwald kontrolliert. Dieses Männchen ist schon äußerlich als die Nummer eins zu erkennen. Es hat ledrig schwarze Backenwülste und einen imposanten Kehlsack. Beides wächst ihm erst, wenn es in den Rang des „Paschas" aufgestiegen ist. Dann aber innerhalb kürzester Zeit, denn er braucht diese Insignien der Macht für einen ganz bestimmten Zweck: Er stößt einen beeindruckenden Ruf aus, den so genannten „Long Call", der mit einem weichen, tiefen Brummen beginnt, das in ein Brüllen übergeht, das noch kilometerweit im Dschungel zu hören ist. Der „lange Ruf" klingt aus in einer Folge von Seufzern und Gemurmel.

Dieses Signal hat zwei sehr unterschiedliche Auswirkungen: Die jungen Männchen ergreifen die Flucht, es werden Stresshormone ausgeschüttet, sie geraten in helle Aufregung. Noch viel wichtiger: Solange der Chef immer wieder seinen Ruf ertönen lässt, wird die Entwicklung der Jungmänner gebremst. Sie können nicht zu einem vollwertigen Orang-Utan heranreifen, sondern bleiben körperlich zurück, sie sind halbe Portionen. Und das ist natürlich ganz im Sinne des „Paschas", der zumindest auf den ersten Blick keine Konkurrenz zu fürchten hat.

Schutz für die Weibchen

Zugleich wirkt der Ruf aber auch beruhigend und anlockend, nämlich auf die Weibchen, die sich im Revier des „Paschas" aufhalten. Sind sie empfängnisbereit, dann machen sie sich auf den Weg, immer dem Lockruf nach. Doch auch wenn Fortpflanzung für sie aktuell kein Thema ist, gibt ihnen der Ruf des „Paschas" Orientierung. Denn in seiner Nähe sind sie sicher und vor den Übergriffen anderer Männchen geschützt. Es ist nämlich so, dass die körperlich noch nicht voll entwickelten Jungmänner das Revier durchstreifen, auf der Suche nach einem Weibchen, dem sie, wie Willie Smits schreibt, „mit kleinen Geschenken den Hof zu machen versuchen". Was meist wenig Eindruck macht. Denn die Weibchen zeigen eine klare Präferenz für den sanften „Pascha". Daher greifen die Jungmänner zu einem sehr unschönen Mittel – wenn sie ein Weibchen allein antreffen: Sie wenden Gewalt an. Und mit dieser Methode kommen sie erstaunlich oft zum Ziel: Nach einer Studie der indonesischen Biologin Suci Utami stammt auf Sumatra die Hälfte der Nachkommen von den Männchen ohne Backenwülste.

Das Leben eines „Paschas" ist hart: Er muss sein Revier abstecken und verteidigen, die Weibchen schützen und sie umgarnen, Feinde abschrecken und sein Nahrungsbedarf ist wesentlich höher als der seiner rangniederen Geschlechtsgenossen. Nach Ansicht der Anthropologin Cheryl Knott von der Universität Harvard ist ein „Pascha" nach wenigen Jahren regelrecht „ausgebrannt". Er ist immer weniger in der Lage, sein Revier zu kontrollieren, seine „Long Calls" werden seltener und tönen längst nicht mehr so eindrucksvoll wie auf dem Höhepunkt seiner Macht. Ein solcher „Pascha" wird früher oder später entthront – von einem Männchen, das alt und stark genug geworden ist, um es dann doch mit dem schwächelnden Chef aufzunehmen. Backenwülste hat es noch nicht, aber die wachsen ihm schnell nach, wenn es das Revier übernommen hat. Ansonsten wäre es gar nicht in der Lage, das Revier zu kontrollieren. Denn das kann es erst, wenn es eindrucksvolle „Long Calls" durch den Urwald schickt. Beim entthronten „Pascha" bilden sich hingegen Backenwülste und Kehlsack zurück. Er wird lethargisch und zieht sich zurück. Er hat regelrecht ausgedient.

Anregungen für das Business

Wer an der Spitze steht, muss sich Gehör verschaffen

Der „Pascha" hält mit seinen imposanten Rufen seine Konkurrenten in Schach. Auch in menschlichen Organisationen tut die Nummer eins gut daran, immer wieder in Erinnerung zu rufen, wer an der Spitze steht und das Sagen hat. Das kann auf ganz unterschiedliche Art und Weise geschehen. Sogar durch Lob und Anerkennung, die über die verdienten Mitarbeiter ausgeschüttet werden. Denn gelobt wird von oben. Wenn Sie unaufgefordert jemanden loben, der in der Hierarchie über Ihnen steht, wirkt das anmaßend und anbiedernd zugleich. Davon zu unterscheiden ist das „positive Feedback", das von Ihnen eingeholt wird, um sich bestätigen zu lassen, dass alles bestens läuft.

Doch auch der Chef kann seinen Status nicht allein auf Lob und Anerkennung gründen. Vielmehr muss er immer wieder eindrucksvoll seine Souveränität vorführen, etwa in Meetings länger als alle anderen das Wort ergreifen, überraschende Ideen ventilieren, die ganze Abteilungen in Unruhe stürzen, oder einfach nur zeigen, dass er es ist, der den Takt vorgibt. Solche Machtdemonstrationen stehen zwar in äußerst schlechtem Ansehen. Sie sind jedoch kaum zu vermeiden, erst recht nicht in einer Organisation, in der dem „Oberaffen" die Konkurrenten im Nacken sitzen und nur darauf warten, dass er oder sie ein Zeichen von Schwäche zeigt. Dabei muss eine Machtdemonstration durchaus nicht willkürlich oder grausam sein. Im Gegenteil, erst durch ruhiges und besonnenes Auftreten erweist sich die Nummer eins als wirklich souverän. Der „Pascha" ist ein sanfter Riese. Und die Botschaft des „Long Call" lautet: Ich bin stark, ich bin präsent, Konkurrenten haben keine Chance.

Schützen Sie loyale Mitarbeiter

Auf die Weibchen hat das „Machtwort" des Paschas eine beruhigende Wirkung. In ihm liegt nämlich auch die Verpflichtung, seiner Führungsaufgabe gerecht zu werden und die loyalen Mitarbeiter zu schützen. Nur ein unangefochtener Chef ist dazu in der Lage. Insoweit festigen Sie durch maßvolle Machtdemonstration Ihre Position. Zeigen Sie, dass Sie die Nummer eins sind. Die loyalen Mitarbeiter werden Sie stärker unterstützen, wenn sie darauf vertrauen, einen starken Vorgesetzten zu haben.

Vorsicht vor abgeschotteten Bereichen
In einer offenen Auseinandersetzung hätten die „Jungmänner" keine Chance gegen den Pascha. Eben deshalb verlegen sie sich darauf, auf andere Weise zum Ziel zu kommen, und sind darin recht erfolgreich. Sie schaffen sich Freiräume, in denen sie unbehelligt ihre Interessen verfolgen können – ohne dass es die Nummer eins überhaupt merkt. In jeder Organisation gibt es solche Freiräume. Das ist nicht einmal etwas Schlechtes, sondern es sorgt dafür, dass jeder auf seine Weise Einfluss nehmen kann und die Organisation geschmeidig bleibt. Problematisch wird es jedoch, wenn es Bereiche gibt, die so stark abgeschottet sind, dass derjenige, der sie kontrolliert, ungestört gegen die Spitze arbeiten kann. Womöglich weil dieser Bereich für unwichtig gehalten wird und der Verantwortliche als „kleines Licht" gilt.

Laden Sie sich nicht zu viel Verantwortung auf
Der Pascha brennt so schnell aus, weil er ein riesiges Revier kontrollieren und schützen muss – und zwar er allein. Was ihm fehlt, das sind Verbündete, die ihn entlasten. Es ist noch schlimmer: Hinter seinem breiten Rücken treiben die Konkurrenten ihr eigenes Spiel – auf seine Kosten. Eine solche Situation müssen Sie als Führungskraft unbedingt vermeiden, sonst reiben Sie sich auf wie ein Orang-Utan-Boss. Geben Sie Verantwortung ab und nehmen Sie die „Jungmänner" in die Pflicht.

An der Spitze müssen Sie zum „Pascha" werden
Wer in einer Organisation die Spitzenposition übernimmt, kann auf die Insignien der Macht nicht verzichten. Dazu gehören ein bestimmter Habitus und bestimmte Statussymbole, die den Betreffenden als die unbestrittene Nummer eins ausweisen. Recht zügig muss er in seine Führungsrolle hineinwachsen. Er muss sein Verhalten ändern, vom aufstrebenden Karrieristen muss er zum souveränen „Pascha" werden. Sonst wird er sich nicht halten können.

Gönnen Sie dem Pascha seinen „Long Call"

Aus der Perspektive von denjenigen, die in der Hierarchie weiter unten stehen, stellt sich das Beispiel der Orang-Utans etwas anders dar. Sie können sich darauf einrichten, dass die Nummer eins immer wieder einmal „durch den Wald ruft", um seine Position zu festigen. Diesen „Long Call" gilt es zu überstehen, ihn hinzunehmen als bloße Machtdemonstration. Einzig entscheidend bleibt, wie viel Einfluss Sie tatsächlich nehmen können. Und das ist womöglich mehr, als sich der Pascha träumen lässt. Denn je stärker er seine Energien in eindrucksvolle Machtdemonstrationen investieren muss, um überall bekanntzumachen, dass er der Boss ist, umso weniger ist er in der Lage, im Tagesgeschäft mitzumischen und jedem Jungaffen auf die Finger zu schauen. Er hat Wichtigeres zu tun. Und genau das ist Ihre Chance.

Der fürsorgliche Graudrossling

Themen: Leadership, Prestige, Fürsorgepflicht, Altruismus, Spenden

In der Sinaiwüste und am Toten Meer lebt ein amselgroßer Singvogel, der in diesem Kapitel nicht fehlen darf. Denn unter den Graudrosslingen herrscht das, was sich manche Führungskraft für die eigene Belegschaft wünschen würde: Überbordende Hilfsbereitschaft. Allerdings ist der ranghöchste Vogel auch der hilfsbereiteste von allen, wie die israelischen Biologen Amotz und Avishag Zahavi erforscht haben.

Der Graudrossling lebt – was für Singvögel eher die Ausnahme ist – in einer festen Gruppe von fünf, zehn, manchmal auch zwanzig Tieren. Eine solche Gruppe hat ihr eigenes Revier, das sie gegen benachbarte Gruppen und revierlose Einzeltiere verteidigt. In der Brutzeit legen alle Weibchen ihre Eier in ein gemeinsames Nest; alle Mitglieder der Gruppe kümmern sich darum und schaffen Nahrung heran. Das gibt es auch bei anderen Tieren, bei den Tüpfelhyänen, Schimpansen, Nacktmullen, ja sogar bei Schleimpilzen und koloniebildenden Bakterien. Doch der Graudrossling füttert nicht nur die kleinen Nestlinge, sondern auch erwachsene Gruppenmitglieder. Und zwar nicht nur zur Brutzeit, sondern jederzeit.

Vogelfutter vom Chef

Oft schluckt ein Graudrossling die Nahrung nicht gleich hinunter, sondern hält Ausschau nach einem andern, den er füttern kann. Wichtige Regel: Es werden nur Rangniedere gefüttert. Entdeckt der Vogel ausschließlich ranghöhere Mitglieder um sich herum, wartet er noch einen Moment und verschluckt dann selbst die Nahrung. Die Zahavis haben einzelne Fälle beobachtet, in denen ein rangniederer Drossling versuchte, einen ranghöheren zu füttern. Dafür bekam er kein Dankeschön, sondern Prügel, denn die Oberen erblickten darin eine Herausforderung. So als würde der Fütternde ihren Rang in Frage stellen. Daher gibt es auch nur eine Ausnahme von der Rangregel: Weibchen dürfen gefahrlos Männchen füttern, auch wenn die in der Hierarchie über ihnen stehen.

Wie eng die Vögel miteinander verwandt sind, spielt übrigens keine Rolle. Es geht nicht darum, die eigene Sippschaft zu versorgen, damit die eigenen Gene sich ausbreiten. Auch zugewanderte Vögel werden gefüttert, wenn sie zur eigenen Gruppe gehören und in der Hierarchie unter einem stehen.

Die Nahrungsspende hat ein wenig den Charakter einer Showveranstaltung. Wer einen anderen füttert, der tut das nicht gerade dezent, sondern so, dass es allgemein bemerkt wird. Er stößt einen bestimmten Triller aus und hebt seinen Schnabel über den des anderen. Ist der Alters- und Rangunterschied groß, spielt derjenige, der das Futter erhalten soll, bereitwillig mit: Er nähert sich dem Spender mit Bettellauten. Ganz anders sieht die Sache aus, wenn der Fütternde in der Hierarchie nur knapp über ihm liegt. In solchen Fällen versucht er die Fütterung eher zu vermeiden. Manchmal ergreift er sogar die Flucht – selbst wenn er hungrig ist.

Wächterdienst und Hassen

Die Graudrosslinge haben eine Reihe von Fressfeinden. Daher passt immer einer von ihnen auf, während die anderen ihrerseits nach Nahrung suchen. Der Wächter sitzt hoch oben auf einem Zweig und schlägt Alarm, wenn sich ein Fressfeind nähert. Ein undankbare Aufgabe, denn erstens kann er während dieser Zeit nicht selbst auf Nahrungssuche gehen. Und zweitens ist er auf seiner Position besonders gefährdet, dem Beutegreifer zum Opfer zu fallen.

Immerhin sitzt er vergleichsweise ungeschützt auf seinem Zweig und macht durch seinen Warnruf noch auf sich aufmerksam.

Dennoch hat es die Natur so eingerichtet, dass der Wächterdienst bei den Graudrosslingen außerordentlich begehrt ist. Kein Zufall, der ranghöchste Vogel, das „Alphamännchen", passt am längsten und häufigsten auf die Gruppe auf. Die Rangniederen würden ihm gerne nacheifern, aber sie müssen ihren Posten sofort räumen, sobald ihn ein ranghöherer Vogel beansprucht. Mitglieder, die im Rang nur ein wenig unter einem stehen, lassen sich vertreiben, indem man sich ihnen mit etwas Futter nähert. Ehe sie sich vor allen anderen füttern lassen, fliegen sie lieber davon.

Natürlich löst auch ein rangniederer Drossling einen höheren ab. Dann setzt er sich diskret auf einen unteren Ast, wie um zu signalisieren: Also, ich wäre dann schon mal da. Doch kann es noch eine ganze Weile dauern, ehe der Ranghöhere seinen Posten räumt.

Auch von anderen Vögeln kennen wir das so genannte „Hassen": Dabei schlägt ein Vogel laut Alarm, wenn er einen Fressfeind entdeckt. Die andern Gruppenmitglieder kommen hinzu und gemeinsam wird der Feind regelrecht in die Flucht geschimpft. Die Vögel spreizen die Flügel und kommen dem Raubtier mitunter bedenklich nahe. Wie um zu zeigen: Ich habe keine Angst. Nicht überraschend: Das Alphamännchen „hasst" am längsten und kommt dem Feind näher als alle anderen. Ja, wenn sich andere beim „Hassen" hervortun, dann werden sie vom Alphamännchen zurechtgewiesen. So als wollte es zum Ausdruck bringen: Das ist meine Aufgabe.

Anregungen für das Business

Seltsame Vögel, diese Graudrosslinge, könnte man meinen. Doch geben sie uns näheren Aufschluss darüber, wie uneigennütziges Verhalten im Wettbewerb funktionieren kann. Üblicherweise wird ja unterstellt, dass im altruistischen Handeln immer ein egoistisches Kalkül steckt: Derjenige, dem ich jetzt helfe, wird bei nächster Gelegenheit etwas für mich tun. Dieser „reziproke Altruismus" ist in der Natur keine Seltenheit und bei uns Menschen geradezu eingebrannt. Wenn Sie mir einen Gefallen getan haben, dann muss ich mich in irgendeiner Form bei Ihnen revanchieren. Früher oder später.

Doch bei den Graudrosslingen verhält sich die Sache ganz anders: Wer dem andern hilft, der will gerade nicht, dass dieser sich auch noch erkenntlich zeigt. Jeder Versuch, das zu tun, wird unterbunden. Denn es geht den Graudrosslingen nicht um künftige Vorteile, sondern um Prestige. Und das ist etwas, nach dem auch wir Menschen streben – häufig stärker, als wir es uns eingestehen wollen. Denn in seinem Kern ist Prestige zutiefst irrational.

Die Unternehmenskultur bestimmt das Prestige
Prestige zeichnet sich dadurch aus, dass kein unmittelbarer Nutzen damit verbunden ist. Bei einem Prestigeduell geht es eigentlich um nichts. Und doch wollen es beide Seiten gewinnen. Denn als Preis winkt Anerkennung. Und nach Anerkennung lechzen wir. Was uns Prestige verschafft, das hängt davon ab, was „die da oben" tun: Pflegen sie einen Stil der Härte und Rücksichtslosigkeit, ernten Sie mit Hilfsbereitschaft vielleicht Sympathien, aber gewiss kein Prestige. Legt das Unternehmen hingegen Wert darauf, zufriedene und gesunde Mitarbeiter zu haben, kann genau das zur Prestigefrage werden. Unabhängig davon, wie viel das unterm Strich einbringt. So gesehen ist Prestige immer Ausdruck der jeweiligen Unternehmenskultur.

Wer Zusammenhalt fordert, muss ihn vorleben
Ein Unternehmen hat eine Vorgeschichte. Und es agiert nicht im luftleeren Raum, sondern wird beeinflusst durch Konkurrenten, Zulieferer, Kunden, Konventionen und die gesellschaftlichen Verhältnisse. Insofern lässt sich nicht verordnen, dass ein bestimmtes Verhalten Prestige verschafft. Doch das ändert nichts an dem Grundsatz, dass es die Personen an der Spitze sind, die sich darin besonders stark hervortun müssen. Wenn sie die Sache ernsthaft betreiben, dann können die andern ein wenig zu ihnen aufschließen, wenn sie ihnen nacheifern. Genau um diesen Abglanz geht es ja, wenn ein bestimmtes Verhalten Prestige verleiht.

Menschen möchten „gut" sein
Gerade in der Arbeitswelt sind wir geneigt anzunehmen, dass die Menschen vor allem ihren eigenen Vorteil suchen, und zwar den materiellen Vorteil. Sie erbringen eine bestimmte Leistung und wollen maximal dafür bezahlt werden. Doch das ist nicht die ganze Wahrheit. Wir Menschen haben auch ein starkes moralisches Bedürfnis, wir möchten gut sein. Besonders wenn wir dafür auch noch Anerkennung bekommen. Dafür opfern wir auch materielle

Vorteile. Wenn wir etwas Sinnvolles für andere tun können, dann empfinden wir das oft als besonders starke Belohnung. Das lässt sich sogar an unserem Gehirn ablesen, in dem das so genannte „Belohnungssystem" aktiv wird, wenn wir etwas für andere tun. Wir fühlen uns zutiefst zufrieden, sogar zufriedener, als wenn wir für uns selbst einen Vorteil herausschlagen. Anders gesagt, ein Unternehmen, das erwartet, dass die Starken den Schwachen helfen, handelt durchaus im Einklang mit der menschlichen Natur.

Ohne Spendengala keine Spenden
Seien wir ehrlich: So restlos sympathisch ist uns das Verhalten des Graudrosslings dann doch nicht, wenn wir es auf menschliche Verhältnisse übertragen. Die aufdringliche Hilfsbereitschaft, das Beiseiterempeln der rangniederen Kollegen, die auch mal etwas Gutes tun wollen, das erinnert an den eitlen Chef, der auch in Sachen Wohltätigkeit alle andern hinter sich lassen möchte. Und dem es eigentlich herzlich egal ist, ob er den andern wirklich hilft oder sie nicht eher beschämt. Nun, was soll man dazu sagen? Dieser Eindruck ist vollkommen zutreffend. Doch das ist ja gerade der Trick bei der Sache. Das Streben nach Dominanz spannt die Natur dafür ein, die Gruppenmitglieder zu schützen und zu versorgen. Mit Ethik und Moral hat das nicht viel zu tun. Doch in einem wettbewerbsorientierten Umfeld sind Wohltaten nicht anders zu haben. Das gilt für die Graudrosslinge wie für die dynamischen Spitzenkräfte in den Chefetagen. Ohne Spendengala gibt es keine Spenden. Es sei denn, es ist dafür gesorgt, dass sich überall herumspricht, man habe „bewusst auf jeden Pomp verzichtet".

Erfahrung führt — Management in der Elefantenherde

Themen: Erfahrung, Wissensmanagement, Nachfolge, Stellvertreter

Unter den zahlreichen Spitzenpositionen, die im Tierreich zu vergeben sind, ist die Stelle der Leitkuh in einer Elefantenherde eine der anspruchsvollsten. Ganz richtig, Leitkuh und nicht Leitbulle, denn die Elefantenherde wird von einem Weibchen geführt. Die Männchen, die Bullen, gehen getrennte Wege und treffen sich mit den Kühen nur zur Paarung. Zwar schließen sich auch die Bullen zu mehreren zusammen, doch ist das eine Gruppe, eine Männergruppe sozusagen, und keine Herde, denn es fehlt der Nachwuchs.

Das phänomenale Ortsgedächtnis der Leitkuh

Eine Elefantenkuh muss ihre Herde über Tausende von Kilometern durch den afrikanischen Busch, die Steppe und Savanne führen. Sie muss wissen, wo es Nahrung zu finden gibt, vor allem aber muss sie die Wasserstellen im Gedächtnis behalten. Die Wasserstellen aber haben die unangenehme Eigenschaft, hin und wieder auszutrocknen, vor allem in Dürrezeiten. Dann muss die Leitkuh wissen, wo die nächste vielversprechende Wasserstelle ist. Das kann mehrere hundert Kilometer entfernt sein. Die Herde auf dem kürzesten Weg dort hinzuführen, das ist die äußerst schwierige Aufgabe.

Die Landschaft bietet wenig Orientierungshilfe. Menschen würden sich hier nach wenigen Stunden verlaufen. Hinzukommt, dass die Herde vor allem nachts wandert, bis zu 80 Kilometer nonstop durch die Dunkelheit. Wenn der Mond nicht scheint, ist es stockfinster und die Elefanten orientieren sich allein durch ihren feinen Geruchssinn und ihr Gehör. Wenn Sie daran denken, wie flüchtig und veränderlich Gerüche und Klänge sind, dann können Sie ermessen, was das für eine ungeheure Leistung ist.

Führung ohne Rivalität

Tatsächlich ist das ausschlaggebende Kriterium für die Besetzung der Führungsposition Lebenserfahrung. Die Herde wird in aller Regel von der ältesten Elefantenkuh geführt. Sie verfügt über den reichhaltigsten Erfahrungsschatz. Auf ihr Wissen ist die Herde dringend angewiesen, um zu überleben.

Zu den angenehmen Folgen einer solchen Konstellation gehört die völlige Abwesenheit von Dominanzgehabe oder Konkurrenzkämpfen. In einer Pavianhorde lauert jedes Männchen nur darauf, dass sein ranghöherer Rivale ein Zeichen von Schwäche zeigt und auch die Wölfe lassen eine günstige Gelegenheit nicht ungenutzt, den Leitwolf zu entthronen. Doch bei den Elefanten gibt es so etwas nicht. Ja, es ist sogar schon einmal eine Leitkuh gesichtet worden, die vollkommen erblindet war und von ihren Begleiterinnen gewarnt wurde, wenn sie im Begriff stand, gegen einen Felsen oder ins Gestrüpp zu laufen. Die allgemeine Marschrichtung gab hingegen immer noch die Chefin an. Niemand machte ihr diese Position streitig.

Führungspersönlichkeit gesucht

Doch dieses sanfte Führungsmodell hat auch eine Kehrseite: Wenn die Leitkuh stirbt, steht niemand bereit, die Führung zu übernehmen. Die anrührenden Berichte über die Elefanten, die sich um ihre tote Leitkuh scharen und Trauerarbeit leisten, dürfen nicht darüber hinwegtäuschen: Hier wurde nicht rechtzeitig eine Nachfolgeregelung getroffen. Über Wochen kann die Herde mehr oder weniger lahm gelegt werden, ehe sich eine der nächst älteren erbarmt und die Stelle der Leitkuh antritt.

Elefanten sind die meiste Zeit des Jahres über friedliche Tiere, die sich von Blättern und Ästen ernähren und keine natürlichen Feinde haben – außer dem Löwen, der sich vor allem an Jungtiere hält. Und dem Menschen, der aus ihren mächtigen Stoßzähnen Essstäbchen, Schachfiguren und Klaviertasten machen will. Unglücklicherweise konzentrieren sich die Großwildjäger meist auf das größte Tier der Herde. Weil Elefanten ihr Leben lang wachsen, ist das in der Regel die Leitkuh oder bei den Gruppen der Männchen der Leitbulle. Die Folgen können verheerend sein. Entweder schließt sich die orientierungslose Gruppe einer anderen Herde an, was für den unerwarteten Effekt sorgt, dass die Herden trotz der Elefantenjagd immer größer werden. Oder aber ein jüngeres Tier übernimmt die Führung. Solche Herden finden sich nicht so gut zurecht; vor allem aber sind sie häufig wesentlich aggressiver.

Sanfte Dickhäuter im Ausnahmezustand

Und da wir gerade von Aggressionen sprechen: Einmal im Jahr drehen die sanften Riesen regelrecht durch – zumindest wenn sie männlichen Geschlechts sind. Während der Brunftzeit, der so genannten „Musth", bekommen sie einen Testosteronschub, der sie paarungsbereit und gewalttätig werden lässt. In dieser Zeit fangen sie an zu stinken. Und sie greifen nicht nur ihre Rivalen an und rücken den Kühen gefährlich nahe, ob die nun paarungsbereit sind oder nicht. Auch völlig Unbeteiligte wie Nashörner oder Zoowärter werden attackiert. Das Unangenehmste an der „Musth" ist jedoch, dass sie mehrere Monate dauern kann und den Elefanten in einen Psychopathen verwandelt. Dabei passt die „Musth" noch nicht einmal zum weiblichen Zyklus. Sie erschwert eher die Fortpflanzung, als dass sie sie begünstigt. Sinnreich ist hingegen die Einrichtung, dass junge Männchen, die noch nicht geschlechtsreif sind, in dieser Zeit nach Honig duften. Wie um den älteren Bullen mitzuteilen: Ich habe mit der ganzen Sache nichts zu tun; ich bin keine ernsthafte Konkurrenz für dich.

Anregungen für das Business

Erfahrung ist eine wertvolle Ressource
In Zeiten des Wandels hat Erfahrung keinen hohen Stellenwert. In manchen Branchen gilt sie als ausgesprochen nachteilig, als regelrechte Innovationsbremse. Das hat sich etwas geändert, nicht zuletzt angesichts der demografischen Entwicklung. Mittlerweile stellen einige Unternehmen sogar gezielt ältere Bewerber ein. Und doch ist es aufs Ganze gesehen noch immer die Ausnahme. Wenn in manchen Betrieben kein Mitarbeiter älter als 50 Jahre ist, dann fehlt dort ein Gutteil Erfahrung, die dem Unternehmen zugute kommen könnte. Im Fachwissen mag die Innovation so schnell voranschreiten, dass die Älteren da nicht mehr mitkommen. Doch im Umgang mit Menschen nehmen unsere Fähigkeiten mit fortschreitendem Alter zu. Wir werden souveräner, gelassener und sicherer in unserem Urteil.

Erfahrung baut Vertrauen auf
Es ist kein Zufall, dass es gerade die ältesten Tiere sind, die alle anderen durch das schwierige Gelände führen. In kritischen Situationen schenken die Elefanten ihrer Führungskraft geradezu blindes Vertrauen. Zu Recht, denn Vertrauen gründet sich auf Erfahrung. So auch im Unternehmen: Wer sich über lange Zeit bewährt hat, der zeigt wie kein anderer, dass er unser Vertrauen verdient.

Erfahrene Vorgesetzte führen sanft
In manchen Organisationen herrscht ein ähnliches Betriebsklima wie in der Elefantenherde. Die Aufgabe steht im Vordergrund; die Vorgesetzten leiten ihre Mitarbeiter an, sie informieren sie eher, als dass sie ihnen strikte Anweisungen erteilen. Sie geben ihnen Orientierung und Halt. Dafür erwarten sie Verlässlichkeit und ein gewisses Maß an „Folgsamkeit". Karrierebewusste Mitarbeiter werden ausgebremst; sie bleiben aber ohnehin nicht lange in so einer Organisation – es sei denn, sie können erreichen, dass die „Leitkuh" in den Ruhestand geschickt wird.

Bauen Sie rechtzeitig einen Nachfolger auf

Das Beispiel der Elefantenherde führt uns schließlich vor Augen, wie wichtig es ist, rechtzeitig einen Nachfolger aufzubauen und sich nach und nach zurückzuziehen. Im Unterschied zur Elefantenherde, in der die Leitkuh bis zuletzt die Führungsrolle innehat, ist der Übergang planbar. Eine Elefantenherde mag sich vielleicht eine Zeitlang ohne Führung halten können, bei einem Unternehmen ist das nicht der Fall.

Initiatoren und Entscheider – wie Paviane einen Fluss überqueren

Themen: Entscheiden, Innovation, Hierachie, Networking

Das Okavango Delta im südlichen Afrika gilt als eines der tierreichsten Gebiete des Kontinents. Nilpferde, Krokodile, Elefanten, Hyänen und Büffel leben hier oder wandern aus dem Umland ein, wenn dort Trockenzeit herrscht. Denn dann erreicht der mächtige Okavango-Fluss seinen höchsten Stand, tritt über die Ufer und verwandelt die trockene Savanne in ein riesiges Feuchtgebiet, in dem üppige Pflanzen wuchern und sich baumbestandene Hügel in kleine Inseln verwandeln.

Diese Landschaft ist auch die Heimat von zahlreichen Pavianen. Sie leben in Gemeinschaften von bis zu 120 Tieren. Die wichtigste Fähigkeit, die man als Pavian braucht, um zu überleben, ist soziale Kompetenz. Und so sind die Affen auch wahre Meister darin – und vor allem Meisterinnen, denn die Weibchen spielen in der Paviangesellschaft eine herausragende Rolle, obwohl (oder weil) sie niemals die Alpha-Position besetzen. Bei den Pavianen ist es nämlich so: Männchen kommen und gehen, versuchen einen möglichst hohen Rang zu erreichen, mit physischer Stärke und viel taktischem Geschick schaffen sie es vielleicht sogar auf die Alphaposition, die sie aber nur begrenzte Zeit innehaben, etwa sieben bis acht Monate. Einen hohen Rang gilt es zu nutzen, um möglichst viele Nachkommen in die Welt zu setzen und gegen die Konkurrenz zu schützen. Denn vor allem zugewanderte Männchen haben die unangenehme Eigenart, den Nachwuchs der alteingessenen zu töten.

Das ist vor allem auch die Sorge der Weibchen, die sich nicht nur mit den Vätern, sondern auch mit anderen Männchen verbünden, um ihre Kinder zu schützen. Im Übrigen unterscheidet sich das Leben der Weibchen sehr stark von dem der Männchen. Sie bleiben ihr Leben lang in der Gemeinschaft, in die sie hineingeboren wurden. Und im Unterschied zu den Männchen, deren Rang sich ständig verändert, bleibt ihre Position relativ stabil. Ja, wie die Biologen Dorothy Cheney und Robert Seyfarth beobachtet haben, wird der Rang bis zu einem gewissen Grad sogar weitervererbt. Es gibt wahre Dynastien von Weibchen, die in der Paviankolonie buchstäblich bestimmen, wo es lang geht.

Zu neuen Ufern aufbrechen

Wenn der Okavango über die Ufer tritt, dann verwandelt sich die Savanne in eine Insellandschaft. Und für die Paviane stellt sich die Frage: Sollen wir das Wasser durchqueren, um an einen besseren Ort zu gelangen? Das ist keine leichte Entscheidung, denn einmal sind Paviane sehr wasserscheu und dann ist das Durchqueren des Flusses nicht ungefährlich. Krokodile lauern im Wasser und Löwen nutzen die besondere Situation aus, denn ein Pavian, der durch das Wasser stakst, ist erkennbar nicht in seinem Element und daher eine leichte Beute.

Die Paviane sammeln sich am Ufer. Sie sitzen lange zusammen und halten Ausschau. Wohin sie übersetzen könnten und an welchen Stellen sich die Wasseroberfläche verdächtig kräuselt. Bei dem geringsten Anzeichen stoßen sie Alarmschreie aus und jagen davon. Kurz darauf kehren sie zurück und lassen sich wieder am Ufer nieder. Irgendwann steigen die ersten Tiere ins Wasser, erwachsene Männchen oder auch Weibchen, die „Initiatoren", wie sie Cheney und Seyfarth genannt haben. Die Initiatoren können auch niederrangige Paviane sein. Auf jeden Fall machen sie den Anfang und waten durch das Wasser. Haben sie trockenen Grund erreicht, lassen sie sich dort nieder und schauen zurück zu den anderen. Sie erwarten, dass die ihnen folgen.

Ranghohe Weibchen entscheiden

Doch das ist keineswegs sicher. Sogar wenn sich vereinzelte Artgenossen ebenfalls in Bewegung gesetzt haben – ob die Gruppe diesen Weg einschlägt, das liegt ganz am Verhalten der so genannten „Entscheider". Dabei handelt es sich um hochrangige Tiere, die letztlich den Ausschlag geben. Begeben sie sich ins seichte Nass, ist die Entscheidung gefallen: Alle überqueren an dieser Stelle den Fluss. Doch wenn die „Entscheider" aus irgendeinem Grund am Ufer sitzen bleiben, kommt die Überquerung nicht zustande. Und die „Initiatoren" waten wieder zurück.

Wie es mehrere Initiatoren geben kann, so gibt es auch mehrere Entscheider. Und in den meisten Fällen handelt es sich, wie Cheney und Seyfarth anmerken, um die Mitglieder der hochrangigsten weiblichen Linie: Mutter, erwachsene Töchter und Schwestern, die erwähnte weibliche Dynastie, über die sich auch das Alphamännchen nicht hinwegsetzen kann. Dabei haben die Forscher noch eine bemerkenswerte Beobachtung gemacht: Hat ein rangniederes Weibchen als Initiatorin den Weg vorgegeben, nähert sich nach der erfolgreichen Überquerung das ranghöchste Weibchen, umarmt sie, stößt zufriedene Grunzlaute aus und gibt ihr einen Kuss.

Anregungen für das Business

Ein guter Entscheider muss kein Initiator sein

Führungskräfte haben die Aufgabe, die Richtung vorzugeben und zu entscheiden, wo es langgehen soll. Doch müssen sie keineswegs diejenigen sein, die vorangehen und die neuen Ideen initiieren. Häufig ist es zweckmäßiger, wenn sie wie die Paviane den „Initiatoren" das Feld überlassen, die beherzt neue Wege einschlagen. Dieses Vorgehen hat zwei Vorteile: Die Gruppe kann im Prinzip auf die Kompetenz von allen Mitgliedern zurückgreifen. Jeder, der für sich und die andern einen neuen Weg bahnen möchte, kann das tun – unabhängig von seinem Rang. Zweiter Vorteil: Wenn es nicht die Führung ist, die den neuen Weg vorgibt, dann lässt sich der Kurs später ohne weiteres korrigieren. Und die Führung erleidet keinen Autoritätsverlust, wenn sich herausstellt, dass dieser Weg doch nicht so gut geeignet ist. Ihre Aufgabe besteht darin, eine fundierte Entscheidung zu treffen, welche Richtung eingeschlagen werden soll.

Ermutigen Sie Ihre Mitarbeiter neue Wege einzuschlagen
Je mehr Paviane sich ein Herz fassen, ins unbekannte Wasser zu steigen, umso höher ist die Wahrscheinlichkeit, dass die Horde neues Ufer erreicht. Fördern Sie daher Initiatoren. Machen Sie ihnen Mut und geben Sie ihnen die Möglichkeit, gedanklich schon mal vorauszueilen. Und wenn Sie sich entschließen, seinem Weg zu folgen, vergessen Sie nicht, dem Initiator gebührend zu danken.

Auch die Führungsspitze braucht Mut
Der kreative Schwung der Initiatoren erlahmt sehr schnell, wenn ihnen kein Entscheider nachfolgt. Und besonders entmutigend ist es, wenn erst die Initiatoren ausschwärmen sollen, um die vielversprechendsten Pfade aufzuspüren – und dann die Führung am Ufer verharrt, weil sie sich doch nicht ins gefährliche Wasser wagt. Oder wenn sie sich nicht entscheiden kann, welcher Weg einzuschlagen ist. Es ist noch das eine oder andere zu prüfen, Experten sollen ihre Stellungnahme abgeben – und es geschieht nichts. Machen Sie sich klar, dass nichts so sehr einen Initiator deprimiert, wie wenn er erst einen vielversprechenden Pfad bahnt, den er dann zurückgehen muss, um wieder Anschluss an die „Horde" zu bekommen, die noch immer am alten Ufer sitzt. Auch die Führungsspitze muss den Mut aufbringen, neue, ungewisse Wege zu gehen. Sonst brauchen die Initiatoren gar nicht erst auszuschwärmen.

Initiatoren dürfen nicht enteilen
Auf der andern Seite besteht die Gefahr, dass die Initiatoren, beflügelt von der Tatsache, dass sie „Neuland" erreicht haben, allen andern vorauseilen. Die Verbindung zur „Horde" und zu den Entscheidern geht verloren. Lernen Sie von den Pavianen, lassen Sie sich als Initiator am neuen Ufer nieder und halten Blickkontakt mit der „Horde". Sie soll Ihnen ja schließlich folgen.

Eingespielte Netzwerke nehmen Einfluss
Ein weiterer bemerkenswerter Punkt: Nicht der ranghöchste Pavian, das Alphamännchen, trifft die Entscheidung, sondern es kommt auf die dominanten Weibchen an. Körperlich sind sie jedem Männchen weit unterlegen, aber sie haben einen großen Vorteil: ihre Erfahrung. Im Unterschied zu den Männchen, die öfter die Horde wechseln (müssen), sind die Pavianweibchen fest in der Gruppe verwurzelt. Über Generationen, möchte man hinzufügen. Mit ihren Müttern, Töchtern und Schwestern bilden sie ein Netzwerk, dem im Lau-

fe der Jahre so etwas wie eine natürliche Autorität zugewachsen ist. Auch in menschlichen Organisationen kommen Sie als Alphatier gegen solche alteingesessenen Netzwerke nicht an. Vielleicht müssen Sie das auch gar nicht, denn solche Netzwerke verfügen über sehr viel Erfahrung und Wissen. Kommt dann noch die natürliche Autorität hinzu, können Sie sich mit diesem Netzwerk nur arrangieren.

Der König der Lüfte — der Adler

Themen: Leadership, Informationsmanagement, Erscheinungsbild

Im Flug breitet er majestätisch die Schwingen aus, die Enden nach oben gespreizt gleitet er fast lautlos durch die Luft. Der Adler, Wappentier, Herrschaftssymbol und bis heute Sinnbild für souveräne Führung. Dabei sind Adler ausgesprochene Einzelgänger. Allenfalls zu zweit begeben sie sich auf die Jagd. Dann scheucht ein Adler eine Gruppe von Beutetieren auseinander, während der zweite einige hundert Meter hinter ihm fliegt und sich aus der Gruppe ein Opfer herauspickt. Bei diesem eingespielten Duo handelt es sich – vermuten die Wissenschaftler – um ein Pärchen: Er scheucht auf, und sie schlägt zu. Vielleicht ist es auch umgekehrt.

Adler bilden ein Paar, das ein Leben lang zusammenbleibt. Und so ein Adlerleben kann zwanzig, dreißig Jahre lang dauern. Es ist keine Seltenheit, dass Paare mehrere Horste gleichzeitig unterhalten, zwischen denen sie je nach Bedarf abwechseln. Die Horste erweitern sie ständig und bessern sie aus, so dass im Laufe der Jahre imposante Bauten von zwei Metern Höhe entstehen können.

Allzu oft hat man die beschriebene Jagdmethode noch nicht beobachten können. In der Regel jagen Adler allein. Wie sie das tun, gibt uns näheren Aufschluss darüber, warum der Adler seit jeher Führungskräfte fasziniert, Könige, Häuptlinge, Unternehmensvorstände.

Jagen mit dem Adlerblick

Der frühe Vogel fängt den Wurm, heißt es. Nun gibt sich der Adler aber nicht mit Würmern ab, sondern peilt größere Tiere an, darunter solche, die dreimal so schwer sind wie er. Und so verlässt er erst einige Zeit nach Sonnenaufgang seine Unterkunft, den Adlerhorst.

Die Weibchen sind größer und kräftiger als die Männchen. Beide begeben sich in einem Gebiet auf die Jagd, das zwischen zwanzig und hundert Quadratkilometern misst. Sie fliegen über offenen Landschaften und gleiten im bodennahen Flug über Hügel und Hänge. Ihre Jagdmethode ist sehr variabel. Sie erwischen Kormorane und Kolkraben im Flug, pirschen sich an Gämsen und Murmeltiere heran, erbeuten Wildkaninchen, Ziegen und Birkhühner. Im Balkangebiet bekommen sie auch Schildkröten zu fassen, die sie aus größer Höhe auf Felshänge fallen lassen, um ihren Panzer aufzuknacken.

Mit seinen mächtigen Krallen tötet der Adler seine Beute, bei großen Tieren schlägt er sie durch die Schädeldecke ins Gehirn. Die Krallen dienen ihm auch dazu, die Beute zu packen und in seinen Horst zu transportieren. Dabei kann er immerhin fast sein eigenes Körpergewicht tragen, um die fünf Kilo. Ist die Beute schwerer, wird sie zerteilt und in mehreren Rationen transportiert oder vor Ort verspeist.

Für ihre Größe sind Adler außerordentlich wendig. Sie werfen sich auf den Rücken, um ihre Beute von unten zu attackieren, beherrschen den Tiefflug ebenso wie den Sturzflug aus großer Höhe. Ihr außerordentlich scharfes Auge macht es ihnen möglich, Beute aufzuspüren, die hunderte von Metern entfernt ist und noch nichts von ihrem Unglück ahnt. Um zwischen Nah- und Fernblick umzuschalten, kann der Adler seine Sehschärfe um bis zu 20 Dioptrin verändern. Auch ist die zeitliche Auflösung feiner; er verarbeitet 150 Bilder pro Sekunde, wir zwischen 18 und 24. Dieser beeindruckende Adlerblick ist es im Wesentlichen, der die Verbindung schafft zu der Welt der menschlichen Führungskräfte. Denn er erlaubt beides: Ein riesiges Areal zu überschauen und gleichzeitig den Blick zu behalten für die winzigen, aber so wichtigen Details.

Anregungen für das Business

Seinen imponierenden Jagdflug unternimmt der Adler allein. Das bedeutet aber keineswegs, dass Führungskräfte, die sich davon inspirieren lassen, zu Einzelkämpfern werden müssen. Vielmehr steht der Soloflug des Adlers für seine Freiheit und seine Unabhängigkeit. Beides hat eine Führungskraft nur sehr bedingt. Doch muss sie sich ihre Freiheit nehmen, wenn sie die anderen souverän und umsichtig führen will.

Überfliegen Sie gelegentlich Ihre Abteilung
Führungskräfte werden oft vom Tagesgeschäft aufgefressen und von den vielen kleinen Entscheidungen, die Ihnen abverlangt werden. Bewahren Sie sich den Blick für das Ganze. Dazu ist es hilfreich, immer wieder einmal die eigene Abteilung oder Organisation gedanklich zu „überfliegen": In welchem Zustand befindet sie sich? Was ist momentan die wichtigste Aufgabe, das vorherrschende Thema? Wie wirkt die Abteilung/Organisation von außen? Entwickeln Sie eine nüchterne, unvoreingenommene Sicht auf das, was wesentlich ist. Das hilft Ihnen, die richtigen Prioritäten zu setzen.

Tauchen Sie unvermittelt in Bodennähe auf
Es wird oft beklagt, dass hochrangige Führungskräfte von den alltäglichen Problemen ihrer Mitarbeiter abgeschottet sind und in ihrer eigenen Welt leben. Ihre Entscheidungen werden als abgehoben empfunden und insgeheim verflucht. Aber davon dringt nichts in die Chefetage, denn niemand möchte sich Ärger einhandeln. Informationen werden nach oben hin gefiltert; und auch wenn der Chef den direkten Kontakt zur Basis sucht, hat das häufig den Charakter einer Showveranstaltung. Ganz anders die Führungskraft im Zeichen des Adlers: Sie sucht Bodennähe, aber nicht angekündigt und inszeniert, vielmehr nutzt sie den Überraschungseffekt, erscheint unvermittelt bei den Mitarbeitern oder an der „Kundenfront" und versucht so viel ungefilterte Information wie möglich aufzunehmen. Zugleich stellt sie sich den Einwänden und der Kritik.

Greifen Sie beherzt ein
Eine Führungskraft im Zeichen des Adlers beobachtet sehr genau, was sich in ihrer Abteilung oder Organisation abspielt. Sie lässt die Dinge nicht laufen, sondern sie greift beherzt ein, wenn sie bemerkt, dass sich an irgendeiner

Stelle ein Konflikt aufbaut. Oder wenn sich eine Verhaltensweise einschleift, die nicht akzeptabel ist.

Überraschen Sie mit Detailkenntnis
Im Allgemeinen kennen sich die Mitarbeiter und die Fachkräfte in den Detailfragen viel gründlicher aus. Das ist unvermeidlich und doch liegt darin eine gewisse Gefahr. Die andern könnten ihren Wissensvorsprung ausnutzen und Ihnen etwas vormachen. Das bewährte Mittel, das zu verhindern, heißt unerwartete Detailkenntnis. Lassen Sie durchblicken, dass Sie über einen bestimmten Aspekt gründlich Bescheid wissen, erwerben Sie sich nicht nur Respekt. Ihr Gegenüber wird auch nicht gern das Risiko eingehen, von Ihnen fachlich bloßgestellt zu werden.

Achten Sie auf Ihr Erscheinungsbild
Schließlich sollten wir noch ein Wort über das Erscheinungsbild des Adlers verlieren. Wie er durch die Lüfte gleitet, das strahlt Ruhe, Konzentration und Stärke aus. Seine Flugmanöver sind wendig und kraftvoll. Sein Handeln richtet sich auf diesen einen Punkt: Die Beute zu greifen. Darin liegt eine Qualität, die auch für Führungskräfte wesentlich ist: Wer so konzentriert und beherzt auftritt, der gibt auch denen Sicherheit, die ihm folgen sollen.

Konkurrenz und Konflikte

In der Natur ist das Konkurrenzprinzip allgegenwärtig. Jeder Organismus, sogar jede Zelle konkurriert mit anderen, um ihr Überleben zu sichern. Überall herrscht Wettbewerb. Um Nahrung, um Lebensräume, um Fortpflanzungspartner, um Nistplätze, um Gefolgschaft, Jagdreviere, ja sogar um Ruheräume wird konkurriert. Dabei herrscht interessanterweise kein grenzenloser Wettbewerb; der Konkurrenzkampf in der Natur ist nicht selten reglementiert. Und das hat, wie Sie erfahren werden, durchaus seinen Sinn.

Nun gibt es Konkurrenz auch innerhalb einer Organisation. In der Affenhorde sind die Männchen bestrebt, die Alphaposition zu erobern. Dafür müssen sie ihre Konkurrenten auf mehr oder minder überzeugende Weise ausstechen. Das gelingt ihnen nicht allein durch körperliche Stärke. Vielmehr müssen sie Allianzen eingehen und verhindern, dass sich ihre Rivalen verbünden. Aus diesem Machtkampf entstehen zahlreiche Konflikte, die geschlichtet werden müssen, damit die Gruppe überlebt.

Erbitterte Konkurrenzkämpfe und Konflikte sind die Ursache von Stress. Wie man mit Stress umgeht, wie er sich vermeiden oder zumindest abmildern lässt, auch dafür gibt es in der Natur einige Anregungen.

Der Hirsch und sein Geweih

Themen: Wettbewerb, Karriere, Fairness, Statussymbol

Es gibt kaum ein sinnfälligeres Symbol für den Konkurrenzkampf als das Hirschgeweih. Dabei müssen wir unterscheiden: Das Geweih ist keine „Waffe", so wie Reißzähne, Krallen, Stacheln oder Giftdrüsen, mit denen Tiere angreifen oder sich gegen einen Angriff zur Wehr setzen. Vielmehr existiert das Geweih zu keinem anderen Zweck, als sich gegenüber den Rivalen zu behaupten, Revier und Ressourcen zu verteidigen oder zu erobern. Hirsche sind friedliebende Pflanzenfresser, die niemanden jagen. Aber auch wenn sie selbst angegriffen werden, setzen sie nicht ihr Geweih ein, um sich zu verteidigen, sondern schlagen mit den Vorderläufen zu.

Die Lebenschancen eines männlichen Hirschs sind sehr stark von der Größe und Stärke seines Geweihs abhängig. Kein Wunder also, dass so viel in das Geweih investiert wird: Wie die Zoologen Wolfgang Wickler und Uta Seibt schreiben, erfordert das Geweih großer Hirsche fast so viel Knochensubstanz, wie im ganzen übrigen Skelett steckt – und das jedes Jahr aufs Neue, denn bekanntlich werfen die Hirsche ihre Geweihe im Herbst wieder ab.

Stabile Verhältnisse im Revier

Klassischerweise leben Hirsche in Revieren, die jeweils ein männlicher Hirsch kontrolliert, der Platzhirsch. Dieser ist allen anderen Artgenossen seines Wohnraums weit überlegen. Wenn er auftaucht, müssen ihm die anderen Platz machen, ihm steht die beste Nahrung zu und in vielen Gebieten ist er das einzige Männchen, das an der Brunft teilnehmen und sich dadurch fortpflanzen kann. Der Nutzen für die Platzhirsche liegt auf der Hand: Geordnete, relativ komfortable Lebensverhältnisse.

Kein Platzhirsch würde sein Revier verlassen, um einen anderen anzugreifen. Das eigene Revier bietet ihm Sicherheit und Verlässlichkeit. Sofern seine Lebensverhältnisse gesichert sind, hat er kein Interesse zu expandieren. Eine Reviererweiterung brächte wenig Vorteile und würde schlagartig den Aufwand erhöhen. Denn ein eigenes Revier aufrecht zu erhalten, verlangt vom Platzhirschen ein beträchtliches Engagement: Er muss ständig sein Revier durchstreifen und es „markieren". Zu diesem Zweck sondert er ein Sekret aus seiner Stirndrüse ab und verteilt es an geeigneter Stelle, damit jeder erschnüffeln kann, wer hier das Sagen hat. Und schließlich muss er sein Revier natürlich auch gegen jeden Herausforderer verteidigen.

Rivalen im Konkurrenzkampf sind junge, revierlose Männchen, die auch gerne in den privilegierten Status eines Platzhirschs aufrücken würden. Oder die zumindest die eine oder andere Hirschkuh erobern wollen. Und dazu müssen sie einen anderen Hirschen herausfordern, möglichst einen, der nicht ganz so stark ist.

Wie Hirsche kämpfen

Nach landläufiger Vorstellung werden die Hirsche in der Brunftzeit vom „Männlichkeitswahn" überwältigt, was sie dazu veranlasst, mit ihren schweren Geweihen aufeinander loszugehen und zu kämpfen, bis das Gehörn splittert. Wie „Männer" eben so sind. Doch in Wirklichkeit ist eher das Gegenteil zu beobachten: Ein kontrolliertes Kräftemessen, das in seiner Rationalität und in seinem Bemühen um Schadensbegrenzung von der UNO hätte konzipiert sein können.

Die Auseinandersetzung beginnt aus sicherer Distanz, mit dem Röhren. Schon hier kann sich das Duell entscheiden: Hat einer der beiden Kontrahenten mehr Kraft in der Stimme, lässt das Rückschlüsse auf seine allgemeine körperliche Verfassung zu. Der weniger stimmgewaltige Hirsch sucht das Weite. Ansonsten nähern sich die beiden Rivalen bis auf Sichtweite. Sie treten aufeinander zu, gehen im Parallelgang nebeneinander her und vergleichen ihre Größe, vor allem auch die Größe ihrer Geweihe. Der unterlegene Hirsch kann sich zurückziehen und so den Kampf vermeiden. Bleiben beide am Platz, fahren sie nun mit ihren Geweihen aufeinander zu. Dabei verhaken sie sich ineinander und schieben sich hin und her.

Erst wenn auch dieses Kräftemessen keine Entscheidung bringt, kommt es zum Kampf, als allerletztes Mittel sozusagen. Dieser Kampf kann in der Tat blutig enden, denn es muss eine Entscheidung herbeigeführt werden. Aber es gibt etliche Sicherungsmaßnahmen, damit es nicht zum Äußersten kommt. Nicht zuletzt ist das Geweih so konstruiert, dass es sich in dem des Gegners verhakt und ihm keine gefährlichen Verletzungen zufügt.

Der Rivale soll besiegt, aber nicht verletzt werden

Obwohl es um sehr viel geht, halten sich die Hirsche an die Regeln. Ziel ist es, den Rivalen zu besiegen, aber nicht ihn maximal zu schädigen. Das lässt sich beobachten, wenn nach dem Parallelgang ein Hirsch zu früh eindreht und nun die Flanke seines Rivalen völlig ungeschützt ist. Anstatt zuzustoßen und sich auf bequeme Art und Weise einen Sieg zu verschaffen, drehen die Hirsche um und laufen hinter ihrem Gegner her, um den Kampf „nach den Regeln" fortzusetzen.

Dieses Verhalten in der freien Wildbahn erscheint überraschend. Denn da gibt es niemanden, der auf die Einhaltung des Rituals achtet und bei Verstößen eine Strafe verhängt. Vielmehr hätte der unfaire Hirsch durch die Regelverletzung erhebliche Vorteile: Kampf gewonnen und schnell beendet, Ressourcen geschont, kein Verletzungsrisiko. Umso bemerkenswerter, dass die Evolution hier der Fairness einen Pfad gebahnt hat.

Nun ist es wohl so, dass es langfristig für alle von Nutzen ist, wenn von jedem das Ritual eingehalten wird. Denn das Ritual hilft die Zahl der blutigen Auseinandersetzungen zu begrenzen. Es wirkt deeskalierend. Das grundsätzliche Dilemma ist aber, dass der langfristige Vorteil für alle nur durch einen kurzfristigen Verzicht auf den eigenen Vorteil erreicht werden kann. Häufig klappt das nicht. Die Regelbrecher setzen sich durch. Und weil sie damit erfolgreich sind, müssen alle die Regeln brechen, um noch mitzuhalten. Doch diese fatale Logik gilt bei den kämpfenden Hirschen eben nicht.

Nur gleichstarke Hirsche kämpfen

Es wäre eine ruinöse Strategie, immer bis zum Äußersten zu gehen und den direkten Kampf zu suchen – sofern man sich seiner körperlichen Überlegenheit nicht sicher sein kann. Doch auch als Gewinner kann man Verletzungen davontragen, die einen daran hindern, die nächste Auseinandersetzung zu führen. Kein Hirsch ist so stark, dass er alle Kämpfe wirklich durchstehen könnte. Er ist darauf angewiesen, dass er die meisten seiner Rivalen so stark beeindruckt, dass sie aufgeben, bevor es ernst wird.

Aber auch ein unterlegener Hirsch profitiert davon, wenn es nicht zum Kampf kommt. Denn immerhin bleibt ihm noch seine körperliche Unversehrtheit. Es lohnt sich für beide Seiten also nur dann in den Kampf einzutreten, wenn die Kräfte etwa gleich verteilt sind und der Ausgang der Auseinandersetzung offen ist.

Der Konkurrenzkampf kostet Kraft. Tatsächlich ist es so, dass junge Hirsche erst im Alter von sechs Jahren in den Wettbewerb um Weibchen und Reviere einsteigen. Denn sobald sie mit dabei sind, verbrauchen sie alle Reserven, die sie vorher angelegt haben. Sie wachsen kaum noch. Je später sie in den Konkurrenzkampf einsteigen, desto mehr Kräfte können sie aufbauen und desto höher sind dann ihre Erfolgschancen. Allerdings muss es ihnen erst einmal gelingen, als revierlose Junghirsche durchzukommen. Deren Überlebenschancen sind nämlich am niedrigsten. Doch wenn sie durchkommen, dann haben sie bessere Chancen als die frühen Starter.

Das Geweih als Symbol der Macht

Kehren wir zuletzt noch einmal zum Geweih zurück: Es dient ja nicht nur als Instrument, um den Kampf gegen den Rivalen zu führen. Fast noch wichtiger ist es als Instrument, diesen Kampf *nicht* führen zu müssen. Es ist ein gut sichtbares, eindeutiges Signal. Wer das größere mächtigere Geweih hat, der besiegt den anderen, ohne zu kämpfen. Davon profitieren beide, denn auch für den Verlierer ist es besser, auf einen aussichtslosen Kampf zu verzichten.

Anregungen für das Business

Wettbewerb in der Natur, das bedeutet keineswegs Kampf ohne Rücksicht auf Verluste. Im Gegenteil, wenn Artgenossen um Ressourcen konkurrieren, dann gibt es üblicherweise Vorkehrungen, die eine Eskalation verhindern. Dafür gibt es gute Gründe. Denn ein rücksichtsloser Wettbewerb schadet auf Dauer allen, die daran teilnehmen (müssen).

Vermeiden Sie den „unbegrenzten Wettbewerb"

Als Führungskraft in einem Unternehmen haben Sie nur geringen Einfluss darauf, nach welchen Regeln der Wettbewerb mit der Konkurrenz funktioniert. Möglicherweise werden Sie sich dazu gezwungen sehen, Entscheidungen zu treffen, die den Wettbewerb weiter verschärfen. Dadurch verschaffen Sie sich kurzfristig etwas Luft; doch tragen Sie langfristig dazu bei, dass sich die gesamte Situation für alle verschlechtert.

Sogar wenn Sie diesen fatalen Mechanismus durchschauen, können Sie nur wenig dagegen ausrichten, denn es kann ja eine Frage des Überlebens sein, beim Konkurrenzkampf zumindest gleichzuziehen. Auf der anderen Seite gibt es Grenzen, Grenzen der Belastbarkeit und Grenzen dafür, was sich gehört und was nicht. Die Grenzen, die die Unternehmensethik ziehen sollte. Wenn diese Grenzen überschritten werden, dann ist im Allgemeinen ein „Dammbruch" die Folge. Es gibt kein Halten mehr, alles ist möglich. Eine solche

Situation kehrt sich früher oder später auch gegen denjenigen, der zunächst davon zu profitieren scheint. Insoweit gibt es ganz pragmatische Gründe, sich an gewisse ethische Standards zu halten.

Lassen Sie „schmutzige Tricks" nicht durchgehen
Dass der Wettbewerb verbindlichen Regeln folgen sollte, das gilt in besonderem Maße für den Konkurrenzkampf innerhalb des Unternehmens. Unfaires Verhalten, „schmutzige Tricks" von Mitarbeitern dürfen Sie als Führungskraft nicht durchgehen lassen. Sonst fördern Sie genau dieses Verhalten in Ihrem Unternehmen, auch bei denen, die sich sonst an die Regeln halten.

Kämpfen Sie nicht jeden Konflikt bis zum Ende durch
Es ist ein gern gehegte Illusion, ein erfolgreiches Unternehmen müsste in allen Belangen die Nummer 1 sein (gleiches gilt auch für erfolgreiche Führungskräfte) und das auch jederzeit unter Beweis stellen. Nun hat es gewiss einen mobilisierenden Effekt, wenn man hohe Ansprüche an sich stellt und Gelegenheit bekommt, die eigenen Kräfte endlich einmal „unter Beweis" zu stellen. Nur führt es geradewegs in den Ruin, wenn man gewissermaßen jede Herausforderung annimmt und die Sache bis zum Ende durchkämpft. Das hat schon starke Persönlichkeiten und mächtige Organisationen zermürbt. Es kostet Ressourcen, an einem Wettbewerb teilzunehmen und den nötigenfalls bis zu Ende durchzustehen.

Lassen Sie Ihren Konkurrenten im Unklaren, wie weit Sie gehen
Bei einem Konkurrenzkampf sollten Sie den andern nicht erkennen lassen, wie weit Sie sich engagieren, welche Mittel Sie einsetzen und wann Sie aussteigen. Es kann verhängnisvoll sein, den Eindruck zu erwecken, man scheue eine Auseinandersetzung. Dann müssen Sie damit rechnen, auch von schwächeren Gegnern herausgefordert zu werden, die darauf spekulieren, dass Sie sich nicht ernsthaft auf eine Auseinandersetzung einlassen werden. Das ist sehr ungünstig, denn auch wenn Sie den Herausforderer bezwingen, wird Sie das viel Kraft kosten. Besser wäre es dann schon, wenn Sie in dem Ruf stehen, jede Auseinandersetzung bis zum Ende durchzustehen. Freilich dürften Sie dies dann nicht ernsthaft tun, denn eine solche Strategie führt, wie wir gesehen haben, in den Ruin.

Nun lässt sich ein Widerspruch zwischen glaubhaftem Image und tatsächlichem Verhalten nur schwer über einen längeren Zeitraum aufrechterhalten. Insoweit ist es am ratsamsten, wie die Hirsche eine gemischte Strategie zu verfolgen. Damit lassen Sie Ihre Wettbewerber darüber im Unklaren, ob Sie eine Herausforderung annehmen werden oder nicht. Jeder, der Sie herausfordert, muss zumindest damit rechnen, dass Sie sich ernsthaft zur Wehr setzen – auch auf einem „Nebenkriegsschauplatz".

Es ist nie zu spät, aus einem ruinösen Wettbewerb auszusteigen
Eine hochgefährliche Situation: Man lässt sich in einen Konflikt hineinziehen, der allmählich eskaliert. Vielleicht wollte einen die Gegenseite nur provozieren, weil sie nicht daran geglaubt hat, dass man sich ernsthaft auf die Auseinandersetzung einlässt. Doch dann ist der Konflikt da, ohne dass eine Seite ihn „ernsthaft" gewollt hat. Es ist sehr schwierig und wird immer schwieriger, aus so einer Situation auszusteigen, „nach allem, was vorgefallen ist". Doch genau das ist das einzig Vernünftige. Unter Umständen sollten Sie sich an eine neutrale Instanz wenden, eine Art „Mediator", der Ihnen hilft, aus einem verfahrenen Konflikt wieder herauszufinden.

Legen Sie sich ein eindrucksvolles „Hirschgeweih" zu
Wenn Sie über ein ähnlich überzeugendes Symbol der Stärke verfügen, wie es das Geweih für den Hirschen darstellt, so haben Sie ein geeignetes Mittel, um solche ruinösen Wettbewerbe zu verhindern. Niemand lässt sich ernsthaft auf eine Auseinandersetzung ein, wenn er damit rechnet, dass er mit hoher Wahrscheinlichkeit verliert. Zeigen Sie also Selbstbewusstsein und demonstrieren Sie – dezent, aber überzeugend – Stärke. Vermeiden Sie Übertreibungen und „Showeffekte". Denn nicht nur Schwäche provoziert die andern, Sie anzugreifen, sondern ebenso ein allzu selbstherrliches Auftreten.

Streitschlichter in der Affenhorde

Themen: Hierarchie, Konflikte, Ritual

In einer Affenhorde gibt es immer wieder Auseinandersetzungen um Nahrung, Paarung oder gesellschaftlichen Aufstieg. Manchmal kommen Streitigkeiten aber auch ohne (für einen menschlichen Affenforscher) erkennbaren Anlass vor. Bis zu einem bestimmten Grad sind diese Konflikte durchaus nützlich, denn sie klären die Verhältnisse und sorgen auf der anderen Seite für eine gewisse soziale Durchlässigkeit. Doch bergen sie auch große Gefahren. Eine zerstrittene Affenhorde hat in der Wildnis keine Überlebenschance. Und so überrascht es nicht, dass die Affen verschiedene Methoden entwickelt haben, Konflikte zu schlichten.

Häufig ist zu beobachten: In der Affenhorde legt das Umfeld den Rivalen nahe, ihren Streit beizulegen. Darüber hinaus stehen beide Seiten unter Beobachtung ihrer Hordengenossen. Wenn einzelne Mitglieder dann noch vermittelnd eingreifen, um die Gegner zu versöhnen, ist der soziale Druck beträchtlich. Die Horde signalisiert: Wir wollen nicht, dass ihr euch streitet.

Die friedensstiftende Kraft von Versöhnungsritualen

Die Rivalen müssen sich versöhnen, das ist die entscheidende Voraussetzung, damit der Konflikt nicht noch einmal aufflammt. Der erste Schritt ist in der Regel, dass der Unterlegene eine Unterwerfungsgeste vollführt. Schimpansen etwa legen sich flach auf den Boden und präsentieren ihr Hinterteil, woraufhin der Sieger über seinen Rivalen hinwegschreitet. Damit sind die Verhältnisse geklärt. Anschließend versöhnen sich die beiden, indem sie einander „groomen", das heißt, sich gegenseitig das Fell pflegen. Damit ist der Streit beigelegt.

Das Groomen hat eine ungeheuer wichtige Funktion. Auch Affen, die sich nicht streiten, widmen sich intensiv der gegenseitigen Fellpflege, um ihre Beziehungen zueinander zu festigen. Im Laufe der Evolution hat das Groomen übrigens immer mehr zugenommen. Unsere Vorfahren sollen ihre Hordenmitglieder ständig gegroomt haben. Manche Anthropologen glauben, dass die Sprache schließlich an die Stelle des Groomens getreten ist. Statt sich das Fell zu säubern, das ohnehin immer dünner wurde, fing man an, miteinander zu reden, um zu signalisieren: Wir gehören zusammen. Das ist wohl bis heute so geblieben.

Eine interessante Variante des Versöhnungsrituals gibt es bei den Pavianen. Von ihrem Naturell her gehören sie nicht zu den friedliebendsten Tierarten auf diesem Planeten. Zwischen den 20 bis 120 Mitgliedern einer Paviangemeinschaft gibt es immer wieder Streit und Kampf. Hat ein Tier ein anderes angegriffen und womöglich sogar verletzt, dann kümmern sich oft die Verwandten um das Opfer, wohlgemerkt: die Verwandten des Angreifers. Sie umarmen den Unterlegenen und lassen das charakteristische Versöhnungsgrunzen hören. Obwohl der Übeltäter selbst gar nicht in Erscheinung tritt, funktioniert die Sache. Die Versöhnung wird akzeptiert.

Die Horde fördert die Versöhnung

Auch bei anderen Affenarten mischen sich nicht direkt beteiligte Hordenmitglieder ein – und zwar bereits während der Streit noch tobt. Ihnen geht es nicht um nachträgliche Versöhnung und Trost für den Unterlegenen, sondern darum, die Auseinandersetzung zu beenden. Manchmal machen sie es sehr diskret wie die jungen Affen, die um die Streithähne herumstreifen, sie beobachten und es kaum erwarten können, dass sie ihren Streit beilegen. Ist das geschehen, kreischen die jungen Affen vor Begeisterung und springen den Rivalen übermütig auf die Schultern. Es ist eine Art von Applaus: Na, endlich habt ihr es geschafft!

Doch gibt es durchaus auch den Fall, dass sich ein Hordenmitglied direkt einmischt, um die Streitenden miteinander zu versöhnen. Im Normalfall handelt es sich um einen ranghöheren Affen. Schließlich hat der die besten Aussichten, sich Respekt zu verschaffen. Und vielleicht steigt mit dem höheren Rang auch die Verantwortung gegenüber der gesamten Horde.

Paradoxe Intervention bei den Gorillas

Eine bemerkenswerte Methode, Konflikte zu entschärfen hat man bei den Berggorillas beobachtet. Trotz ihrer beeindruckenden Körperkräfte zählen sie zu den friedlichen und freundlichen Naturen. Dennoch kommt es auch unter

Gorillas gelegentlich zu heftigen Tätlichkeiten, wie der Schweizer Zoologe Jörg Hess berichtet: „Es wird gerauft, gebissen, an den Haaren gerissen, und immer begleitet aggressives Husten oder Schreien solche Szenen." Vom feindseligen Husten einmal abgesehen ein sehr vertrautes Verhaltensprogramm.

Doch wie der Rest der Sippe auf die Prügelei reagiert ist verblüffend. Denn die anderen Gorillas werfen sich nicht etwa zwischen die Streithähne oder versuchen sie zu beschwichtigen. Im Gegenteil: Alle fangen an zu schreien und zu husten und aggressiv herumzupöbeln. Es herrscht richtig dicke Luft bei den Gorillas, könnte man meinen. Doch der Effekt der allgemeinen Aufregung ist bemerkenswert: Die Aggression verliert ihre Richtung. Dadurch, dass alle mitmachen, entsteht eine heillose Verwirrung. Jeder regt sich über jeden auf. Oder tut zumindest so.

In diesem Klima können die beiden Streithähne nicht mehr gezielt aufeinander losgehen. Die Energie, die sie vorher gegeneinander gerichtet haben, diffundiert in alle Richtungen. Es wird laut, aber die Tätlichkeiten hören augenblicklich auf. Und auch das Geschrei klingt allmählich ab. Diese Methode der Streitschlichtung erinnert verblüffend an die so genannte „paradoxe Intervention" mancher Psychotherapeuten, die ein Problem scheinbar verschärfen, um es zu lösen. Manchmal greift aber auch einfach nur der Silberrücken ein, der Chef der Familie. Im Allgemeinen genügt sein bloßes Erscheinen, damit die Streitenden jäh voneinander ablassen. Tun sie das nicht, dann greift sich der Silberrücken einen von ihnen heraus und drückt ihn zu Boden. Ende der Auseinandersetzung.

Schimpansenweibchen stiften Frieden

Manchmal sind es auch die Weibchen, die eingreifen. Bislang wurde das allerdings nur bei unseren nächsten Verwandten, den Schimpansen, beobachtet. Doch deren Deeskalationsstrategie ist ebenfalls bemerkenswert, wie der Primatologe Frans de Waal berichtet. Gelingt es den männlichen Schimpansen nicht, sich nach einer Auseinandersetzung wieder zu versöhnen, so sitzen sie ein paar Meter voneinander entfernt da, als warten sie darauf, dass der andere den ersten Schritt unternimmt. Sie vermeiden jeden Blickkontakt miteinander und fühlen sich sichtlich unbehaglich.

In solchen Situationen ergreift hin und wieder ein Weibchen die Initiative und führt die beiden Rivalen zusammen. Sie pirscht sich erst an den einen, dann an den anderen heran und zieht ihn jeweils mit sich, so dass beide in Reichweite voneinander Platz nehmen. Sodann sorgt sie dafür, dass die beiden Männchen beginnen, sich gegenseitig zu groomen. Nach einer Weile erhebt sie sich unauffällig und verschwindet. Die Männchen groomen einfach weiter und sie tun das sehr engagiert, unter lautem Schnaufen.

Doch das ist noch nicht alles. Frans de Waal berichtet von einem langanhaltenden Konflikt zwischen dem Schimpansenmännchen Nikkie und dem Alpha-Männchen Yeroen. Der Chef hatte Nikkie vor allen anderen gedemütigt und jetzt sann er auf Rache. Er griff nach einem großen Stein, versteckte ihn hinter seinem Rücken und machte sich auf die Suche nach Yeroen. Doch wurde er vom ranghöchsten Weibchen Oma dabei beobachtet. Sie trat auf ihn zu und nahm ihm in aller Ruhe den Stein aus der Hand. Nikkie ließ es ohne Widerstand geschehen. Vielleicht ahnte er, dass er fast einen schrecklichen Fehler gemacht hätte.

Allerdings beherrschen Schimpansenweibchen auch die durchtriebene Kunst der Scheinversöhnung, wie Frans de Waal ebenfalls beobachtet hat. So geriet eine ältere und etwas behäbige Schimpansendame mit einer jüngeren in Streit, verfolgte sie, bekam sie aber nicht zu fassen. Nach einiger Zeit schien der Vorfall vergessen. Die Schimpansendame saß friedlich in sicherer Entfernung und streckte der Rivalin die Hand zur Versöhnung entgegen. Die war durchaus misstrauisch, grinste nervös und wollte über die ganze Sache hinweggehen. Doch die ältere ließ sich nicht davon abbringen und forderte die andere mit sanftem Grunzen auf näher zu kommen. Und das tat sie dann auch. Wäre alles mit rechten Dingen zugegangen, hätte die ältere ihre Rivalin umarmt und ihr einen Kuss geben müssen. Stattdessen stürzte sie sich auf die jüngere und biss wild auf sie ein. Schimpansenmännchen versöhnen sich nicht so leicht, schreibt de Waal, „aber getrickst wird dabei nicht".

Langurenmännchen schreiten sofort ein

Bei anderen Affenarten übernehmen auch einmal die Männchen die Rolle des Friedensstifters bei Streitigkeit zwischen Weibchen. Der chinesische Affenforscher Ren Mei Ren von der Universität Peking hat eine Kolonie von Languren untersucht, das sind schlanke Affen mit langem Schwanz, die in Gemeinschaften von drei- bis vierhundert Exemplaren zusammenleben. Die Männchen sind fast doppelt so groß wie die Weibchen. Geraten zwei Weibchen aneinander, greift ein Männchen sofort ein. Es zieht die Streitenden auseinander, stellt sich zwischen sie und wirkt besänftigend auf die Rivalinnen ein. Er schaut sie milde an und krault ihnen den Rücken. Unter solchen Umständen ist es einfach nicht möglich, die Auseinandersetzung fortzusetzen. Als ein Männchen erkrankte und von der Gruppe zeitweilig getrennt werden musste, beobachtete Ren eine starke Zunahme der Keilereien zwischen den Weibchen. Als das Männchen zurückkehrte, entspannte sich die Lage.

Lernen von den Bärenmakaken

Nun muss man wissen, dass die Fähigkeit, Konflikte zu schlichten und miteinander Frieden zu schließen, unter den Affenarten unterschiedlich entwickelt ist. Je stärker es auf den Zusammenhalt der Gruppe in der Wildnis ankommt, desto versöhnlicher verhalten sich die Tiere. Die absoluten Spitzenreiter sind die Bonobos, die Zwergschimpansen, die noch ein wenig enger mit uns verwandt sind als die „gewöhnlichen" Schimpansen.

Doch waren es die gleichfalls sehr friedfertigen Bärenmakaken, die in einem Experiment sogar erzieherisch auf andere Affen einwirkten. Wie Frans de Waal berichtet, wurden einige Rhesusaffen, die von ihren Müttern getrennt aufgewachsen waren, mit den sanften Bärenmakaken zusammengebracht. Nun sind Rhesusaffen schon von Haus aus weniger darin geübt, sich zu versöhnen. Und die isoliert aufgewachsenen Exemplare waren es erst recht nicht.

Bärenmakaken sind Rhesusaffen trotz ihrer Sanftmut körperlich überlegen. Und sie sind hartnäckig. Wenn die Rhesusaffen sie anknurrten, ließen sie sich davon nicht im geringsten beirren, sondern blieben friedlich. Für die Rhesusaffen war es wohl die erste Erfahrung mit ranghöheren Gefährten, die ihre Stellung nicht mit Gewalt behaupteten. Der bemerkenswerte Effekt: Nachdem sie eine Zeitlang mit den Bärenmakaken zusammengelebt hatten, fiel es den Rhesusaffen leichter, sich miteinander zu versöhnen. Dabei übernahmen sie keineswegs die Verhaltensmuster der Makaken, sondern versöhnten sich auf ihre Art und Weise. Sie blieben ganz und gar Rhesusaffen, nur waren sie wesentlich friedfertiger geworden.

Anregungen für das Business

Professionelles Konfliktmanagement lohnt sich
Konflikte beeinträchtigen die Arbeitsfähigkeit einer Organisation. Insoweit sollte jede Organisation an einem professionellen Konfliktmanagement interessiert sein, zumal das schon die Bärenmakaken und die Languren hinbekommen. Ziel ist es, Konflikte möglichst rasch beizulegen, was keinesfalls bedeutet, sie unter den Tisch zu kehren. Im Gegenteil, Konflikte müssen ausgetragen und geklärt werden, sonst schwelen sie weiter. Und das Ergebnis dieses Klärungsprozesses müssen beide Konfliktparteien akzeptieren.

Das Betriebsklima hilft Konflikte zu entschärfen
In der Affenhorde legt das Umfeld den Rivalen nahe, ihren Streit beizulegen. Ebenso kann das betriebliche Umfeld in einer Organisation erheblich dazu beitragen, dass Konflikte nicht ausufern. Ganz einfach weil sie nicht geduldet werden. Das bedeutet gerade nicht, dass über die Ursachen des Konflikts der Mantel der Harmonie gebreitet wird. Vielmehr wird erwartet, dass die Beteiligten ihre Feindseligkeiten einstellen und zu einem normalen Umgang zurückkehren.

Mischen Sie sich ein, obwohl Sie den Konflikt nicht lösen können
Führungskräfte haben nicht nur in der Affenhorde eine besondere Verantwortung dafür, dass Konflikte beigelegt werden. Sie können sich einmischen und die Kontrahenten auffordern, zu einer einvernehmlichen Lösung zu kommen. Aber eines können Sie nicht: Den Konflikt für die Beteiligten lösen. Das ist ein weit verbreiteter Fehler, der dafür sorgt, dass die Konflikte weiterschwelen. Denn eine akzeptable Lösung kann nur von den Konfliktparteien selbst kommen.

Unterbinden Sie unfaire Angriffe
Sie können niemanden dazu zwingen, sich zu vertragen. Sie können nur die Voraussetzungen dafür schaffen. Hin und wieder werden Sie hinnehmen müssen, dass sich ein Konflikt etwas hinzieht. Aber eines sollten Sie nicht dulden: Dass die Kontrahenten zu unfairen Mitteln greifen und sich „mit dem Stein hinter dem Rücken" ihrem Gegner nähern. Hier müssen Sie einschreiten. Sie sollten nicht entscheiden, wer „Schuld" hat, sondern unmissverständlich klarstellen, dass nichts einen unfairen Angriff rechtfertigt.

Schalten Sie einen Mediator ein
Häufig sind Konflikte so verfahren, dass die Kontrahenten alleine ihren Streit nicht mehr beilegen können. Wenn Sie selbst Konfliktpartei sind oder Sorge haben, nicht ganz neutral zu erscheinen, dann ist es sinnvoll, einen Außenstehenden einzuschalten, einen Schlichter oder Mediator, der beiden Seiten hilft, zu einer Lösung zu kommen.

Am Ende des Konflikts steht immer die Versöhnung
Die Forschungen von Frans de Waal haben auch die Wahrnehmung menschlicher Konflikte verändert. Die Psychologen sind darauf aufmerksam geworden, was für eine große Bedeutung Versöhnungsrituale haben. Es genügt nicht, den Konflikt verbal beizulegen. Das muss zwar auch sein, um den Konflikt zu klären und abzustimmen, wie man in Zukunft miteinander auskommen will. Doch dann muss sich eine versöhnliche Geste anschließen. Das kann ein bloßer Handschlag sein oder auch ein gemeinschaftliches Mittagessen. Entscheidend ist, dass sich dieses Versöhnungsritual möglichst unmittelbar an das Ende der „Kampfhandlungen" anschließt.

Vorsicht vor einer Scheinversöhnung
Menschliche Machtspieler greifen zu den selben durchtriebenen Tricks wie Schimpansenweibchen: Sie inszenieren eine Scheinversöhnung, lassen es gewaltig menscheln und geben den guten Kollegen, der mit Ihnen im selben Boot sitzt. Damit will Sie der andere nur in Sicherheit wiegen. Denn insgeheim bereitet er schon den nächsten Angriff vor. Und der soll Sie umso vernichtender treffen. Selbstverständlich können Sie diese Komödie mitspielen. Denn jemand, der ein Versöhnungsangebot ausschlägt, hat den Schwarzen Peter, wenn der Konflikt weiter eskaliert. Entscheidend ist daher nur, dass Sie auf das Manöver nicht hereinfallen.

Gesträubtes Fell und tiefe Laute — so funktionieren Drohsignale

Themen: Konflikte, Kommunikation

Das wirksamste Mittel in der Natur, gewalttätige Auseinandersetzungen zu verhindern, sind Drohungen. Das mag etwas überraschen, denn Drohungen stehen nicht gerade in hohem Ansehen. Und doch sind Drohungen unverzichtbar. Säugetiere drohen, Vögel drohen, Fische drohen, ja sogar Insekten verschaffen sich in dieser grausamen Welt des Fressens und Gefressenwerdens ein bisschen Frieden durch ihre Drohsignale. Wie wir noch sehen werden, ist die Drohung die Mutter der Verhandlungslösung. Sie ist der Versuch, seine Interessen zu wahren, ohne den anderen körperlich anzugreifen und ihn in ein blutendes Stück Fleisch zu verwandeln. Wie wichtig Drohungen sind, um blutige Auseinandersetzungen zu verhindern, zeigt sich an den grausamen Hahnenkämpfen. Häufig werden den Hähnen die Kämme vorher entfernt. Dann können sie nicht mehr drohen, sondern nur noch kämpfen.

Für das eigene Überleben kommt es aber nicht nur darauf an, die passenden Drohsignale auszusenden. Fast noch wichtiger für das eigene Überleben ist es, die unzähligen Drohsignale der anderen richtig zu deuten.

Größe zeigen

Was tun Hunde, wenn sie drohen? Sie sträuben ihr Fell, recken sich auf und knurren. Drohende Fische spreizen ihre Flossen weit vom Körper ab, Katzen machen einen Buckel, Hähne plustern sich auf und ihnen schwillt der Kamm. Warum eigentlich? Sie wollen möglichst groß erscheinen, sagt die traditionelle Verhaltensforschung. Das „Sich-groß-machen" ist ein weit verbreitetes Drohsignal, das auch über Gattungsgrenzen hinaus verstanden wird.

Ganz ähnlich ist es bei den Drohlauten: Sie liegen gewöhnlich im tiefen Register. Nun weiß schon jedes Kind: Nur große Tiere machen tiefe Töne. Piepsen kann hingegen auch die kleinste Maus. Daher sind Beschwichtigungssignale eher in den höheren Registern angesiedelt.

Doch beim Drohen geht es nicht um Größe allein. Kleine Kläffer drohen durchaus größeren Artgenossen. Und sie haben damit oft Erfolg, vor allem, wenn ihr Gegenüber ohne böse Absichten unterwegs ist und kein Interesse daran hat, in eine Beißerei verwickelt zu werden. Denn genau diese Botschaft soll mit dem Drohsignal vermittelt werden: dass es ungemütlich wird, wenn sich der andere weiterhin über die eigenen Interessen hinwegsetzt.

Verletzte Ansprüche

Eine Drohung ergibt nur Sinn vor dem Hintergrund verletzter Ansprüche: Ein Fisch, der in fremdes Revier eindringt, löst beim Revierbesitzer Drohsignale aus. Unterbleiben sie, so folgt daraus nicht nur unter Fischen: Es bestehen keine Ansprüche mehr.

Umgekehrt kann natürlich auch ein Eindringling seine Ansprüche durch Drohsignale untermauern – wenn dieser Fall auch weit seltener ist, denn auf fremdem Grund ist man sich häufig nicht so sicher, wie es um die eigene Stärke wirklich bestellt ist. Daher lässt man sich lieber erst einmal bedrohen, um anhand des Drohsignals zu beurteilen, wie weiter verfahren werden soll: Das Feld räumen, zurückdrohen oder das Drohsignal ignorieren.

Drohduelle

In der Regel beginnt das Tier, das seine Ansprüche verletzt sieht, mit den Drohungen. Aus der Art und Intensität der Signale kann sein Gegenüber Rückschlüsse ziehen, wie ein Kampf wohl ausgehen würde. Schätzt er seine eigenen Chancen gut ein, droht er zurück – natürlich nur wenn er überhaupt bereit ist, einen Kampf zu führen. Und das hängt von vielen Faktoren ab, nicht zuletzt auch davon, was es für ihn überhaupt zu gewinnen gibt: Ein Revier mit Weibchen, ein höherer Rang oder eine halbabgenagte Gazelle?

Aus den Drohgebärden des Zweiten lässt sich wiederum für den Ersten ablesen, ob er sich nicht vielleicht ein wenig zu sehr aufgeblasen hat und in einem Kampf doch wohl eher den Kürzeren ziehen würde. Ist das zu vermuten, dann hält er seine Drohung nicht länger aufrecht, sondern räumt das Feld. Ansonsten verstärkt er seine Drohung noch.

Bei manchen Tieren können sich diese Drohduelle recht lange hinziehen: Bei Damhirschen, Kröten oder Nachtigallen etwa. Das liegt einmal an ihrem friedfertigen Naturell, dann aber auch daran, dass ihre Drohsignale so kompliziert sind (siehe unten). Bei Wölfen oder auch Hunden ist die Angelegenheit hingegen sehr schnell geklärt. Und das heißt: Einer zieht sich zurück oder es wird ernsthaft zugebissen.

In manchen Fällen scheint es auch so etwas wie ein Unentschieden zu geben. Die eine Seite plustert sich auf und droht, die andere droht eindrucksvoll zurück. Beide gehen auseinander, ohne dass gekämpft worden wäre. Aber beide haben ihre Bereitschaft bekundet, genau das zu tun. Jedoch hat keine Seite den Sprung zu einer ernsthaften Auseinandersetzung gewagt. Die Bereitschaft, einen Kampf zu führen, heißt noch nicht, ihn auch zu beginnen.

Der Morgengesang der Nachtigall

Ein Drohsignal der besonderen Art ist der Gesang der Nachtigall – und zwar der Gesang am Morgen. Am Abend singt die männliche Nachtigall, um ein Weibchen anzulocken. Ist diese Aufgabe erledigt, enden die nächtlichen Konzerte. Der Gesang am Morgen dient hingegen der Revierverteidigung. Er ist vermutlich das wohlklingendste Drohsignal, das wir kennen. Das ändert aber nichts an seiner Funktion: Rivalen sollen auf Abstand gehalten werden. Das Bemerkenswerte, aber vollkommen Schlüssige an diesem Drohsignal: Je komplexer und variantenreicher der Gesang, umso abschreckender wirkt er auf die Konkurrenz. Denn er lässt keinen Zweifel zu: Hier ist ein überlegener Vogel am Werk.

Die Zuverlässigkeit der Signale

Aufs Ganze gesehen erfüllen Drohsignale nur dann ihren Zweck, wenn sie halbwegs zuverlässig sind. Sie müssen Auskunft geben über die tatsächliche Stärke und Kampfbereitschaft des Drohenden. Ansonsten würde sich das Signal selbst entwerten. Könnte ein Schwachmatikus genauso eindrucksvoll drohen wie ein testosterondurchflutetes Kraftpaket, wären die Signale bedeutungslos. Nun gibt es durchaus einige raffinierte Betrüger, von denen Sie im Kapitel „Tarnen und Täuschen" einige Exemplare kennen lernen werden, im Wesentlichen jedoch sind die Drohsignale „ehrlich" und zuverlässig. Als

Lebewesen tut man gut daran, sie zu beachten und seine Rückschlüsse zu ziehen. Denn nur wenn beide Seiten „fair spielen", wird das gemeinsame Ziel erreicht: Die gewaltsame Auseinandersetzung zu vermeiden.

Zuverlässige Signale sind zum einen Kostproben von dem, was einen erwartet, wenn man sich auf einen Kampf einlässt: Der Gorilla, der auf seiner Brust herumtrommelt, kann seine Schläge ohne Zweifel auch in der anderen Richtung austeilen, Zitteraale geben Stromstöße ab und Wölfe gewähren Einblick in ihr Gebiss.

Dann gibt es aber auch Signale, die gerade dadurch überzeugen, dass sich der Drohende in eine nachteilige Lage bringt, würde er jetzt angegriffen. Das klingt kompliziert, ist aber ganz einfach: Jemand, der das Kinn hochwirft und breitbeinig mit gereckter Brust auf Sie zuschreitet, wirkt ohne Zweifel sehr bedrohlich. Doch gut geeignet für den drohenden Nahkampf ist diese Haltung nicht. Es ist ja kein Zufall, dass Boxer ihren Oberkörper eher krümmen, ihr Kinn an die Brust ziehen und mit kleinen Schritten um ihren Gegner herumtänzeln. Boxer wollen kämpfen. Wer droht, will seine Stärke zeigen, um den Kampf zu verhindern. Und ein geeignetes Mittel, das zu erreichen, besteht darin, demonstrativ ein hohes Risiko einzugehen.

Der Drohende präsentiert seine empfindlichsten Körperstellen in der Gewissheit, dass er dem andern so sehr überlegen ist, dass der es nicht wagen wird, ihn anzugreifen. Das Risiko ist hoch. Doch gerade deshalb wirken solche Drohsignale ungemein überzeugend.

Zähne zeigen

Eine Drohung wird oft sehr deutlich zum Ausdruck gebracht. Denn damit sie ihr Ziel erreicht, muss der Bedrohte sie vollständig verstanden haben. Hat er keine Ahnung, was der zähnefletschende Hund eigentlich von ihm will, tritt der unangenehmste Fall ein: Der Drohende muss seine Drohung wahr machen und genau das tun, was er verhindern wollte: Den Ignoranten in Stücke reißen.

Es gibt aber auch die ganz beiläufige Drohung, die vor allem dann zum Einsatz kommt, wenn die Verhältnisse sehr klar sind. Im Wolfsrudel zum Beispiel kann sich ein ranghohes Tier augenblicklich dadurch Respekt verschaffen, dass es einmal kurz die Zähne aufblitzen lässt. Als Erinnerung an einen Kampf, der in der Vergangenheit stattgefunden hat.

Die Drohung als Ursprung von Verhandlungen

Buntbarsche oder Wölfe können sich nicht an einen runden Tisch setzen und gemeinsam eine Win-win-Lösung erarbeiten. Was aber immerhin möglich ist: Die eigenen Interessen zu wahren, ohne in einen Kampf einsteigen zu müssen, der für beide Seiten ein Risiko bedeutet (auch der Gewinner trägt oft Verletzungen davon). Droht die Gegenseite zurück, lässt sich der Ausgang einer direkten Konfrontation noch genauer kalkulieren: Ist die Gegenseite womöglich genauso engagiert bei der Sache und ist sie noch stärker? So gesehen sind Drohduelle ein Austausch darüber, wer seine Ansprüche durchsetzt. In Ermangelung von Sprache können keine Ausgleichsangebote oder Kompromissvorschläge gemacht werden. Das wäre dann der nächste Schritt: Die Lösung wird ausgehandelt.

Anregungen für das Business

Drohungen helfen Ihnen, Ihre Interessen zu wahren

In der Tierwelt heißt die Drohung immer nur: Kampf, womöglich bis zum Tod. Im Unterschied dazu können Sie im Business alles Mögliche androhen – je nachdem, welche Machtmittel Ihnen zur Verfügung stehen: dass Sie die Stelle wechseln, Bonuszahlungen streichen oder schlechte Laune bekommen. Das hat viele Vorteile: Sie können Ihre Drohungen dosieren und auf das Ziel abstimmen, das Sie erreichen wollen: Kleine Vorteile erreichen Sie bereits durch milde Drohungen.

Dabei wollen wir klarstellen, was wir unter Drohung verstehen: Ihre Interessen sind durch jemanden beeinträchtigt. Und Sie lassen denjenigen wissen, womit er zu rechnen hat, wenn er sein Verhalten nicht ändert. In diesem Sinne kommt niemand ohne Drohung aus, der seine Interessen wahren möchte.

Vorsicht vor zu starken Drohungen

Wer droht, muss keineswegs in einer starken Position sein. Die Machtverhältnisse kippen augenblicklich, wenn sich der Bedrohte von Ihrer Ankündigung nicht beeindrucken lässt. Dann sind Sie zum Gefangenen Ihrer Drohung geworden und Sie müssen das tun, was Sie eigentlich vermeiden wollten: Ihre Drohung wahrmachen. Aus diesem Grund gibt es kaum etwas Wirkungsloseres als Drohungen, die ein paar Nummern zu groß geraten sind. Sie sind unangemessen und sie werden nicht geglaubt. Dann stehen Sie unter Zugzwang. Was wollen Sie lieber sein: Ein Papiertiger oder ein Scheusal?

Warnen statt einschüchtern

Die wirksamsten Drohungen sind subtil und behutsam. Die Gegenseite muss ihr Gesicht wahren können, wenn sie Ihren Interessen folgt. Mit Einschüchterung treiben Sie die Kosten in die Höhe und stärken nur den Widerwillen der andern. Sogar wenn sie jetzt nachgeben, irgendwann werden sie es Ihnen heimzahlen wollen. Sie erreichen mehr, wenn Sie die Gegenseite eher davor warnen, was sie erwartet, wenn sie ihr Verhalten fortsetzt. Besondere Überzeugungskraft gewinnen Sie, wenn die unangenehmen Konsequenzen, die Sie ankündigen, gar nicht in Ihrer Macht zu stehen scheinen. Sie informieren die Gegenseite und schüchtern Sie nicht ein.

Zeigen Sie, dass es Ihnen ernst ist

Drohungen führen nur dann zum gewünschten Ergebnis, wenn kein Zweifel daran besteht, dass die unangenehmen Folgen, die Sie ankündigen, auch wirklich eintreten. Unbestimmte Drohungen („das hat Konsequenzen...") laufen ebenso ins Leere wie theatralische Inszenierungen.

Ohne Drohungen können Sie nicht verhandeln

Im Tierreich kann sich nur eine Seite durchsetzen; ein Ausgleich der Interessen ist nicht möglich. Wir Menschen können hingegen verhandeln und Vereinbarungen treffen. Das gelingt jedoch nur, wenn wir in der Lage sind, unsere Interessen zu artikulieren und dem andern mitzuteilen, was geschieht, wenn er sie missachtet. Mit einem Wort: Wir müssen ihm drohen. Und wir müssen seine Drohsignale richtig deuten. Wer nicht richtig drohen kann, geht bei Verhandlungen unter. Weitere Anregungen zum Thema Drohung finden Sie im Buch „Machtspiele" vom selben Autor.

Machtkämpfe unter Meerschweinchen

Themen: Konflikte, Führungsstärke, Karriere, Hierarchie, Macht, Statuskämpfe, Stress, Teambildung

Unter den Meerschweinchen gibt es ausgesprochene Kämpfernaturen, wahrhafte „Kampfschweine", die keiner Auseinandersetzung aus dem Weg gehen, um sich an die Spitze der Sippe zu setzen. Ihnen stehen äußerst konfliktscheue Artgenossen gegenüber, die von vornherein jede Konfrontation scheuen und widerstandslos das Feld räumen – auch wenn sie ihrem Gegner körperlich weit überlegen sind und dessen Nagezähnchen wirklich nicht fürchten müssten.

Konfliktscheue leben schlechter

Es handelt sich offenbar um eine Charakterfrage, die sehr wenig mit Körperkraft, aber sehr viel mit der persönlichkeitsprägenden Kraft von Hormonen zu tun hat. Mit dem entsprechenden Auftreten kann sich auch ein schwaches Meerschweinchen bis zum Rang des Alphatiers hochrempeln. Während die harmoniesüchtigen Konfliktvermeider grundsätzlich ganz unten in der Hierarchie zu finden sind. Ihr mangelnder Ehrgeiz ist nicht einmal gesund, denn es sind nicht die pöbelnden Karrierekämpfer, die am stärksten unter Stress leiden, sondern die flauschigen Softies. Sie müssen den andern ausweichen und haben zur Zeit der Statuskämpfe Angst vor jeder Begegnung mit dem rücksichtslosen Alphatier.

Es wäre jedoch voreilig, daraus den Schluss zu ziehen, ausgeprägtes Karrierestreben sei für die Tiere besonders gesund. Denn für die Kämpfernaturen ist die Welt nur solange in Ordnung, wie sie an der Spitze der Hierarchie stehen. Unter verschärften Wettbewerbsbedingungen sieht die Sache ganz anders aus, wie Sie gleich erfahren werden.

Karrieristen machen sich das Leben zur Hölle

Setzen Sie eine Gruppe von zufällig ausgewählten Meerschweinchen in einen ausreichend großen Käfig, so bilden sie eine Rangordnung. Dies tun sie durch die angesprochenen Kämpfe und Ausweichmanöver. Jetzt werden die Stresshormone ausgeschüttet. Die konfliktscheuen Tiere durchleben eine Phase des Leidens, die im schlimmsten Fall sogar tödlich enden kann. Doch nach durchschnittlich vier Tagen ist der Stress erst einmal vorbei: Die Hierarchie liegt fest und wird auch nicht mehr geändert.

Bilden Sie hingegen eine Gruppe aus lauter machtbewussten Tieren, die nur eines im Kopf haben, nämlich die Alphaposition zu erobern, so folgt daraus nichts Gutes. Jeder kämpft gegen jeden und keiner will sich dauerhaft unterordnen. Rangkämpfe unter Meerschweinchen laufen nicht so blutig ab wie bei anderen Tieren, weil sich die Tiere in Ermangelung scharfer Klauen und Reißzähne kaum ernsthaft verletzen. Das ist einerseits ein Vorteil, bringt aber den Nachteil mit sich, dass sich die Verlierer von gestern wieder hochrappeln, um heute Revanche zu üben. Es kommt zu keiner Entscheidung. Die gesundheitliche Belastung ist enorm. Und demjenigen, der in diesem „Dreamteam der Alphatiere" an der Spitze steht, geht es gar nicht gut. Er ist meist der erste, der nach kurzer Zeit stirbt – an Herzversagen.

Soziale Kompetenz unter Meerschweinchen

Schließlich gibt es aber doch noch Ermutigendes aus der Welt der Meerschweinchen zu berichten. Sie können lernen, ihre Rangkämpfe auf relativ friedliche Art und Weise auszutragen. Am grundlegenden „Mechanismus" ändert sich zwar nichts, doch gelingt es den Nagern ihre Hierarchie ziemlich schnell und ohne große Belastungen für die beteiligten Tiere festzulegen. Voraussetzung ist, dass die Meerschweinchen in Gruppen aufgewachsen sind und dort die Regeln des Zusammenlebens gelernt haben. Solche „sozial kompetenten" Tiere kann man bunt zusammenwürfeln, sie werden sich immer vergleichsweise zügig einigen. Bei ihren Artgenossen, die isoliert aufgewachsen sind, sieht das ganz anders aus. Sie sind nicht einmal in der Lage eine stabile Hierarchie aufzubauen. Das Ergebnis ist ein einziges Durcheinander, eine nicht endende Stressphase. Diejenigen Gruppen, die aus sozial kompetenten Meerschweinchen bestehen, haben also ganz entschieden das Näschen vorn.

Anregung für das Business

Weichen Sie einem Konflikt niemals aus
Lernen wir von den Meerschweinchen: Eine Führungskraft darf nicht konfliktscheu sein. Schon gar nicht in einer Phase, in der es darum geht, die Führungsrolle zu übernehmen. Ob es Ihnen gefällt oder nicht, wenn Sie in eine Gruppe neu hineinkommen, werden die Mitglieder versuchen herauszufinden, wie stark Sie wirklich sind. Vor allem Artgenossen mit einem starken Dominanzstreben werden sich da hervortun und Ihnen auf den Zahn fühlen.

Achten Sie auf die „kleinen Gesten", die Sie herausfordern sollen
Das „Auf den Zahn fühlen" kann bereits an kleinen Gesten deutlich werden. Tritt jemand vor Ihnen durch die Tür, zündet sich jemand eine Zigarette an, ohne um Erlaubnis zu bitten, kommt jemand zu spät zur Besprechung, ohne sich zu entschuldigen, dann liegt darin eine Herausforderung, auf die Sie reagieren müssen. Unaufgeregt und souverän. Lassen Sie erkennen, dass Sie die Herausforderung erkannt haben. In einzelnen Fällen müssen Sie auch Grenzen setzen und erklären, dass Sie das betreffende Verhalten nicht hinnehmen werden. Gegenüber einem Gruppenmitglied, das Sie herausfordert, dürfen Sie einem Konflikt nicht ausweichen. Sonst werden Sie in Zukunft kaum noch in der Lage sein, sich gegenüber diesem „Alpha-Mitarbeiter" Respekt zu verschaffen.

Ein bisschen Dominanz muss sein
Wie bei den Meerschweinchen gibt es auch unter unseren Artgenossen erhebliche Unterschiede in ihrem Dominanzstreben. Für eine Führungskraft ist ein Mindestmaß davon unerlässlich. Sonst bleibt sie ohne Einfluss. Die dominanten Mitarbeiter tun, was sie für richtig halten, ihr „Chef" darf aber den Kopf dafür hinhalten. Lange wird der Chef seine Position nicht halten.

Stecken Sie nie zu viele dominante Mitarbeiter in ein Team
Bei der Teambildung sollten Sie unbedingt vermeiden, dass zu viele dominante Mitglieder zusammenkommen. Vielleicht unterläuft Ihnen dieser Fehler in der besten Absicht, die „High Performer", die „Besten der Besten" zu versammeln. So etwas kann nicht gut gehen. Die Arbeitsfähigkeit der Gruppe wird stark eingeschränkt durch die ständigen Positionskämpfe der Mitglieder, die alle den Kurs bestimmen wollen. Mehrere dominante Personen können

überhaupt nur dann gut zusammenarbeiten, wenn jeder seinen eigenen Bereich bekommt, in dem er eigenverantwortlich wirken darf.

Teams ohne „Alpha-Tiere" bleiben orientierungslos
Aber natürlich gibt es auch das umgekehrte Problem. Teams, die aus lauter Konfliktvermeidern bestehen, kommen ebenfalls nicht voran. Hier fehlt jemand, der die Impulse setzt, der die Verantwortung an sich zieht und Dampf macht. In solchen Teams herrscht Orientierungslosigkeit und Lethargie. Vorschläge werden zerredet, Entscheidungen aufgeschoben, und kommt tatsächlich ein Ergebnis zustande, so genügt ein Windstoß, um das Ganze in sich zusammenfallen zu lassen. Denn niemand ist bereit, das gemeinsame Ergebnis zu verteidigen.

Soziale Kompetenz führt zu rascher Hierarchiebildung
Im Idealfall besteht ein Team aus einer ausgewogenen Mischung von dominanten und weniger dominanten Charakteren, die sich gegenseitig respektieren. Denn Dominanz bedeutet nicht in jedem Fall Rücksichtslosigkeit und Durchsetzen auf Biegen und Brechen. Sie sollte sozial gemildert sein, sonst wird sie schnell destruktiv. Dominanz im Verbund mit sozialer Kompetenz kann in einer gemischten Gruppe sehr positiv wirken. Sie kann die Hierarchiebildung stark beschleunigen und erträglich machen.

Gerade in „hierarchiefreien" Gruppen gibt es Statuskämpfe
Eine schnelle, schmerzlose Hierarchiebildung ist ein großer Vorteil, auch und gerade in vermeintlich „hierarchiefreien" Gruppen und Organisationen. Weil dort die Positionen nicht formalisiert und von vornherein festgelegt sind, müssen sie nämlich mehr oder minder subtil erkämpft werden. Und weil sich niemand auf seinen einmal erstrittenen Rang verlassen kann, ist es jederzeit möglich, diese inoffiziellen Hierarchien zu kippen. Dann entsteht ein ähnlich unerträglicher Zustand wie bei den Meerschweinchen, die keine stabilen Hierarchien ausbilden können. Soziale Kompetenz zeigt sich eben auch darin, sich schnell und schmerzlos auf bestimmte Rollen und Positionen zu einigen und diese dann auch zu akzeptieren.

Verlierer sind gefährlich – die „umgeleitete Aggression"

Themen: Konflikte, Hierarchie, Aggression

Bei Hyänen hat man es beobachtet, bei Ratten, bei Pavianen, und auch uns Menschen ist das Phänomen nur allzu vertraut: Jemand erleidet eine Niederlage und anstatt die Ursachen zu analysieren, an sich zu arbeiten, um es beim nächsten Mal besser zu machen, hat derjenige nichts Besseres zu tun als einen völlig Unbeteiligten anzugreifen. Moralisch missbilligen wir dieses Verhalten, aber es lässt sich immer wieder beobachten. Und wenn der Evolutionspsychologe David Barash Recht hat, dann handelt es sich nicht um einen schlechten Charakterzug oder um ein Symptom für den allgemeinen Sittenverfall, sondern um ein tiefverwurzeltes Verhaltensprogramm (→ Literaturverzeichnis). Und das lässt sich nicht mit moralischen Appellen an den Anstand in den Griff bekommen.

Die „umgeleitete Aggression"

Ein Tier, das eine Auseinandersetzung verliert, ist demoralisiert. Es kann sich nicht mehr wehren, nicht mehr angreifen, es ist vollkommen hilflos. Zuversicht und Selbstvertrauen schmelzen dahin. Der Verlierer gerät unter Stress, wird nervös und labil. Keine guten Aussichten, um künftige Kämpfe zu bestehen. Um in diesen beklagenswerten Zustand gar nicht erst hineinzugeraten, gibt es ein bewährtes Mittel, die „umgeleitete Aggression", wie sie die Verhaltensforscher nennen.

Da es die Niederlage nur noch verschlimmern würde, den Gewinner zu attackieren, richtet der Verlierer seine Aggressionen auf ein neues Opfer. Auf jemanden, der an der vorangegangenen Auseinandersetzung völlig unbeteiligt war. Aus Sicht des Verlierers hat das den Vorteil, dass so jemand mit einem Angriff gar nicht rechnet und daher schneller überwältigt werden kann. Denn genau darum geht es: Nach einer Niederlage muss irgendein „Sieg" her – und sei es auch nur gegen irgendeinen arglosen Artgenossen, der zufällig am Weg steht und einem gar nichts Böses will.

Mit solchen billigen Siegen macht man zwar keinen Eindruck und auch das Ergebnis des vorangegangenen Kampfes lässt sich dadurch nicht korrigieren. Aber darum geht es auch nicht, sondern es geht darum, seinen Hormonhaushalt wieder in Ordnung zu bringen. Die „umgeleitete Aggression" verschafft einem das beruhigende Gefühl, dass man kein geborener Verlierer ist. Und zwar nicht, weil es immer noch Artgenossen gibt, die in der Hierarchie unter einem stehen. Das wäre ja auch ohne „umgeleitete Aggression" so. Zumal soziale Tiere wie Hyänen oder Paviane ganz genau wissen, welchen Rang sie aktuell einnehmen. Vielmehr braucht der Verlierer einen kleinen Sieg, um wieder auf die Beine zu kommen. Sonst gerät er in Gefahr, in einen Abwärtssog der Niederlagen zu geraten.

Underdogs und Sündenböcke

Die schlechte Nachricht ist, dass diese fragwürdige Strategie aufgeht: Tatsächlich verarbeiten Tiere, die sich irgendeinen kleinen Triumph verschaffen, Niederlagen wesentlich besser, wie Laborstudien an Ratten gezeigt haben. Ihre Artgenossen, die auf solche unfeinen Mittel verzichten, haben diesen Vorteil nicht. Da im Prinzip auch die Opfer der „umgeleiteten Aggression" ihre demütigenden Niederlagen verwinden müssen, ergibt sich eine Kaskade von Angriffen auf unbeteiligte Opfer. Ganz unten befinden sich jene elenden Existenzen, die niemanden mehr haben, auf dem sie herumhacken können. Die keinem etwas Böses tun (können) und die gerade deshalb immer wieder Opfer bösartiger Attacken werden.

Was die Hyänen und die Paviane betrifft, muss eine Kleinigkeit ergänzt werden: Der Verlierer wählt das Opfer seiner „umgeleiteten Aggression" nicht ganz zufällig aus. Überdurchschnittlich oft sind es Tiere, die mit seinem Bezwinger verwandt sind. Das riecht ein wenig nach Rache und Familienfehde, aber dazu trifft es dann doch zu häufig völlig Unbeteiligte. Es ist also wohl eher so, dass man diesen Effekt mitnimmt, aber nicht gezielt Verwandte attackiert.

Wenn Wechselmännchen Weibchen jagen

Wir haben es schon erwähnt: Männliche Paviane müssen ihre Heimathorde verlassen und Anschluss an eine neue finden. Das ist gar nicht so einfach, denn die „Wechselmännchen", wie sie die Affenforscher nennen, werden mit großem Argwohn betrachtet. Zu Recht übrigens, denn manche von ihnen vergreifen sich wie erwähnt an dem bestehenden Nachwuchs der Horde. Und das ist nirgendwo gern gesehen. „Wechselmännchen" leben daher erst einmal einige Zeit neben der Horde. Allmählich wachsen sie in die Gemeinschaft hinein. Dazu gehört natürlich auch, dass sie ihren Rang finden müssen, ihren „Einstiegsrang", denn die Hierarchie unter den Pavianmännchen ist durchaus in Bewegung. Nun kann es vorkommen, dass ein „Wechselmännchen" erst einmal Jagd auf die Weibchen macht. Die sind jedem Männchen körperlich weit unterlegen und es kommt gar nicht zu einem Kampf, zumal die Weibchen einfach die Flucht ergreifen. Dem Wechselmännchen geht es vielmehr darum, sich vor dem ersten Kampf mit ein paar Triumphgefühlen in Stimmung zu bringen. Denn jeder noch so kleine Sieg verbessert die Aussichten, auch die nächste Auseinandersetzung zu gewinnen.

Der Hormonhaushalt der Sieger

Dem, der ein Duell gewinnt, geht es bestens. Er ist ruhig und selbstsicher. Seine Aussichten, auch den nächsten Kampf zu gewinnen, sind gut. „Umgeleitete Aggressionen" sind von Gewinnern nicht zu befürchten. Bei den Grünen Meerkatzen hat das der Neurologe Michael J. Raleigh näher untersucht und herausgefunden: Das Alphamännchen hat die höchsten Werte des „Glückshormons" Serotonin, es ist ausgeglichen und am wenigsten aggressiv von allen. Wenn es aggressiv wird, dann ganz gezielt – zum Beispiel, wenn die Horde verteidigt werden muss. Demgegenüber verhalten sich die niederrangigen Meerkatzen viel impulsiver; ihre Aggressivität ist ungerichteter und wesentlich größer. Daraus folgt zweierlei: Ein Sieg stärkt das Selbstbewusstsein und lässt einen überlegter handeln. Das verbessert die Chancen, auch den nächsten Kampf zu gewinnen. Doch wer zu oft gewinnt, verschlechtert seine Chancen wieder. Denn er wird selbstzufrieden. Er unterschätzt seinen Herausforderer. Und seine Aggressivität reicht nicht mehr aus, um sich zu behaupten. Er lässt sich von einem Gegner überwinden, der auf den ersten Blick viel schwächer scheint.

Anregungen für das Business

Rechnen Sie mit „umgeleiteten Aggressionen"
„Umgeleitete Aggressionen" sind weit verbreitet. Sie treffen Unschuldige und vergiften das Betriebsklima. Wo immer es möglich ist, sollten Sie „umgeleitete Aggressionen" unterbinden und die Opfer schützen. Zugleich sollten Sie mit „ungeleiteten Aggressionen" rechnen: Haben Sie einem Konkurrenten eine Niederlage beigebracht, wird er versuchen, irgendjemandem zu schaden – nach Möglichkeit jemandem, der mit Ihnen verbündet ist.

Nach einer Niederlage müssen Ihre Leute aufgebaut werden
Rückschläge und Niederlagen passieren nun einmal. Und nicht immer sind sie nur negativ. Manche Rückschläge kommen gerade zur rechten Zeit, weil sie uns spüren lassen, dass wir den Erfolg nicht geschenkt bekommen. Wir müssen unsere Kräfte mobilisieren, vielleicht auch neue Wege gehen. Damit wir aber aus der Niederlage lernen können, müssen wir erst einmal aus dem Stimmungstief herauskommen und wieder Selbstvertrauen fassen. Wer seine Leute nach einer Niederlage zusammenstaucht, riskiert, dass sie in einen Abwärtssog hineingeraten und sich nicht viel zutrauen.

Verschaffen Sie sich „Erfolgserlebnisse"
Fußballtrainer wissen es seit langem: Wenn es nicht gut läuft, dann braucht die Mannschaft ein „Erfolgserlebnis", um sich wieder als stark und kompetent zu erleben und neuen Mut zu schöpfen. Deshalb spielt die deutsche Nationalmannschaft vor wichtigen Turnieren gegen Luxemburg (verheerend natürlich, wenn sie dann nicht haushoch siegt). Um im Business wieder Boden unter die Füße zu bekommen, müssen Sie nicht einmal jemanden „besiegen". Suchen Sie sich irgendein Projekt, bei dem Sie und/oder Ihre Mitarbeiter garantiert gut abschneiden – zum Beispiel weil sie die erforderlichen Aufgaben wirklich gut abwickeln können. Manche tanken Kraft bei einem „Teamwochenende", bei dem die Belegschaft gemeinsam einen Berg erklimmt oder durchs Feuer läuft.

Vorsicht vor zu großer Selbstzufriedenheit
Wenn es gut läuft, neigen wir zur Selbstzufriedenheit. Die hat zwar durchaus ihre angenehmen Seiten, weil sie mit Gelassenheit und Zuversicht einhergeht. Auch für die Mitarbeiter ist ein selbstzufriedener Chef sicher angenehmer als

ein „paranoider", der niemals zur Ruhe kommt, weil er seinem eigenen Erfolg nicht traut. Doch im Übermaß ist Selbstzufriedenheit gefährlich, denn sie macht uns behäbig und blind für Gefahren. Daher ist es vermutlich nicht die schlechteste Idee, neue Herausforderungen zu suchen, an denen man zuverlässig seine Grenzen erfährt.

Affentaktik — warum nicht immer der Stärkste die Alphaposition erobert

Themen: Bündnisse, Karriere, Hartnäckigkeit

Eigentlich liegt der Fall klar: Der Rang, den ein Männchen in einer Affenhorde einnimmt, richtet sich danach, wen es im Kampf besiegt hat. Um auf die vierte Position zu kommen, muss es denjenigen, der aktuell diesen Rang innehat, besiegen. Wird es anschließend von der bisherigen Nummer sechs besiegt, rutscht es eine Position ab und Nummer sechs rückt auf Position vier. Daraus ergibt sich, dass das stärkste Männchen die Alphaposition innehat, während das schwächste auf dem untersten Rang zu finden ist.

Doch das ist nicht zwangsläufig so. Zwar spielt die körperliche Stärke eine große Rolle, es kommt jedoch auch auf das taktische Geschick an und auf die Fähigkeit, Bündnisse zu schmieden. Im Ergebnis führt das paradoxerweise dazu, dass gerade der Stärkste nicht immer die besten Aussichten hat, die Alphaposition zu erobern oder zumindest sie länger zu behaupten.

Zwei gegen einen

„Schimpansen schmieden so klug Allianzen, dass ein Anführer Alliierte braucht, die seine Position stützen, und zugleich auch die Akzeptanz der Gemeinschaft als Ganzer", schreibt der niederländische Primatologe Frans de Waal, der sich intensiv mit den „wilden Diplomaten" beschäftigt hat. Als Alphamännchen muss man dominant auftreten, darf keine Schwäche zeigen; doch braucht man eben auch den Rückhalt in der Horde. Für einen Alpha ist es durchaus von Vorteil, bei den Weibchen beliebt zu sein, Streitereien zu schlichten und einzelne Tiere für sich zu verpflichten, indem man sie gegen die Übergriffe anderer schützt. Doch stark und populär zu sein allein genügt nicht. Man muss seine Rivalen im Auge behalten und verhindern, dass sie sich zusammentun.

Bei dieser Ausgangslage verspricht ein Bündnis besonderen Erfolg: Wenn sich Nummer zwei und drei gegen den Stärksten zusammenschließen. Im Wechselspiel der Bündnisse erweist sich diese Koalition als relativ stabil – gerade weil beide Partner aufeinander angewiesen sind. So beschreibt Frans de Waal, wie sich zwei Männchen miteinander verbündeten: Nikkie, der Zweitstärkste, und Yeroen, die Nummer drei. Das Alphamännchen Luit war aufmerksam genug, um zu bemerken, was sich da gegen ihn anbahnte. Daher umgarnte auch er die Nummer drei, Yeroen, dem plötzlich eine ungeheure Bedeutung zugewachsen war. Dass dieser sich mit Nikkie, dem schwächeren, zusammentat und den beliebten Luit in einer grausigen Gemeinschaftsaktion beiseite räumte, war folgerichtig. Denn Yeroen konnte unter Nikkie viel mehr für sich erhoffen. Nikkie war auf ihn angewiesen, verdankte ihm die Alphaposition und gewährte ihm daher einige Privilegien. Luit brauchte ihn weit weniger. Für ihn genügte es, wenn Yeroen neutral blieb. Also wählte dieser das Bündnis mit dem Schwächeren der beiden.

Sechs gegen einen

Wie stark ein übermächtiges Alphamännchens die anderen herausfordern kann, das beschreibt auch der Neurologe Robert Sapolsky, der seit mehr als zwanzig Jahren wildlebende Paviane in der Savanne Kenias erforscht. Das Alphamännchen Saul hielt sich schon jahrelang auf dieser Position, was bei Pavianen selten vorkommt. Weit und breit war niemand in Sicht, der es mit Saul hätte aufnehmen können. Es gab nicht einmal eine klare Nummer zwei, sondern nur ein Häuflein aufstiegswilliger junger Männchen. Zwei davon, Josua und Manasse, taten sich zusammen – und wurden von Saul böse verhauen. Sie leckten sich ihre Wunden und holten ein Dritten hinzu – mit demselben Ergebnis. Auch zu viert und zu fünft konnten sie nichts gegen das Kraftpaket ausrichten. Erst als sie sich zu sechst über den Patriarchen hermachten, hatten sie Erfolg. Sapolskys lapidarer Kommentar: „Das Bild erinnerte an die Ermordung Caesars."

Zermürbungstaktik

Eine ebenso unorthodoxe Methode, um auf die Alphaposition zu gelangen, wählte der Pavian Uriah: Er provozierte planmäßig das Alphamännchen Salomon, zeigte ihm sein Drohgähnen, machte ihm Nahrung streitig oder scheuchte die Weibchen fort, wenn sie Salomon umgarnten. Dafür bezog er regelmäßig Prügel, wurde ein ums andere Mal besiegt und stellte sich doch immer wieder neu zum Kampf. Fast hatte es den Anschein, als würde Uriah einfach nicht begreifen, wie er sich dem Alphamännchen gegenüber benehmen musste. Doch eines Tages schwanden Salomon langsam, aber sichtbar die Kräfte. Zwar gewann er immer noch den Kampf gegen Uriah, doch es bereitete ihm erkennbar Mühe. Uriah war der jüngere von beiden und er hörte nicht auf, Salomon herauszufordern. Bis er schließlich auf die Alphaposition gelangte – und zwar kampflos. An einem sonnigen Morgen baute sich Uriah vor Salomon auf und starrte ihn herausfordernd an. Daraufhin vollführte dieser eine Unterwerfungsgeste. Die Zermürbungstaktik war aufgegangen.

In anderen Fällen gelangt der Drittplatzierte auf die Führungsposition, weil sich Nummer eins und zwei ständig belauern und herausfordern. Solche Statuskämpfe kosten enorme Kraft, so dass die beiden ewigen Rivalen schließlich völlig ausgelaugt sind und Nummer drei nur noch beherzt zugreifen muss, um die Führung zu übernehmen.

Auf der Alphaposition

Um es deutlich zu sagen: Es genügt nicht, das aktuelle Alphamännchen herauszufordern und im Kampf zu besiegen. Die Alphaposition ist erst erobert, wenn sich der bisherige Amtsinhaber unterwirft. Nach einer Niederlage kann sich das Alphamännchen aus dem Staub machen, es hat seine Position noch nicht eingebüßt. Es muss ihm allerdings gelingen, den Herausforderer zu besiegen. Denn als Alphamännchen auf der Flucht vor seinem Überwinder hat es wenig Zukunft und keinen Rückhalt in der Horde. Auf der anderen Seite muss der Herausforderer eben genau darauf bestehen: Dass sich das ehemalige Alphatier mit einem Hechelgrunzen unterwirft.

In der ersten Zeit wird das neue Alphamännchen gerne von anderen ranghohen Männchen herausgefordert. Wie um zu überprüfen, wie es um die Souveränität des neuen Spitzenaffen bestellt ist. In der Regel erfüllt das neue Alphamännchen diese Bewährungsprobe, indem es die Herausforderung gar nicht zur Kenntnis nimmt, eine drohende Grimasse zieht oder ein paar energische Schritte hinter dem Provokateur herläuft.

Ehemalige Alphamännchen genießen in ihrer Horde keine besonders hohe Wertschätzung. Manche ziehen sich zurück oder wechseln die Horde, auch ist es keine Seltenheit, dass die entthronten Führungsaffen in der Hierarchie gewissermaßen nach unten „durchgereicht" werden. Aus zwei Gründen: Beim erbitterten Kampf um die Alphaposition sind sie so stark verletzt worden, dass sie sich nun auch gegen Schwächere nicht mehr behaupten können. Und diese Schwächeren nehmen gerne die Gelegenheit wahr, sich am ehemaligen Oberaffen zu revanchieren, dem sie früher ehrerbietig das Feld überlassen mussten.

Anregungen für das Business

In der Affenhorde besetzen die Männchen die Alphaposition, während die Weibchen ihren weitreichenden Einfluss anders geltend machen (→ Wie die Pavianhorde einen Fluss überquert). Nun gelten in menschlichen Organisationen andere Regeln: Weibliche Führungskräfte müssen sich in der Alphaposition behaupten; und es gibt altgediente männliche Mitarbeiter, die sich hervorragend auf die Taktik der Affenweibchen verstehen und die Geschicke ihrer Organisation beeinflussen. Wenn nachfolgend vom „Alphamännchen" die Rede ist, sind daher selbstredend auch weibliche Alphas gemeint.

Die drei Essentials für erfolgreiche Alphatiere

Wie das Alphamännchen in der Affenhorde müssen Sie als Führungskraft in einer Organisation drei Dinge im Auge behalten: Die Leistung, den Rückhalt bei den Mitarbeitern und die taktischen Winkelzüge Ihrer Rivalen. Es genügt nicht, stark in der Leistung und beliebt zu sein. Wenn sich Ihre internen Konkurrenten gegen Sie verbünden, haben Sie einen schweren Stand. Denn die nutzen ihren Einfluss, um gegen Sie zu arbeiten und Ihnen das Leben schwer zu machen.

Alle auf den stärksten Affen

Im Extremfall verlieren Sie Ihre Position, auch wenn aus Ihrer Sicht eigentlich alles stimmt. Stärke ohne Hausmacht ist nicht viel wert. Im Gegenteil, es kann Ihre vermeintlich schwachen Konkurrenten zusammenschweißen, wenn Sie so stark und beliebt sind. Ein Vorwand ist womöglich schnell gefunden, um Sie vor die Tür zu setzen. Auch wenn unter Ihrem Nachfolger die Leistung heruntergeht, hilft Ihnen das wenig. Allenfalls werden diejenigen, die vorher an Ihrem Stuhl gesägt haben, ein paar Krokodilstränen vergießen und treuherzig verkünden: Man hätte ihn (oder sie) nicht gehen lassen sollen.

Hartnäckigkeit zahlt sich aus

Wer die Alphaposition anstrebt, braucht einen langen Atem. Und er darf sich von Rückschlägen nicht entmutigen lassen. Auf dem Weg auf die Alphaposition zählt nicht die Anzahl der Niederlagen, sondern nur der eine entscheidende Sieg. Den kann man natürlich nur landen, wenn man über die nötigen Qualitäten verfügt. Verlierer landen niemals im Chefsessel, aber wer Niederlagen gut verarbeitet, dazulernt und dabeibleibt, hat gute Chancen nach oben zu kommen.

Neue Alphatiere müssen sich Respekt verschaffen

Kommen Sie neu auf eine Führungsposition, dann werden machtbewusste Mitarbeiter Ihnen ein wenig auf den Zahn fühlen. Sie werden Sie herausfordern, einfach um herauszufinden, was sie sich Ihnen gegenüber herausnehmen können. Bleiben Sie gelassen, aber verschaffen Sie sich Respekt. Eine Überreaktion ist unangemessen, wenn Sie nicht gerade als „harter Hund" gelten wollen.

Statuskämpfe kosten Kraft

Es beeinträchtigt die Leistungsfähigkeit von Führungskräften, wenn sie ständig in Statuskämpfe verwickelt sind. Sie kommen gar nicht dazu, ihre eigentlichen Aufgaben zu erfüllen: Mitarbeiter zu führen, ihnen Orientierung zu geben und ihre Leistungen zu bündeln. Stattdessen sind sie gezwungen ihre Rivalen zu beobachten, zu taktieren, politisch zu handeln. So etwas wirkt sich lähmend auf die gesamte Organisation aus. Daher sollten solche Statuskämpfe nicht auch noch gefördert werden nach dem Motto: „Konkurrenz belebt das Geschäft." Klare Zuständigkeiten und stabile Hierarchien können entlastend wirken.

Tupajas im Dauerstress

Themen: Stress, Konflikte, Mobbing, Teambildung

Stress gilt als ausgesprochen moderne Erscheinung, als eine Art Zivilisationskrankheit, die vor allem Menschen befällt, an die hohe Anforderungen gestellt werden. Doch auch viele Tiere leiden unter Stress, was der modernen Stressforschung viele wichtige Erkenntnisse verschafft hat. Die Tupajas oder Spitzhörnchen, eine Halbaffenart, gelten als besonders geeignete Studienobjekte. Denn bei ihnen kann man sofort sehen, wenn sie gestresst sind. Dann sträuben sie ihre Schwanzhaare, ihr sonst eher glatter Schwanz sieht dann aus wie eine Flaschenbürste.

Nun gibt es für die Tupajas relativ häufig Anlass, in Stress zu geraten. Die Tiere leben paarweise oder als kleine Familien zusammen in einem Revier, das sie für ihre Artgenossen mit einer Duftmarke gekennzeichnet haben. Die Tupajas besuchen einander in ihren Revieren, doch sobald Nachwuchs da ist, sind die erwachsenen Artgenossen nicht mehr willkommen. Taucht einer auf, sträuben sich die Stresshaare. Für die jungen Tupajas gilt das übrigens nicht, die dürfen sich überall herumtreiben, bis sie erwachsen werden. Doch auch die Jungtiere kennen Stress, nämlich wenn sich ihre Eltern streiten. Kommt das häufiger vor, so leiden sie darunter und wachsen langsamer.

Weglaufen, wenn der Sieger kommt

Der schlimmste Stressfaktor ist allerdings die Begegnung mit einem ranghöheren Tier, das den Tupaja früher einmal in einem Kampf besiegt hat. Dabei sind die Kämpfe selbst alles andere als grausam, in der Regel sind sie unblutig und nach wenigen Minuten beendet. Und doch: Der Anblick eines ranghöheren Tiers ist für einen Tupaja nicht lange zu ertragen. Er vermeidet ihn und läuft einfach davon.

Nun ist das allerdings nicht immer möglich. Schon gar nicht unter Laborbedingungen. Man hat die Reaktionen der Spitzhörnchen akribisch untersucht und erschreckende Ergebnisse erhalten: Wird eine bestimmte Toleranzgrenze nur ein wenig überschritten, drehen die Tiere langsam durch: Die Muttertiere fangen an, ihren eigenen Nachwuchs zu fressen, und verhalten sich auch sonst höchst merkwürdig. Wird der Stress noch stärker, so setzt eine massive körperliche Reaktion ein: Ungeborene Kinder lösen sich im Körper ihrer Mutter wieder vollständig auf. Ihr Leben wird buchstäblich ausgelöscht. Und das alles nur, weil sich ein ranghöheres Tier in ihrer Nähe befindet, das gar keine reale Gefahr für sie bedeutet.

Lernblockaden unter feindlicher Beobachtung

Die Tupajas sind mit ihrer überaus empfindlichen Reaktion keine Ausnahme. Auch bei anderen Tieren kann die bloße Anwesenheit eines unliebsamen Artgenossen für sehr viel Stress sorgen. Beispielsweise bei den Pavianen, einem gleichfalls sehr beliebten Studienobjekt der Stressforschung. Schon eine geringe Dosis dieser Art von Stress kann die geistige Leistungsfähigkeit eines Affen dramatisch abstürzen lassen, wie das Beispiel des jungen Pavianmännchens Fips zeigt.

Im Forschungslabor des französischen Zoologen Jean-Claude Fady war Fips so etwas wie ein hochbegabter Musterschüler. Auch vertrackte Aufgaben löste er ohne Mühe. Ein vielversprechendes Talent und ein würdiger Vertreter seiner Spezies. Dann setzte man ihm eines Tages Hugo in den Käfig, einen eher einfach strukturierten Charakter mit viel Muskelmasse. Es kam, wie es kommen musste, der stumpfe Hugo verprügelte die kleine Intelligenzbestie. Die Wärter trennten die beiden und sperrten Hugo in den Nachbarkäfig. Die Paviane waren nun durch Gitterstäbe voneinander getrennt.

Am nächsten Tag wurden sie wieder einem Intelligenztest unterzogen. Das Ergebnis: Fips versagte vollkommen und schnitt noch schlechter ab als der nicht eben brillante Hugo. Er litt nämlich massiv unter Stress. Die bloße Anwesenheit des Schlägers genügte, um ihn geistig förmlich lahm zu legen. Oder sagen wir genauer: Die Tatsache, dass der andere ihn beobachten konnte. Denn die Testergebnisse änderten sich schlagartig zum Besseren, sobald die Forscher eine Gardine zwischen den Käfigen zuzogen. Aus den Augen, aus dem Sinn, das gilt eben auch für Paviane. Sobald der Vorhang wieder zurückgezogen wurde, fiel Fips erneut auf das niedrige Niveau zurück. Ohne Sichtschutz war Fips nicht in der Lage sich abzuschirmen und sich auf die Aufgaben zu konzentrieren.

Anregungen für das Business

Stress mobilisiert keine Kräfte, er lähmt sie
Es stimmt schon: Mitarbeiter sollen gefordert werden. Herausragende Leistungen entstehen nicht in einem Klima von Sattheit und Selbstzufriedenheit. Ein bisschen Angst spielt immer mit hinein, wenn sich Menschen richtig ins Zeug legen und „über sich hinauswachsen". Erst in der Krise spüren wir, wie stark wir wirklich sind, welche verborgenen Energien wir mobilisieren können, während allzu große Sicherheit niemanden zu Höchstleistungen anspornt, sondern allenfalls das Anspruchsdenken fördert. Wir wissen, dass wir uns anstrengen müssen, wenn unsere Kräfte wirklich wachsen sollen.

Also liegt es nahe, ein bisschen Ungemütlichkeit, ein bisschen Krise zur Dauereinrichtung zu machen: Druck aufbauen, hohe Ansprüche stellen, interne Konkurrenz fördern und darauf vertrauen, dass sich die wirklichen Leistungsträger dabei schon „durchbeißen" werden. Niemanden zur Ruhe kommen lassen, sondern dafür sorgen, dass die Leute immer in Bewegung bleiben. Ein solches Vorgehen ist jedoch sehr riskant. Sobald Sie den Bogen nur ein wenig überspannen, erreichen Sie nämlich das Gegenteil von dem, was Sie wollen.

Mitarbeitern vortäuschen, gestresst zu sein
In einem vergleichsweise günstigen Fall setzen die Mitarbeiter einer solchen Führungskraft die „Kräfte der Selbstorganisation" entgegen. Sie verwenden einen Teil ihrer Energie, um „produktive Unruhe" vorzutäuschen, und gehen im Übrigen ihrer Arbeit nach. Besonders virtuose Organisationen produzieren eine Art von „rasendem Stillstand", wo hinter lauter Änderungsprozessen die Tatsache verborgen bleibt, dass sich nicht das Geringste ändert. Im Innern des Tornados herrscht Windstille.

Trennen Sie Mitarbeiter, die sich stressen
Wie bei den Tupajas kann auch bei uns Menschen Stress durch die bloße Anwesenheit bestimmter Artgenossen entstehen, die uns nicht wohl gesonnen sind (oder die in der Hierarchie weit über uns stehen). Das sollten Sie wissen, bevor Sie zwei Mitarbeiter in ein Team stecken, die vielleicht ein massives Problem miteinander haben. Gerade sehr leistungsfähigen Mitarbeitern können Sie durch so eine Entscheidung regelrecht die Energie abdrehen. Ratschläge wie „Locker bleiben!" oder „Ach, kümmern Sie sich einfach nicht um

den!" gehen völlig an der Sache vorbei. Ihr Mitarbeiter ist einfach nicht arbeitsfähig, solange sich die andere Person mit ihm in einem Raum befindet. Das kann übrigens auch Auswirkungen auf die Raumaufteilung im Büro haben. Arbeitet Ihr Mitarbeiter Schreibtisch an Schreibtisch mit seinem „Stressauslöser", dann spielt es keine Rolle, ob die beiden völlig unterschiedliche Aufgabenbereiche zu betreuen haben und eigentlich nichts miteinander zu tun haben. In so einem Fall kann es tatsächlich schon viel bewirken, wenn Sie die beiden – denken Sie an Fips und Hugo – durch einen Sichtschutz trennen.

Auch Gruppen können in „sozialen Stress" geraten

Bereits die Anwesenheit einer einzigen Person kann eine ganze Gruppe arbeitsunfähig machen. Entweder weil diese Person einer höheren Hierarchieebene angehört oder weil sie auf andere Weise die Teilnehmer einschüchtert, etwa durch hämische Kommentare oder abfällige Bemerkungen. In beiden Fällen wird es schwierig sein, die Arbeitsfähigkeit wieder herzustellen, ohne dass die betreffende Person die Gruppe verlässt.

Die Anwesenheit des Chefs kann Mitarbeiter blockieren

Wenn die höhere Hierarchieebene die Ursache ist, stößt eine solche Maßnahme vielfach auf Unverständnis, denn die Person selbst kann ja eigentlich nichts dafür, dass sie die Gruppe blockiert. Vielleicht ist sie sogar bemüht, das Eis zu brechen und gibt sich betont locker und kollegial. Doch dadurch kann sich die Situation eher noch verschlimmern. Wenn Sie selbst als Führungskraft in eine solche Lage geraten, sollten Sie nicht zögern, die Gruppe zumindest zeitweise ohne Ihre Anwesenheit arbeiten zu lassen. Es genügt nicht, sich zurückzuhalten und zu beteuern: „Ich sage gar nichts." Verlassen Sie den Raum. Sie werden verblüfft sein, wie schnell sich eine Blockade lösen kann.

Stressmanagement bei den Zebras

Themen: Stress, Konflikte

Warum Zebras keine Magengeschwüre bekommen, betitelte der Neurologe Robert Sapolsky ein viel gelesenes Buch über Stress. In der Tat hätten sie allen Grund, beunruhigt zu sein. Sie leben in unmittelbarer Nachbarschaft von Raubtieren wie Hyänen und Löwen, die Zebras zu ihren begehrtesten Beutetieren zählen.

Doch der Anblick eines Löwen versetzt ein Zebra noch lange nicht in Unruhe. Es hat Wichtigeres zu tun als sich um einen Löwen zu bekümmern, der ein paar Meter weiter friedlich neben ihnen im Gras liegt, nämlich Nahrung zu sich zu nehmen. Nicht zufällig sehen wir Zebras fast immer fressen. Sie ernähren sich von Gräsern und Kräutern, eine schwer verdauliche, nicht sehr nahrhafte Kost. Bis man als Zebra seinen Tagesbedarf zusammengegrast hat, ist der Tag fast schon wieder vorüber. Dafür müssen Zebras aber auch nicht auf die Jagd gehen.

Der Stressauslöser

Das heißt keineswegs, dass sie unbekümmert in der Savanne herumstehen, um sich von der nächstbesten Großkatze einfangen zu lassen. Im Gegenteil, die Zebras behalten die Raubtiere sehr genau im Blick. Sie wissen recht gut, wann von ihnen Gefahr ausgeht. Nämlich wenn sie sich, sagen wir: unauffällig den grasenden Zebras nähern und einen bestimmten Abstand unterschreiten. Dann ist es, als würde ein Schalter umgelegt: Die Zebras geraten in Aufruhr, spurten davon, während die Raubtiere die Verfolgung aufnehmen. Sehr oft vergeblich, denn Zebras können nicht nur schnell und ausdauernd laufen, ihre Hufen sind auch eine äußerst gefährliche Waffe, die sie einsetzen, wenn ihnen ein Beutegreifer zu nahe kommt.

In diesem Moment stehen Zebras unter einem enormen Stress. Alle Kräfte werden mobilisiert, um so schnell wie möglich davonzukommen. Der Puls rast, Blutdruck und Atemfrequenz steigen. Die Verdauung wird augenblicklich eingestellt. Die Immunabwehr drastisch zurückgefahren. Die Sinne werden hingegen geschärft. Ein fliehendes Zebra sieht und hört besser als eines, das friedlich vor sich hingrast.

Häufig entscheidet sich sehr schnell, ob das Zebra davonkommt oder nicht. Manchmal dauert es nicht einmal eine Minute, bis sich das Zebra in Sicherheit bringen kann. Raubtiere jagen nicht lange hinter einer Beute her, die wahrscheinlich davonkommt. Eine solche Jagdmethode wäre ruinös. Allerdings muss man sagen, dass Hyänen sehr ausdauernd ihre Beute verfolgen – jedoch auch nur, solange sie sich gute Chancen ausrechnen, sie zu erwischen.

Erst loslaufen, wenn Gefahr droht

Für die stoische Gelassenheit der Zebras gibt es drei gute Gründe: Sie könnten es körperlich gar nicht durchstehen, ständig unter Stress zu geraten, sobald sich ein Raubtier zeigt. Hinzu kommt, dass bei den Raubtieren das Jagdverhalten ausgelöst wird, sobald ein Tier schnell davonrennt. Das heißt, solange sich die Löwen nicht für dieses spezielle Zebra interessieren, ist es am sichersten, wenn es stehen bleibt. Sobald es sich in Bewegung setzt, wird es zum Beutetier. Und schließlich ist die Stressreaktion so sehr darauf angelegt, innerhalb kürzester Zeit alle nötigen Ressourcen bereitzustellen, dass ein vorsorgliches Handeln keinerlei Vorteile brächte.

Kurzum, ein Zebra gerät wirklich nur dann unter Stress, wenn es ihm hilft, eine kurzfristige Notsituation zu meistern. Und das ist auch der Grund, warum Zebras – im Unterschied zu den gestressten Menschen – keine Magengeschwüre bekommen.

Anregungen für das Business

Das Beispiel der Zebras macht deutlich, für welchen Zweck sich die Stressreaktion überhaupt entwickelt hat. Unser Körper soll augenblicklich in die Lage versetzt werden, davonzulaufen – oder aber die Verfolgung aufzunehmen (aber das fällt mehr unter das Thema „Raubtierstress"). Wenn wir uns der Situation nicht entziehen können, die uns stresst, wenn wir permanent unter Stress stehen, dann wirkt das zerstörerisch. Wir erleiden schwere, oftmals bleibende Schäden. Wir bekommen nicht nur Magengeschwüre, sondern wir können keine Energie mehr speichern (im Stresszustand wird die Energie ja ständig „mobilisiert" – auch wenn sie leer läuft). Die Folge ist: Ständige Erschöpfung, Burn-out. Außerdem bauen wir geistig ab. Grund genug also, sich dem krankmachenden Stress zu entziehen oder ihn zumindest abzumildern.

Vermeiden Sie dauerhafte Überlastung

Stress wirkt besonders zerstörerisch, wenn Sie ständig überlastet sind, wenn Sie keine Zeit mehr haben, neue Kraft zu schöpfen und sich zu regenerieren. Schalten Sie daher unbedingt nach jeder Stressphase eine Erholungsphase ein.

Suchen Sie sich einen Ausgleich

Lassen Sie Ihre Gedanken nicht ständig um die Dinge kreisen, die Ihnen Stress verursachen. Beschäftigen Sie sich mit etwas anderem, das Ihnen Freude bereitet. Verfolgen Sie Ihr Hobby oder suchen Sie sich eines. Dadurch werden Sie stressresistenter.

Verschaffen Sie sich Bewegung

Bewegung ist ein ausgezeichnetes Mittel, um Stress abzubauen. Vor allem Laufen kann hier helfen – allerdings nur wenn es kurz nach dem Stresserlebnis stattfindet. Wer nach der Arbeit joggen geht, kann hier nur wenig ausrichten. Wenn Sie aber zügig die Büroflure auf- und abgehen oder statt des Fahrstuhls die Treppe nehmen, wirkt das entlastend.

Kündigen Sie Stressphasen an

Ihre Mitarbeiter stehen Stressphasen wesentlich besser durch, wenn sie sich darauf einstellen können. Kündigen Sie daher an, wenn es in nächster Zeit etwas stressiger zugeht. Noch hilfreicher ist es, wenn Sie angeben, wann der Stress wieder vorbei ist.

Die Faultier-Strategie – der Triumph der Trägheit

Themen: Wandel, Innovation, Konkurrenz, Karriere

Ein Buch über die Strategien der Natur wäre nicht vollständig, würden wir über die Angehörigen der Familie der Bradypodidae einfach hinweg gehen, die Faultiere, die in Südamerika beheimatet sind und die zur zoologischen Ordnung der „Zahnarmen" gehören. Wir sollten die „Zahnarmen" nicht unterschätzen. Als die Dinosaurier vor 65 Millionen Jahren ausstarben, traten in Südamerika keineswegs die räuberischen Säugetiere an ihre Stelle wie bei uns, in der „alten Welt". Vielmehr besetzten die friedfertigen „Zahnarmen" die freigewordenen Lebensräume und wuchsen wie ihre aggressiven Verwandten, nämlich unsere Säugetiere, zu imposanter Größe heran. Noch vor rund 10.000 Jahren trotteten elefantengroße Erdfaultiere durch die Savannen. Und sogar als Menschen schon viel zahnarme und zahnreiche Tiere von unserm Planeten vertilgt hatten, nämlich 1789, wurde in der Nähe von Buenos Aires ein sieben Meter langes Riesenfaultier entdeckt.

Die Entdeckung der Langsamkeit

Von einer Laune oder gar einem „Fehltritt" der Natur kann also keine Rede sein. Die Geschichte der Faultiere ist vielmehr eine „Erfolgsstory", die nur leider häufig unerzählt bleibt. Faultiere sind Überlebenskünstler. Außerdem sind sie die unangefochtenen Meister in Sachen Trägheit. Sie verbringen nicht weniger als 15 Stunden am Tag im Schlaf. Daraus zu schließen, dass sie neun Stunden wach seien, nennt der holländische Biologe Midas Dekkers „übereilt" und erklärt, das Faultier werde eigentlich „nie richtig wach". Es hängt mit dem Kopf nach unten an irgendeinem Ast und tut nichts. Wenn es sich bewegt, dann hangelt es sich im Zeitlupentempo vorwärts, greift dann und wann nach einem Blatt, einer Blüte oder einer Frucht und verleibt sich diese vegetarische Kost ein. Die Kaubewegungen vollziehen sich in äußerster Langsamkeit, so dass sie sehr viel Zeit in Anspruch nehmen und man ohne Übertreibung sagen kann, dass die Faultiere ihren Tag hauptsächlich dem Kauen widmen.

Ein Nest bauen sie nicht. Körperpflege kennen sie nicht, ihr Fell ist mit Moos, grünen und blauen Algen überwachsen, Insekten legen hier gerne ihre Eier ab, Zecken und Milben tummeln sich ebenfalls im Faultierpelz, ohne hygienische Gegenmaßnahmen befürchten zu müssen. Wird ein Faultier angegriffen, dann flieht es nicht. Bricht der Ast ab, an den es sich klammert, verlässt es ebenfalls nicht seine stoische Ruhe. Sogar Stürze aus großer Höhe machen dem Faultier nicht wirklich etwas aus.

Schläfrigkeit als Waffe

In der Natur gilt im Allgemeinen die Regel: Je weniger ein Tier von Feinden gefährdet ist, desto mehr Schlaf kann es sich gönnen. Männliche Löwen können 20 Stunden am Tag verschlafen, während Rehe mit zwei Stunden am Tag auskommen müssen, die sie auf drei Raten verteilen, zwei in der Nacht, eine am Tag. In der Pavianhorde ist die Schlafdauer an die Rangordnung geknüpft. Je höher ein Affe steht, desto länger und fester kann er schlafen. Auch spielt es eine Rolle, wie schnell sich ein Tier hochrappeln kann, um im Falle eines Angriffs davonzulaufen. Giraffen brauchen dazu besonders lang. Also schlafen sie auch nur ganze sieben Minuten am Tag.

Nach dieser Logik dürfte man erwarten, dass keine Kreatur so wenig natürliche Feinde haben dürfte wie das träge Faultier. Doch genau das Gegenteil ist der Fall. Faultiere sind umgeben von Feinden. Haubenadler greifen sie aus der Luft an, Jaguare und Riesenschlangen gelangen ohne Schwierigkeiten auf die Äste, an die sich die Faultiere klammern. Eigentlich gibt es in der Natur keine leichtere Beute als ein Faultier, könnte man meinen. Aber auch das ist ein Irrtum. Denn seine behäbige Gelassenheit ist im Überlebenskampf nicht etwa ein Nachteil, sie ist vielmehr seine wichtigste Waffe.

Ein Faultier hätte wenig Aussicht zu überleben, wenn es versuchen würde, vor einem Fressfeind davonzukriechen. Die sind nämlich alle meisterhafte Kletterer und Jäger. Also wählt das Faultier genau die entgegengesetzte Taktik und schaltet jeglichen Fluchtinstinkt ab (der für die meisten anderen Tiere überlebenswichtig ist). Darüber hinaus sind Faultiere meisterhaft getarnt. Dass in ihrem Fell das Moos sprießt und die Motten krabbeln, macht sie in den Bäumen nahezu unsichtbar. Ein Jaguar kann unmittelbar an ihnen vorbeischleichen, ohne dass sie in Unruhe geraten und dadurch auf sich aufmerksam machen.

Und zuletzt sind Faultiere auch gar nicht so wehrlos, wie es schient. Denn geraten sie wirklich einmal in ernsthafte Gefahr, dann kann es passieren, dass aus dem schmuddeligen Fellbündel plötzlich ein langer Arm hervorschnellt und dem überraschten Angreifer eine ungeheure Ohrfeige verpasst.

Anregungen für das Business

Versuchen Sie es einmal in der Gegenrichtung

Die Faultier-Strategie macht Sie darauf aufmerksam, dass in der Natur viele Methoden zum Ziel , d. h. zum Überleben, führen können. Es gibt nicht nur die eine „Spielregel für Gewinner", vielmehr kann auch das völlige Gegenteil von dem, was gemeinhin als Erfolg versprechend gilt, Ihren Interessen dienen. Vor allem wenn die Sache mit faultierhafter Konsequenz betrieben wird. Prüfen Sie also bei allem, was Sie tun und beschließen, ob Sie nicht in der Gegenrichtung, auf dem Weg des Faultiers, Ihrem Ziel näher kommen.

Bleiben Sie gelassen

Die Faultier-Strategie zeichnet sich im Besonderen dadurch aus, dass sie eine radikale „Entschleunigung" mit sich bringt. Während andere sich täglich neu erfinden, Trends und Innovationen hinterher eilen, sich immer wieder neu orientieren und sich in einem Zustand hektischer Betriebsamkeit einrichten, verzichtet der Faultier-Stratege auf jede Umorientierung, klebt unbeirrt an seinem alten Ast und kaut in aller Ruhe und Genügsamkeit seine Blätter. Im Beharren liegt seine Kraft. Veränderungen werden sofort akzeptiert – sobald sie sich nicht mehr vermeiden lassen. Bricht der Ast ab, an den es sich klammert, so zögert das Faultier nicht, einen neuen zu ergreifen, und zwar den, auf dem es zufälligerweise gelandet ist.

Dieses phlegmatische Verhalten liegt natürlich nicht jedem. Aber, und darauf kommt es uns hier an, eine solche Strategie kann durchaus funktionieren. Und zwar besser als der kräftezehrende Wettbewerb, bei dem Schnelligkeit, Stärke und Aufmerksamkeit entscheiden. Es kann tatsächlich zu „kostspielig" sein, sich auf diesen Wettbewerb einzulassen. Wer immer nur der zweitschnellste Läufer ist, geht beim Beutefang leer aus – oder er wird selbst gefressen, wenn der Schnellste nämlich hinter ihm her ist. Dann könnte eine konsequente Faultier-Strategie eine lohnende Alternative sein. Jedoch ist ebenso klar, dass die Welt nicht nur aus Faultieren besteht, wie im Übrigen auch nicht nur aus Löwen, Ameisen oder Hyänen. Vielfalt ist das Erfolgsprinzip der Natur.

„Faultiere" machen unerkannt Karriere

Das Beispiel vom Faultier sollte Ihre Aufmerksamkeit schärfen für all jene Überlebenskünstler, die unter und über Ihnen in den Bäumen hängen, ohne dass Sie es merken. Nicht wenige, die in einer Organisation der Faultier-Strategie folgen, erreichen unauffällig eine erstaunliche Höhe. Zwar gelangen sie äußerst selten wirklich nach oben, aber wenn man Aufwand und Ertrag miteinander vergleicht, schneiden sie im Allgemeinen recht günstig ab. Nicht zuletzt auch, weil sie im Konkurrenzkampf regelmäßig übersehen werden.

Sollten Sie jedoch an ein veritables Karriere-Faultier geraten, dann dürfen Sie es nicht unterschätzen. Denken Sie an die überraschende Ohrfeige. Viele Angreifer tragen schwere Verwundungen davon, versichern die Tierforscher. Denn an den zwei bis drei Fingern jeder Hand befinden sich scharfe Krallen.

Teamarbeit und Kooperation

Ist Wettbewerb das eine Grundprinzip in der Natur, so ist das andere Kooperation. Und beide Prinzipien sind miteinander verwoben, denn kein Organismus kann den Wettbewerb mit anderen bestehen, wenn er nicht auch kooperiert. Und umgekehrt muss sich auch der kooperativste Organismus im Wettbewerb behaupten.

Wenn die Evolutionsbiologin Lynn Margulis Recht hat, dann beginnt die Entwicklung des Lebens gewissermaßen mit einer Urkooperation. Demnach haben sich einige Urbakterien mit einer Urzelle zusammengetan und sich zu einem Organismus vereinigt. Aus den Urbakterien entwickelten sich die Organellen wie die Mitochondrien, die als „Kraftwerk" der Zelle gelten, oder die Plastiden, ohne die Pflanzen keine Photosynthese betreiben könnten. Jede Zelle unseres Körpers, aber auch jede Zelle von Pflanzen ist das Ergebnis dieser Kooperation.

Doch soll in diesem Kapitel eher die Zusammenarbeit von größeren Lebewesen zur Sprache kommen: Wie sich Delfine zu Teams zusammenschließen, wie Piranhas ihre Beute aufteilen und aufsparen, wie es zwei Lebewesen schaffen miteinander zu kooperieren, auch wenn sie aus völlig unterschiedlichen Welten stammen wie Finken und Riesenschildkröten. Wir werfen einen Blick auf die Bedingungen, unter denen sich so etwas wie ein Altruismus auf Gegenseitigkeit entwickelt hat, und zwar ausgerechnet bei den blutsaugenden Vampiren, einer Fledermausart, die alles andere als furchterregend ist. Und schließlich beschäftigen wir uns mit dem Phänomen, dass einige soziale Lebewesen vor allem dann kooperieren, wenn sie sich beobachtet fühlen, Hunde, aber vor allem auch wir Menschen.

Die wahre Delfinstrategie

Themen: Teamarbeit, strategische Allianz, Kommunikation, Kooperation

Delfine sind ausgesprochene Sympathieträger. Sie gelten als sanft, einfühlsam, klug, kommunikativ, ja, sogar als humorvoll. Es gibt eine Delfintherapie, mit der offenbar sehr erfolgreich geistig behinderte Kinder behandelt werden. Und vor einigen Jahren machte im Bereich des Managements die so genannte Delfin-Strategie von sich reden, die allerdings mit dem real existierenden Meeressäuger kaum mehr zu tun hatte als das Märchen Rotkäppchen mit dem Jagdverhalten der Wölfe. Mittlerweile ist am allzu strahlenden Image des gar nicht immer so sanften Delfins gekratzt worden – zum Teil von Wissenschaftlern und Delfintrainern selbst, denen es gar nicht behagte, wie ihr Schützling im Umkreis von Esoterik und New Age in den Heiligenstand erhoben wurde.

Dabei ist der Delfin gerade deshalb interessant, weil er kein höheres Wesen mit wundersamen Begabungen ist, sondern sich im Wesentlichen um die prosaischen Aspekte des Daseins kümmert, die fast alle Organismen beschäftigen: Wie finde ich Nahrung? Wie kann ich mich vor Feinden schützen? Wie finde ich einen geeigneten Fortpflanzungspartner?

Beim Delfin denken wir entweder an den zweieinhalb Meter langen „Gewöhnlichen Delfin" oder an den „Großen Tümmler". Dabei gehören noch knapp dreißig andere Arten zu den Delfinen, darunter auch der berühmte Mörderwal oder Orca, der neun Meter lang werden kann und dem kein Meerestier zu groß ist, um es nicht anzugreifen.

Jeder Tümmler kennt seinen Namen

Delfine sind Kommunikationstalente. Untereinander verständigen sie sich mit höchst unterschiedlichen Lauten, Pfiffen, Geschnatter und Geschnalze. Die Geheimnisse dieser Delfinsprache sind noch nicht gelüftet, doch meint man zu wissen, dass jeder Tümmler über sein eigenes Pfeifsignal verfügt. Dieser Ton ist ihm zugeordnet; er ist gewissermaßen sein „Name", den er ausstößt, um auf sich aufmerksam zu machen, mit dem man ihn aber auch rufen kann.

Wie die Wale, die stundenlang singen, während sie die Ozeane durchqueren, so geben auch die Delfine viele Stunden lang Laute von sich, während sie nebeneinander vor sich hindümpeln. Die Wissenschaftler vermuten, dass hier eine Art Meinungsbildung stattfindet, die Delfine sich also aufeinander einstellen und abstimmen. Denn irgendwann stimmen alle in das gleiche „Lied" mit ein, das immer lauter wird – und dann schwimmen die Tiere los.

Cliquen, Gangs und Schulen

Delfine pflegen die vielfältigsten sozialen Beziehungen. Es gibt regelrechte „Männerfreundschaften", die ein Leben lang halten, „Frauengruppen", die sich gegen die männlichen Übergriffe zur Wehr setzen, Cliquen, die sich zusammenschließen, um zu jagen oder sich mit anderen Cliquen zu streiten, so genannte „Schulen", die mehrere hundert Tiere umfassen und die ebenfalls gemeinsam auf die Jagd gehen, wenn es die Situation erfordert. Was die Gestaltung ihrer persönlichen Beziehungen betrifft, sind Delfine äußerst flexibel. In dieser Hinsicht können menschliche „Networker" und karrierebewusste Virtuosen sozialer Intelligenz von den Delfinen noch einiges lernen. Delfine gehen zeitlich befristete Bündnisse ein, wechseln mit ein paar Freunden auch schon mal die Seiten. Und sie tun etwas, was man bei keinem anderen Tier bislang beobachtet hat: Eine Gruppe – oder vielleicht sollte man treffender sagen: eine Gang – rekrutiert eine zweite, um eine dritte zu überfallen.

Die Sardellenjagd

Das überbordende taktische Geschick der Delfine zeigt sich auch bei der Jagd, namentlich bei der Jagd nach Sardellen, die zur Laichzeit in großen Schwärmen in den Meeren unterwegs sind. Eine Gruppe von vielleicht 15 Delfinen kreist die Sardellen langsam ein. Dabei stimmen sie ihre Bewegungen genau aufeinander ab. Die Sardellen sind gewiss keine einfache Beute. Sie schwimmen tief unter der Wasseroberfläche und koordinieren ebenfalls ihre Bewegungen. Wie die Heringe (→ S. 268), mit denen sie verwandt sind, verfügen sie über eine hochentwickelte „Schwarm-Intelligenz". Würde sich auch nur ein Angreifer falsch bewegen, könnte der ganze Sardellenschwarm durch eine gigantische Fluchtbewegung entkommen, meinen die Meeresbiologen.

Doch das Team der Delfine bewegt sich mit beeindruckender Präzision und zieht die Schlinge immer enger um die Sardellen. Ihre Pfeifsignale nutzen sie einerseits zur Verständigung, andererseits um die Sardellen durcheinander zu bringen. Schließlich schlagen sie von allen Seiten zu, treiben die Fische nach oben an die Meeresoberfläche und verschlingen sie. Von diesem Treiben werden Seevögel angelockt. Sie lassen sich diese Gelegenheit nicht entgehen und machen ebenfalls mit beim großen Sardellenfressen. Ja, man muss sagen, dass ihnen die Delfine die Sardellen geradezu servieren. Denn sonst kommen diese Fische nie so dicht unter die Wasseroberfläche, dass ein Vogel sie fangen könnte.

Doch – und das ist der eigentliche Clou bei der Sardellenjagd – die Delfine treiben die Fische nicht aus Sympathie zu den Seevögeln so weit nach oben. Vielmehr nutzen sie die aufgeregt herumflatternden Vögel als weithin sichtbares Signal, um andere Delfine anzulocken. Der Schwarm ist groß genug, damit sich viele Tiere daran satt essen. Und jede Sardelle, die jetzt nicht verdrückt wird, die ist für die Delfine als Mahlzeit verloren.

Anregungen für das Business

Teambildung wie die Delfine: Mit Miniteams flexibel bleiben

Die Gruppen der Delfine ändern ihre Größe, ihre Zusammensetzung, ihre Ausrichtung. Das Interessante dabei ist, dass manche Tiere in diesen wechselnden Gruppen fast immer zusammen bleiben. Sie bilden gewissermaßen Miniteams im Team. Und die großen „Delfinschulen" bestehen aus zahlreichen kleineren Untergruppen. Auf ähnliche Weise lassen sich auch im Unternehmen wechselnde Teams organisieren, die effizient zusammenarbeiten: Sie bestehen aus kleineren Einheiten, die bereits eingespielt sind. Denken Sie auch daran, dass manche Delfine zu mehreren die Seiten wechseln und bereit sind, gegen ihre bisherigen „Kollegen" zu arbeiten. Das heißt, ihre „persönlichen" Verbindungen untereinander sind stärker als die Bindung zur Gruppe, der sie bis dahin angehört haben.

Befristen Sie Ihre Delfin-Teams

Wenn Sie Ihre Teamarbeit nach dem Vorbild der Delfine organisieren, so sollten Sie die Zusammenarbeit der Teams zeitlich befristen. Sonst kommt es möglicherweise zur Erstarrung. Sehen Sie zu, dass die Teams in Größe und

Zusammensetzung variieren. Das schließt nicht aus, dass bewährte „Miniteams" zusammenbleiben.

Teams mögen herausfordernde Aufgaben

Es gibt wenig, was ein Team so gut zusammenhält, wie eine anspruchsvolle Aufgabe, die man nur gemeinsam bewältigen kann. So etwas wirkt disziplinierend und verbindet auch Mitarbeiter, die persönlich nicht so gut miteinander harmonieren. Wichtig ist nur, dass die Gruppe mit der Aufgabe nicht überfordert ist. Denn wenn sie scheitert, werden schnell Sündenböcke gesucht. Und das bedeutet eine schwere Belastung für die weitere Zusammenarbeit.

Eine Gruppe braucht einen Konsens

Die Delfine liegen stundenlang schnatternd in einer stillen Bucht, ehe sie sich entschließen, beispielsweise zu jagen. Solche Einstimmungsprozesse können dauern und werden häufig als „reine Zeitverschwendung" beklagt. Doch das kann sich als folgenschwerer Irrtum herausstellen. Wenn sich das Team nicht genügend auf eine gemeinsame Aufgabe eingestimmt hat, dann können in der Folge die Dinge durcheinander geraten und einzelne Teammitglieder desorientiert sein oder sich absetzen. Noch bevor die eigentliche Arbeit beginnt, sollten sich daher die Teammitglieder zusammensetzen, um sich einzustimmen und mögliche Unklarheiten aus dem Weg zu räumen. So viel Zeit müssen Sie sich nehmen.

Koordination ist alles

Die Aktivitäten der einzelnen Teammitglieder müssen aufeinander abgestimmt sein. Am besten ist es natürlich, wenn sie sich „blind verstehen". Da Sie das nicht voraussetzen können, müssen Sie klare Regelungen vereinbaren. Wie muss sich Teammitglied A verhalten, wenn Teammitglied B dieses oder jenes tut? Was geschieht, wenn ein Mitglied keinen Erfolg hat oder ausscheidet? Im Idealfall greifen die Tätigkeiten der Teammitglieder ineinander. Ob Sie die Sache nun planen oder auf die Selbstorganisation im Sinne der „Schwarmintelligenz" (→ S. 190) setzen, eines müssen Sie auf jeden Fall verhindern: Dass keiner weiß, was er jetzt eigentlich tun soll.

Seien Sie offen dafür, mit den unterschiedlichsten Kräften zu kooperieren

Das Verblüffendste an der Sardellenjagd ist die Einbeziehung der Seevögel, um aus einem großen Jagderfolg einen überwältigenden zu machen. Auch wenn wir nicht davon ausgehen können, dass dieses Verhalten der Delfine bewusstem Kalkül entspringt, weist es doch die Richtung, in der Sie weiterdenken können. Lässt sich nach einem Erfolg, den Sie erzielt haben, der Kreis derjenigen erweitern, die davon profitieren? Natürlich immer in Hinblick darauf, dass deren Erfolg auf Ihren eigenen zurückwirkt. Um eine wirklich große Sache zu bewegen, brauchen Sie viele Partner.

Der Fink und die Riesenschildkröte – das Erfolgsgeheimnis ungleicher Partner

Themen: Kooperation, Kommunikation, Vertrauen, strategische Allianz, interkulturelle Kommunikation, Crossmarketing

Auf der Galapagosinsel Isabela leben gigantische Riesenschildkröten, jede von ihnen über einen Meter lang und sechs Zentner schwer. Außerdem wird die Insel von kleinen Finken bewohnt, den Darwinfinken, die ihren Namen der Tatsache verdanken, dass Charles Darwin seine Theorie der natürlichen Auslese an ihrem Beispiel, vor allem an ihren Schnabelformen, erklärt hat. Eigentlich haben die federleichten Finken und die kolossalen Schildkröten nicht viel miteinander zu tun, sie konkurrieren nicht um Nahrung, nehmen sich nicht die Brutplätze weg und führen ein Leben, das unterschiedlicher kaum sein könnte. Die beiden Tierarten leben in getrennten Welten, könnte man meinen. Aber in der Natur gibt es eigentlich keine getrennten Welten, sondern nur mehr oder weniger eng geknüpfte Verbindungen.

Vogelballett und Wagenheberstarre

Wenn sich Finkenschwarm und Riesenschildkröten begegnen, geschieht etwas Merkwürdiges: Einige Vögel landen auf dem Panzer der Riesenechse, andere dicht vor ihrem Kopf und vollführen kleine Luftsprünge. Dazu klatschen sie mit ihren Flügeln. Auf dieses seltsame Vogelballett reagiert die Schildkröte mit einer tiefen Verbeugung, ehe sie den Kopf steil nach oben reißt. Sie reckt sich und streckt Hals, Beine, Schwanz und Hintern so weit wie möglich aus dem Panzer. Stellen Sie sich eine Riesenschildkröte auf einem Wagenheber vor und Sie haben einen ungefähren Eindruck davon, wie bizarr es aussieht, wenn die vier Beine das Sechszentnergewicht in die Höhe stemmen. In dieser unbequemen Haltung verharrt die Riesenechse mehrere Minuten lang.

Währenddessen beginnen die Finken auf Hals, Kopf, Beine und Hintern einzupicken, kurz gesagt, auf alle ungepanzerten Stellen, vor allem solche, die sonst nicht zugänglich sind. Denn hier befinden sich Hunderte von Zecken, Qualgeister für die Schildkröten, eine passable Nahrung für die Finken. Sobald der erste Fink davonfliegt, endet die Putzaktion, der Schwarm fliegt davon und beginnt nun möglicherweise bei einer anderen Schildkröte mit dem Vogelballett. Die frisch gesäuberte Schildkröte wartet noch einen Augenblick, fährt dann langsam Kopf und Beine wieder ein und setzt ihre unterbrochene Tätigkeit fort.

Es ist bemerkenswert, wie sehr sich die Schildkröten den kleinen Vögeln ausliefern. Sie kehren ihre empfindlichsten Stellen nach außen, die sonst von ihrem dicken Panzer geschützt werden oder in einer dicken Hautfalte verschwinden. Und sie sind äußerst duldsam. Obwohl sie am ganzen Körper von Schnäbeln behackt werden, bleiben sie völlig regungslos. Sie tun alles, um die empfindlichen Vögel nicht zu verschrecken, denn die fliegen sofort auf und davon, wenn sie die geringste Bewegung verspüren.

Eine exklusive Partnerschaft

Nun gibt es eine ganze Reihe solcher „Putzsymbiosen", bei denen sich ein großes Tier von einem kleineren reinigen lässt. Das wohl bekannteste Beispiel ist der „Putzerfisch" (→ S. 163). Die Gemeinschaft von Riesenschildkröte und Fink unterscheidet sich jedoch von diesem, fast möchte man sagen, professionellen Reinigungsservice. Denn die Putzerfische erledigen gewissermaßen ihren „Job", wenn sie die anderen Fische von Dreck und Parasiten befreien. Nicht so der Darwinfink, denn die Zecken sind nicht seine einzige Nahrung. Und er säubert, so weit wir wissen, keine anderen Tiere als die Riesenschildkröten. Es handelt sich um ein exklusives Gemeinschaftsprojekt, was nicht zuletzt auch deshalb so bemerkenswert ist, weil die beiden Tiere so extrem unterschiedlich sind. Sie haben keine gemeinsame Sprache, ja nicht einmal gemeinsame Gesten oder Signale, eigentlich fehlt ihnen jede Grundlage, um sich miteinander zu verständigen.

Ein doppeltes Missverständnis

Und doch tun sie es. Die Finken führen ihr merkwürdiges „Ballett" auf, um der Schildkröte zu signalisieren: Wir sind bereit, dich zu putzen. Ohne Ballett könnte die ganze Sache gar nicht angebahnt werden. Aber auch die Schildkröte muss den Finken zu verstehen geben, dass sie auf das Angebot eingeht. Daher die fast schon theatralische Übertreibung mit der tiefen Verbeugung, dem hochgeworfenen Kopf und der seltsamen Erstarrung. Die Finken fangen nicht eher an zu picken, ehe sich die Schildkröte genau so verhält. Weicht sie davon ab, fliegen die Finken sofort weg.

Die Verständigung zwischen zwei Arten, die auf den Zweigen der Evolution ziemlich weit voneinander getrennt sind, klappt also reibungslos. Jeder weiß das Signal des anderen richtig zu deuten. Da ist es überraschend, dass innerhalb ihrer eigenen Art das gleiche Signal eine völlig andere Bedeutung hat. Führen Finken ihr „Ballett" untereinander auf, kann man sicher sein, dass sie sich streiten. Das Herumhüpfen ist eine Drohgebärde. Und auch unter Riesenschildkröten wird die starre, hochbeinige Haltung nicht etwa als Aufforderung zum Putzen verstanden. Vielmehr nehmen die schwergewichtigen Echsen die Haltung ein, wenn sie in Streit geraten sind und ihren Gegner einschüchtern wollen. Wenn man so will, ist dieses einzigartige Verständnis zwischen Vogel und Reptil aus einem doppelten Missverständnis entstanden.

Anregungen für das Business

Die Natur macht es vor. Die unterschiedlichsten Partner können miteinander kooperieren, wenn bestimmte Bedingungen erfüllt sind:

- Beide Partner müssen von der Kooperation profitieren – und zwar so stark, dass andere Verhaltensweisen sich nicht lohnen. Gäbe es für die Finken eine bequemere Möglichkeit, an geeignete Nahrung zu kommen, würden sie die Schildkröte nicht säubern. Also muss ihnen die Schildkröte auch besonders günstige Bedingungen bieten. Und das tut sie ja auch, selten ist Nahrung in so großer Anzahl für die Vögel direkt verfügbar.

- Die Partner dürfen nicht austauschbar sein. Sie müssen ein spezifisches Know-how in die Kooperation einbringen. Nur die Finken können die Schildkröte derart „kompetent" von den Zecken befreien. Umgekehrt gibt es kein anderes Tier, das die Finken so zuverlässig mit Zecken versorgt. Dabei müssen die Partner keineswegs „optimal" harmonieren. Es ist durchaus denkbar, dass es für einen der Partner bessere Möglichkeiten gäbe, sein Ziel zu erreichen. Entscheidend ist, dass solche Möglichkeiten nicht verfügbar sind (zum Beispiel auch weil sie nicht bekannt sind).

- Die Kooperation muss auf Dauer angelegt sein. Sie muss angebahnt werden und sich erst einspielen. Die ersten Reinigungsversuche der Finken dürften ziemlich chaotisch verlaufen sein; dennoch hat sich die einzigartige Putzsymbiose entwickeln können. Sie brauchen also ein gewisses Maß an Geduld, sagen wir: die Geduld einer Riesenschildkröte, wenn Sie zu einer ähnlich stabilen „Symbiose" kommen möchten. Ungeduldigeren Tieren gelingt dies eben nicht.

- Die Kooperation lebt von Vertrauen und Verlässlichkeit. Echtes Vertrauen kann sich erst im Laufe der Partnerschaft bilden. Doch damit die Sache überhaupt in Gang kommt, braucht jede Kooperation einen gewissen Vorschuss an Vertrauen. Verlässlichkeit bestimmt die Qualität der Zusammenarbeit – und damit häufig auch deren Dauer.

- Gerade wenn sich zwei ungleiche Partner verbünden, brauchen sie klare, eindeutige Signale wie das „Vogelballett" und die „Wagenheberhaltung" der Schildkröte. Die Vereinbarungen zwischen den Partnern sollten so simpel und unmissverständlich wie möglich gehalten werden. Nach dem Muster: Wenn „Vogelballett", dann Angebot zum Putzen. Und die Vereinbarungen sollten unbedingt eingehalten werden. Sonst ist das Risiko sehr hoch, dass die Kooperation zerbricht.

- Die Kooperation wird nicht durch Worte, nicht durch Absichtserklärungen und Verträge aufrechterhalten, sondern einzig und allein durch Taten. Wenn die Finken die Zecken nicht mehr in großer Zahl wegpicken, wenn die Schildkröten nur noch selten ihre Glieder ausfahren, dann ist die Kooperation stark gefährdet.

Entscheidend für das Gelingen der Kooperation ist das Verhalten
Dass die Kooperation zwischen Fink und Riesenschildkröte möglicherweise über ein doppeltes Missverständnis zustande gekommen ist, unterstreicht noch einmal, dass es auf das konkrete Verhalten ankommt und nicht darauf, was die Partner möglicherweise damit gemeint haben. Es ist auch ein Beispiel dafür, wie interkulturelle Kommunikation funktionieren könnte. Was zwischen zwei völlig unterschiedlichen Tierarten klappt, sollte doch zwischen zwei menschlichen Kulturen ebenfalls möglich sein. Natürlich ist es sinnvoll, sich mit den Eigenarten der fremden Kultur vertraut zu machen, denn in diesem Zusammenhang wird das Verhalten der anderen Seite oft erst verständlich und damit kalkulierbar. Dennoch sind es die Taten, die letztlich zählen. So gesehen kann es manchmal sehr klärend sein, den oftmals verworrenen Bedeutungshintergrund einfach auszublenden und schlicht die Fragen zu stellen: Was haben wir getan? Wie haben die anderen konkret gehandelt?

Haben Sie den Mut zu einer ungewöhnlichen Partnerschaft
Das Beispiel von Fink und Riesenschildkröte kann durchaus eine Ermutigung sein, bei der Suche nach einem geeigneten Kooperationspartner auch abgelegene Bereiche in Erwägung zu ziehen. Gerade hier sind am ehesten Kompetenzen zu vermuten, die dem eigenen Unternehmen fehlen. Und Sie dürfen davon ausgehen, dass Sie Ihrem möglichen Partner etwas anbieten können, das ihm nützt und das er anderswo nicht so bequem oder gar nicht bekommt. Dabei müssen Unternehmen keineswegs immer nur mit anderen Unternehmen kooperieren. Gerade ungewöhnliche Allianzen können zu überraschenden Ergebnissen führen – zumindest solange klar ist: der eine sorgt für die „Nahrung", der andere für die „Reinigung". Allianzen um ihrer selbst willen bringen wenig. Und auch ein weiterer Aspekt sollte nicht unerwähnt bleiben: Jede Kooperation bedeutet eine gewisse Abhängigkeit vom Partner. Das muss nicht immer nachteilig sein. Doch bevor Sie eine Kooperation eingehen, sollten Sie zumindest prüfen, mit wem Sie sich einlassen und wie eng Sie zusammenarbeiten wollen.

Wie die klugen Piranhas vorsorgen

Themen: Erfolg, Ressourcenmanagement, Zielmanagement, Prinzip der Maximierung, Vorsorge, Teamarbeit

Piranhas stehen in dem Ruf, besonders gefräßige Monster zu sein. Werfen Sie einen ausgewachsenen Ochsen in ein Gewässer mit Piranhas, dann lassen diese unersättlichen Raubfische nach wenigen Minuten nur noch das blanke Skelett übrig, wird behauptet. Wenn Sie also verkünden, demnächst den Prinzipien der Piranhas zu folgen, werden Sie vermutlich blankes Entsetzen auslösen. Zu Unrecht allerdings, denn Piranhas sind keine entfesselten Killermaschinen, sondern äußerst effiziente Jäger, die gerade nicht den rücksichtslosen Kahlfraß betreiben, wie ihnen angedichtet wird, sondern maßvoll mit ihren Ressourcen umgehen. Das heißt jetzt nicht, dass Sie nun unbesorgt in das nächste Piranha-Becken steigen sollten. Denn es gibt keinen Süßwasserfisch, der ein so scharfes Gebiss hat wie ein Piranha. Und davon macht er natürlich auch Gebrauch.

Die nützlichen Killer

Beim Angriff schlägt der Piranha seine Zähne, die spitz sind wie Dolche, in sein Opfer hinein. Er wirft sich blitzschnell hin und her und schneidet mit der Wucht seines massigen Körpers ein Stück heraus. Kurzes Schlucken, dann beißt er wieder zu. Auf diese Weise kann ein Schwarm hungriger Piranhas tatsächlich ein großes Säugetier bis auf die Knochen blank nagen. Allerdings handelt es sich dabei im Regelfall um Tiere, die bereits tot sind, Kadaver, die im Amazonas treiben und die nun von den Piranhas, sagen wir: verwertet werden. Die vermeintlichen Killerfische sorgen also für Hygiene. Ohne ihr Wirken würden sich rasch Seuchen ausbreiten, denn vor allem nach Überschwemmungen treiben nicht wenige tote Wildtiere im Fluss.

Einkreisen und zuschnappen

Piranhas leben in Schwärmen von mehreren Dutzend Fischen. Es gibt eine klar erkennbare Hierarchie. Die dominanten Fische schwimmen oben und bekommen die schmackhaftesten Stücke. Denn die Fische, die sie jagen, versuchen meist nach oben zu fliehen. Für einen Raubfisch sind die Piranhas ziemlich rundlich, sie sehen aus wie dicke Diskusscheiben und schwimmen nicht besonders schnell. Das gleichen sie jedoch durch Teamwork aus. Sie jagen im Schwarm und kreisen ihre Beutetiere geschickt ein, die meist viel flinker sind, was ihnen aber nicht viel nützt, wenn sie von lauter geöffneten Rachen umgeben sind. Und auch beim Verzehr der größeren Happen brauchen die rundlichen Räuber keine Eile, die toten Tiere schwimmen ihnen ja nicht davon.

Was ihnen jedoch zugute kommt, das ist ihr ungemein empfindlicher Geruchssinn. Ähnlich wie Haie können sie Blut noch in einer Verdünnung von 1:1,5 Millionen erspüren. Dann bekommen sie Appetit und schwimmen in die Richtung, in der die Konzentration des Bluts zunimmt. Außerdem hören sie ausgezeichnet und sind in der Lage, sich untereinander zu verständigen. Piranhas sind keine stummen Fische, sondern geben über die vordere Kammer ihrer zweigeteilten Schwimmblase Trommelsignale von sich, deren Bedeutung die Biologen aber noch nicht entschlüsselt haben. Durchaus möglich, dass wir da noch eine Überraschung erleben und sich die vermeintliche Bestie als Intelligenzbestie entpuppt.

Goldfische im Überfluss

Eines ist aber sicher: Piranhas sind weit weniger gefräßig, als man lange Zeit angenommen hat (und die meisten noch immer glauben). Dies belegt eindrucksvoll ein Experiment, das der Verhaltensforscher Richard M. Fox durchgeführt hat. Er hielt in einem Aquarium zwei zehn Zentimeter lange Piranhas. Auf einen Schlag gab er fünfundzwanzig lebende Goldfische hinzu. Wobei man wissen muss, dass diese friedlichen Zierfische nicht die geringste Chance gegen einen wilden Piranha haben. Was würde geschehen? Würden die Piranhas kurzen Prozess machen und nach einer wüsten Fressorgie mit kugelrunden Bäuchen durch das Becken eiern? Überraschenderweise hielten die Piranhas Maß. Sie verspeisten jeden Tag einen Goldfisch, den sie auch noch brüderlich unter sich aufteilten. Diese Menge entsprach nicht nur der kleinstmöglichen „Nahrungseinheit", sondern auch ihrem ganz normalen Tagesbedarf. Den übrigen Goldfischen hingegen bissen die Piranhas gleich zu Beginn die Flossen ab. So blieben sie zwar noch lebendig und frisch, konnten aber nicht mehr wegschwimmen, weil sie bewegungsunfähig kopfüber im Wasser standen, ein bequemes Vorratslager sozusagen. Nun ja, wir haben nie behauptet, dass Piranhas besonders liebenswerte Fische sind.

Aber es geht ja auch um etwas anderes: Auch in einer Situation, die von beispiellosem Überfluss gekennzeichnet ist, fressen die Piranhas nicht mehr, als sie brauchen. Sie teilen sich ihre Nahrung ein, sichern sich sehr effektiv ihre „Zugriffsrechte" und sorgen dadurch vor. Keine Völlerei, kein Wohlstandspölsterchen, immer nur am täglichen Bedarf orientiert.

Verdauungsarbeit richtig einteilen

Für dieses Verhalten gibt es natürlich einen guten Grund: Wer übermäßig frisst, der beeinträchtigt seine Beweglichkeit. Er wird langsam und müde. Nahrung muss ja nicht nur verspeist, sie muss auch verdaut werden. Und das kostet Energie. Nach einer reichhaltigen Mahlzeit ist man erst einmal außer Gefecht gesetzt. Und das können sich die meisten Tiere einfach nicht leisten. Sie würden Gefahr laufen, von ihren Feinden angegriffen zu werden und sich nicht verteidigen zu können. Das ist auch der Grund, warum Pythonschlangen lieber kleine als große Tiere verschlingen. Vor die Wahl gestellt, sich entweder eine Ratte oder ein Schwein einzuverleiben, entscheiden sie sich fast immer für die leichtere Mahlzeit. Um ein Schwein zu verdauen, sind sie mehrere Wochen beschäftigt. Das ist kein Vergnügen. Werden sie in dieser Zeit angegriffen, würgen sie den unverdauten Rest wieder aus und suchen schnell das Weite.

Doch zurück zu den Piranhas: Dass sie überhaupt als gefräßige Ungeheuer gelten, liegt nicht an dem einzelnen Fisch, der ja einen höchst gezügelten Appetit an den Tag legt, sondern an ihrer großen Anzahl, also an ihrem Fortpflanzungs- und Überlebenserfolg. Der ist aber gerade darauf zurückzuführen, dass sie sich trotz ihrer unvergleichlichen Beißwerkzeuge niemals überfressen.

Anregungen für das Business

Das Verhalten der Piranhas verweist auf ein sehr verbreitetes Prinzip in der Natur: Übermaß ist schädlich. In einer Hinsicht besonders: Wer zu viel frisst, den bestraft das Leben. Denn er wird müde, behäbig, unaufmerksam. Eine leichte Beute für seine Fressfeinde, denen er sonst ohne Schwierigkeiten entkommt. Das gilt auch für das berufliche Leben.

Sie müssen Ihre Erfolge auch „verdauen"

Wer über seinen „natürlichen Bedarf" hinaus „Beute macht", Erfolge einheimst, der verbessert nicht seine Situation, er verschlechtert sie. Ein maßloses Streben nach Erfolg wird nicht belohnt, sondern bringt unangenehme Folgen mit sich, es setzt Ausgleichsmechanismen und Gegenreaktionen in Gang, die Sie irgendwann einholen werden und die regelrecht lebensbedrohend sein können. Wenn nämlich ein Konkurrent seine Kräfte neu sammelt und zurückschlägt. Die überaus erfolgreichen Piranhas, denen kein Beutetier zu groß ist, sollten Sie daran erinnern: Erfolge müssen nicht nur erworben, sie müssen auch „verdaut" werden.

Betreiben Sie Zielmanagement mit Maß

Den Piranhas zu folgen bedeutet keineswegs, ehrgeizige Ziele herunterzuschrauben oder sich mit dem einzurichten, was man hat. Es geht vielmehr um ein vernünftiges Zielmanagement. Der „Tagesbedarf" der Piranhas entspricht einem realistischen Teilziel, das innerhalb einer bestimmten Frist erreicht sein sollte und das mit einem Höchstmaß an Energie und Konzentration verfolgt wird.

Ist dieses Ziel erreicht, werden zunächst keine weiteren Ressourcen eingesetzt, um für den Augenblick mehr herauszuholen. Das klingt ungewöhnlich, aber denken Sie daran: Ein Mehr an Erfolg benötigt auch ein Mehr an „Verdauung". Erfolge können uns überfordern, sie können uns für lange Zeit lahm legen, ja, sie können uns ruinieren. Und zwar bemerkenswerter Weise gerade dort, wo wir es mit starker Konkurrenz zu tun haben, wir also eigentlich besonders stark triumphieren sollten. Es mag paradox erscheinen, aber sofern wir den Erfolg nicht auf Kosten unseres Wettbewerbers erzielt haben, profitiert er von unserem „übermäßigen" Erfolg, den wir erst einmal verarbeiten müssen. Daher sollten wir ein Interesse an „bedarfsgerechten" und nicht möglichst großen Erfolgen haben.

Legen Sie Ihren aktuellen „Erfolgsbedarf" fest

Nun ist es gar nicht so einfach, seinen persönlichen „Erfolgsbedarf" oder gar den Bedarf der eigenen Abteilung zu bestimmen. Es gibt keine verbindlichen Richtwerte. Es hängt davon ab, über wie viel Energie und über welche Ressourcen Sie verfügen, was Sie im gegenwärtigen Stadium als angemessen empfinden und wo Ihrer subjektiven Einschätzung nach die „Sättigungsgrenze" liegt. Das kann individuell sehr unterschiedlich sein und sich auch im Laufe der Zeit ändern. Es scheint aber einen Korridor zu geben, innerhalb dessen wir uns einigermaßen wohl fühlen: Wo wir einerseits gefordert sind, andererseits aber auch nicht überfordert.

Teilen Sie sich die großen Brocken ein
Was aber ist zu tun, wenn ein überdimensionierter Erfolg winkt, wenn sich viel versprechende Möglichkeiten ergeben, wenn man weit mehr erreichen kann, als man sich vorgenommen hat? Soll man dann allen Ernstes diese Chance ausschlagen? Eine Chance, die so schnell nicht wiederkommt? Bremsen ist gefährlich und dürfte in einem Unternehmen auch nicht so leicht toleriert werden. Eine günstige Gelegenheit sollten Sie schon nutzen. Aber dann müssen Sie sich auch darüber im Klaren sein, dass „Verdauungsarbeit" auf Sie wartet. Große Aufträge erfordern einen großen Aufwand, Kapazitäten müssen auf- und wieder abgebaut werden, externe Dienstleister ausgewählt, informiert und in den Arbeitsablauf eingebunden werden. Optimal wäre es, wenn Sie es so machen könnten wie die Piranhas mit den überzähligen Goldfischen: Anstatt für den Moment eine überwältigende Beute einzufahren, sorgen Sie vor und sichern sich bereits den Zugriff auf die künftigen „dicken Fische".

Die blutspendenden Vampire — wie du mir, so ich dir

Themen: Kooperation, Vertrauen, Mitarbeiterführung

Sie gehören zur Familie der Fledermäuse und sind in Süd- und Mittelamerika beheimatet. Seit die spanischen Eroberer von ihnen berichteten, bevölkern sie die Schauergeschichten des alten Kontinents: Die Vampire, die sich ausschließlich vom Blut anderer Tiere ernähren. Dabei sind sie alles andere als Furcht einflößende Ungeheuer. Ihr Biss ist kaum dramatischer als ein Mückenstich.

Vampire sind äußerst dezente Tiere. Um ihre Opfer nicht unnötig zu verschrecken, landen sie in gebührendem Abstand und arbeiten sich dann langsam vor. Sie rutschen ihnen auf ihren samtweichen Sohlen entgegen, ohne ein

Geräusch zu verursachen. Ihr Biss ist winzig klein und nicht im Geringsten schmerzhaft, das Opfer spürt ihn überhaupt nicht. Außerdem trinkt so ein Vampir bei jedem Biss nur wenige Tropfen. In der Natur gibt es kaum Beispiele für einen schonenderen Umgang mit „lebenden Ressourcen". Und sie haben ein bemerkenswertes System gegenseitiger Unterstützung entwickelt, das der Evolutionsbiologe Gerry Wilkinson genauer erforscht hat.

Die Vampirgesellschaft

Vampire bewohnen große Höhlen. Hier hängen sie zu Tausenden, ja Zehntausenden von der Decke und ruhen. Jede Nacht fliegen sie aus, um sich eine Portion Blut zu besorgen. Das gelingt nicht immer. Auch vermuten die Fledermausforscher, dass nicht alle Vampire jede Nacht unterwegs sind. Das spart zwar Ressourcen, doch gehen sie ein schreckliches Risiko ein. Denn Vampire können zwar zwei Nächte ohne Nahrung auskommen, aber nach 60 Stunden ohne Blutzufuhr verhungern sie.

Doch gibt es Rettung. Artgenossen mit blutgefülltem Magen können nämlich einen Teil des Lebenssafts wieder hochwürgen, um den Hungerleider damit zu versorgen. Und das tun sie auch, und zwar unabhängig davon, ob es sich um einen Verwandten handelt oder nicht. Aber das ist nicht unproblematisch. Denn wenn er einen Teil der Nahrung wieder abgibt, verschlechtert der Spender seine eigene Überlebenschance. Er benötigt schneller wieder Nahrung und muss erneut ausfliegen.

Seine Großzügigkeit ist überraschend. Immerhin zählt in der Natur nur das eigene Überleben – oder das der Gene. Engen Verwandten zu helfen, ja sich ihnen aufzuopfern, wie es die Ameisen und Bienen tun, ergibt schon Sinn. Wer seinen Verwandten hilft, sorgt dafür, dass die eigenen Gene im Spiel bleiben. Wer aber wie die Vampire jedem hilft, unabhängig vom Verwandtschaftsgrad, der scheint erst einmal die schlechteren Karten zu haben. Er verschlechtert seine eigene Überlebenschance, davon profitieren auch die Egoisten. Also würden wir erwarten, dass die selbstlosen Fledermäuse früher oder später von der Bildfläche verschwinden. Da sich in der Evolution auch kleine Überlebensvorteile auszahlen, hätten nach kurzer Zeit die Egoisten die Selbstlosen unter den Fledermäusen verdrängt.

Haben sie aber nicht. Und das liegt einzig und allein daran, dass das selbstlose Verhalten bei den Fledermäusen schließlich doch belohnt wird. Kurzfristig verschlechtert der spendable Vampir seine Überlebenschancen, doch langfristig verbessert er sie. Denn der Spender verzichtet auf einen Teil seiner Nahrung, um sich den Empfänger für die Zukunft zu verpflichten. Beim nächsten Mal soll es eben umgekehrt laufen. Der Empfänger von heute kann der Spender von morgen sein. Daher lohnt es sich, ihm etwas abzugeben. Es handelt sich also um eine Art Versicherung auf Gegenseitigkeit, die die Fledermäuse da abschließen.

Trittbrettfahrer gehen leer aus

Was ist aber mit den Egoisten? Wenn eine Fledermaus etwas abgibt, dann weiß sie ja nicht, ob sich der Nutznießer in Zukunft revanchieren wird. Das ist richtig. Der Spender geht also zunächst einmal in Vorleistung. Doch wenn sich herausstellt, dass der andere ihn nur ausnutzt und von seiner Beute nichts abgibt, bekommt er in Zukunft gar nichts mehr. Er wird aus dem System der gegenseitigen Hilfsbereitschaft ausgeschlossen.

Das klingt sehr einfach, erfordert jedoch hoch entwickelte Eigenschaften. Stellen Sie sich vor, Sie wären Mitglied dieser riesigen Vampirgesellschaft. Als erstes müssten Sie Ihre Artgenossen überhaupt unterscheiden können. Zumindest eine erkleckliche Anzahl von den Tausenden sollten Sie kennen. Sie müssen wissen, wem Sie Blut gespendet haben und wer sich Ihnen erkenntlich gezeigt hat. Sie müssen sich merken, wer bislang nur als Schnorrer aufgefallen ist und wem Sie besonderen Dank schulden, weil er Ihnen gegenüber in Vorleistung gegangen ist. Sie brauchen nicht nur ein gutes Unterscheidungsvermögen, sondern auch ein exzellentes Gedächtnis. Beides haben die Vampire ganz offenbar. Und, wie Wilkinson vermutet, können die Vampire Betrüger von schlechten Jägern unterscheiden. Denn sie können von außen erkennen, wie gut der Magen ihrer Artgenossen gefüllt ist.

Solidarität unter Blutsaugern

Tatsächlich scheint es so zu sein, dass der Blutaustausch nach den Regeln der Fairness und nach dem Prinzip „Wie du mir, so ich dir" funktioniert. Vampire versorgen am häufigsten Artgenossen, die ihnen in der Vergangenheit auch geholfen haben. Wer kooperiert, wird belohnt. Es ist sinnvoll, in Vorleistung zu gehen und abzuwarten, wie sich der andere beim nächsten Mal verhält. Revanchiert er sich, kann er im Bedarfsfall wieder mit einer Blutspende rechnen. Wer sich nicht kooperativ verhält, der wird hingegen abgestraft. Nur so kann das System funktionieren. Allerdings scheint es sinnvoll, wenn der Egoist nach einiger Zeit wieder eine Chance erhält zu kooperieren. Denn es kommt der Kolonie zugute, wenn möglichst viele durchkommen, die dann ja auch wieder mögliche Spender sind. Die Kooperationswilligen müssen sich finden und einander helfen. Und weil sie mit ihrem Verhalten erfolgreich sind, stärken sie das ganze System.

Anregungen für das Business

Kooperation braucht ein Mindestmaß an Stabilität

In vielen Unternehmen wird erwartet, dass Teams spontan zusammenarbeiten und ihre Mitglieder auf Anhieb miteinander harmonieren. Doch das ist eine Illusion. Eine solche Zusammenarbeit kann nur oberflächlich funktionieren – was für manche Zwecke vollkommen genügt, wenn wir an die Kooperation auf der Basis der „Schwarm-Intelligenz" (→ S. 257) denken. Wer aber eine tiefe, vertrauensvolle Zusammenarbeit anstrebt, der braucht halbwegs stabile Verhältnisse. Und zwar aus zwei Gründen:

- Unsere Mitmenschen sind unterschiedlich vertrauenswürdig. Sie müssen herausfinden, wie viel Vertrauen Ihr Gegenüber verdient hat. Dazu müssen Sie Erfahrungen sammeln.

- Wenn jemand für Sie keine Gegenleistung erbringt oder Sie regelrecht hängen lässt, dann muss das Konsequenzen haben. Und zwar nicht in irgendeinem Bewertungsbogen, sondern im direkten persönlichen Umgang.

Sie können zu viel Vertrauen schenken, aber auch zu wenig

Das Problem vieler Führungskräfte ist nicht, dass sie zu vertrauensselig sind, sondern dass sie zu wenig Vertrauen aufbringen. Damit bleibt eine Kooperation aber hinter ihren Möglichkeiten zurück. Misstrauische Fledermäuse verhungern mit höherer Wahrscheinlichkeit als ihre kooperierenden Artgenossen, die es sich sogar leisten können, zeitweilig gar nicht auszufliegen, weil sich immer jemand findet, der sie versorgt. Wie sehr Sie sich auf die anderen verlassen können, das müssen Sie jedoch erst herausfinden. Echtes Vertrauen muss allmählich aufgebaut werden.

Gehen Sie in Vorleistung — als Starthilfe
Es gehört offenbar zu unserem biologischen Grundprogramm, dass wir demjenigen einen Gefallen tun, der uns zuvor geholfen hat. Wie die Studien des Sozialpsychologen Robert Cialdini eindrucksvoll belegen, ist dieser Mechanismus so fest in uns eingebrannt, dass wir nur schwer dagegen verstoßen können. Sogar wenn wir selbst Nachteile erleiden, sind wir noch bemüht, uns beim andern zu revanchieren. Insoweit ist es meist eine lohnende Investition, jemandem zu helfen, von dem man sich in Zukunft Hilfe erhofft. Wenn Sie in Vorleistung gehen, wird sich der andere umso stärker verpflichtet fühlen, etwas für Sie zu tun. Und zwar oftmals weit mehr, als Sie für ihn getan haben.

Das Prinzip der Gegenseitigkeit hat seine Tücken
Es ist die klassische „Win-win-Situation": Beide Partner helfen einander und profitieren davon. Ihre Zusammenarbeit wird immer besser und vertrauensvoller, sie entlasten sich und ihre Kompetenzen ergänzen sich. Und doch hat eine solche Zusammenarbeit auch ihre Kehrseite. Als Teil eines solchen Gespanns verlieren Sie nämlich an Souveränität. Sie sind in Ihren Entscheidungen nicht mehr frei, sondern in bestimmten Dingen einem anderen verpflichtet. Das kann sich durchaus auch einmal zu Ihrem Nachteil auswirken. Es müssen dabei nicht einmal Ihre eigenen Interessen berührt sein, denn niemand kann von Ihnen verlangen, dass Sie sich selbst Schaden zufügen. Gefahr droht vielmehr in einem Bereich, in dem sich die Gegenseite berechtigte Hoffnungen machen kann, dass ihre Interessen berücksichtigt werden. Plötzlich sehen sie sich in ein Geflecht von „Kungelei" verstrickt, das Ihnen kaum noch Spielraum lässt. Und Ihre Gegner haben auch noch einen bösen Vorwurf gegen Sie in der Hand. Denn Sie entscheiden nicht mehr vorbehaltlos, in der Sache, sondern aufgrund von persönlichen Verpflichtungen. Solche Entscheidungen sind meist die schlechteren.

Kooperation unter Beobachtung

Themen: Kooperation, Vertrauen, Prestige. Teamarbeit

Erinnern Sie sich an den Graudrossling (→ S. 33), den selbstlosen Wüstenvogel, der den andern seine Hilfsbereitschaft förmlich aufnötigte? So ganz sympathisch war er uns ja nicht, weil er sich nicht im Geringsten um die Bedürfnisse derjenigen zu kümmern schien, die seine Wohltaten empfingen. Vielmehr machte er aus seinen Hilfsaktionen eine Showveranstaltung und trug Sorge, dass es möglichst viele mitbekamen. Doch auch wenn uns das nicht gefällt: Eine auch für uns Menschen sehr wichtige Spielart von Kooperation funktioniert nur unter der Bedingung, dass andere zuschauen.

Die Sache wird deutlicher, wenn wir sie mit anderen Spielarten der Kooperation vergleichen: Bei der Symbiose etwa wirken unterschiedliche Organismen zusammen und ziehen beide einen direkten Nutzen daraus. Im Extremfall sind sie so stark aufeinander angewiesen, dass sie ohne gegenseitige Hilfe gar nicht mehr lebensfähig sind. So sind viele Pflanzen auf die Bestäubung durch ganz bestimmte Insekten angewiesen. Beim Altruismus auf Gegenseitigkeit, wie ihn die Vampire betreiben, unterstützen sich diejenigen Tiere, die sich auch in der Vergangenheit unterstützt haben.

Einen guten Ruf aufbauen

Bei der Kooperation unter Beobachtung geht es aber um etwas anderes, nämlich um Reputation oder Prestige. Wer aus diesem Motiv anderen hilft, dem geht es nicht nur darum, dass ihn der Nutznießer bei nächster Gelegenheit unterstützt. Vielmehr will er ganz allgemein als hilfsbereit, vertrauenswürdig und kooperativ gelten. Ich bin jemand, der andere fördert und unterstützt, also lohnt es sich, mit mir zusammenzuarbeiten, lautet die Botschaft. Und es liegt auf der Hand, dass damit die Kooperation auf eine wesentlich breitere Grundlage gestellt wird.

Zum einen erweitert sich die Anzahl der potenziellen Nutznießer. Es lohnt sich nicht nur denjenigen zu helfen, die auch mir helfen können. Sondern gerade denen, von denen ich keine Gegenleistung erwarten kann. Das macht mich für andere noch vertrauenswürdiger. Auf mich kann man sich sogar dann noch verlassen, wenn ich keinen direkten Vorteil aus der Kooperation ziehe.

Der Punkt ist aber: Dieses hochanständige Verhalten lohnt sich nur dann, wenn es diejenigen, die eine hohe Meinung von mir haben sollen, auch mitbekommen. Solange ich unter Beobachtung stehe, kann ich Punkte sammeln und einen guten Ruf aufbauen, der mir bei meinen künftigen Kooperationen von Nutzen ist. Kooperativ zu sein, wenn niemand hinschaut, ist aber – evolutionsbiologisch betrachtet – ein Minusgeschäft.

Affen und Hunde achten auf die Blickrichtung

Am Max-Planck-Institut für Evolutionäre Anthropologie in Leipzig wurde untersucht, wie gut verschiedene Tierarten menschliche Signale deuten können. Dabei zeigte sich, dass Hunde am besten abschnitten, besser noch als die mit uns so eng verwandten Schimpansen. Auch junge Hunde, die bislang kaum Kontakt zu Menschen gehabt hatten. Allerdings sind sowohl Hunde als auch Menschenaffen äußerst geschickt darin, der Blickrichtung von andern zu folgen und ihre Schlüsse daraus zu ziehen. Auf diese Weise entdecken sie Futter, wissen, von wo Gefahr droht, vor allem aber wissen sie auch, was der andere nicht sieht.

So saß eine Hündin mit der Studienleiterin in einem Raum, in dem sich eine Schale mit Leckereien befand. Der Hündin war streng verboten, von den Leckereien zu naschen und sie hielt sich auch daran. Aber nur solange die Studienleiterin die Schale mit den Leckereien auch sehen konnte. Befand diese sich hinter einem Sichtschutz, so schaute die Hündin hin und her, auf die Studienleiterin, auf die Schale und man konnte förmlich beobachten, wie es in ihr arbeitete. Langsam erhob sie sich und trabte in Richtung Schale. Dort zögerte sie keinen Augenblick, sich die Leckereien einzuverleiben.

Überwachen und strafen

Wir Menschen haben das Spiel mit Reputation und Kooperation am weitesten getrieben. Im Unterschied zu den Affen bestrafen wir diejenigen, die uns oder auch andere hintergehen. Und wir bevorzugen diejenigen als Kooperationspartner, die sich großzügig oder fair verhalten haben, wie Studien von

Manfred Milinski zeigen, Direktor am Max-Planck-Institut für Evolutionsbiologie in Plön. Bleiben wir anonym, bricht eine Kooperation schnell zusammen. Es lohnt sich nicht, gut zu sein, solange Trittbrettfahrer in den gleichen Genuss kommen wie diejenigen, die kooperieren.

Treten wir jedoch namentlich in Erscheinung, ergibt sich ein doppelter Effekt: Es wird wieder kooperiert. Und diejenigen, die kooperieren, ziehen daraus enorme Vorteile. Sie werden nämlich in Zukunft von allen andern als Kooperationspartner bevorzugt. Sie haben sich buchstäblich einen Namen gemacht. Auch wer sich großzügig zeigt, kann daraus soziales Kapital schlagen. So konnte Milinski zeigen, dass in einem Kooperationsspiel diejenigen die größte Unterstützung erhielten, die zuvor bei einer Spende für einen gemeinnützigen Zweck den größten Beitrag geleistet hatten. Dabei hatten das Spiel und die Spende inhaltlich nichts miteinander zu tun.

Die Augen des Milchautomaten

Kooperation lohnt sich also – aber nur wenn jemand zuschaut. Fühlen wir uns unbeobachtet, dürfen wir ungestraft unserem Eigennutz frönen. Und wir tun es auch, wie die Studien von Milinski zeigen. Folglich geht es darum herauszufinden, ob wir gerade beobachtet werden. Dieses Verhaltensprogramm ist so tief in uns eingebrannt, dass wir bereits reagieren, wenn wir spüren, dass ein Augenpaar auf uns gerichtet ist.

Das zeigt ein aufschlussreiches Experiment der britischen Verhaltensbiologin Melissa Bateson, die einen Milchautoamten aufstellte und es den Versuchspersonen freistellte, wie viel sie für das Getränk bezahlen wollten. Dabei brachte Bateson am Automaten eine Verzierung an: In der einen Woche ein Blumenmuster, in der anderen ein Augenpaar, das direkt auf die Person gerichtet war, die sich die Milch nahm. Obwohl die Augen ja nur aufgedruckt waren, zeigten sie Wirkung: In dieser Woche zahlten die Versuchspersonen deutlich mehr für die Milch.

Anregungen für das Business

Wie man Teams demotiviert

Einem alten Bonmot zufolge steht Team-Arbeit für „Toll, ein Anderer Macht's!" Eine solche Einstellung ist auch die natürliche Folge, wenn es keine Möglichkeit gibt, Trittbrettfahrer abzustrafen und/oder besonders kooperative Mitarbeiter zu belohnen – indem sie Reputation aufbauen können. Solange nur die Leistung des gesamten Teams wahrgenommen wird, werden gerade die engagierten Mitglieder entmutigt. Denn sie sind die Dummen, wenn sie sich ins Zeug legen und ihre weniger ambitionierten Kollegen mitschleppen. Also lassen sie es lieber bleiben, auch wenn das Gesamtergebnis dürftig ausfällt.

Teamplayer brauchen Reputation

Nun wird die Teamarbeit nicht dadurch verbessert, dass die Leistungen wieder auf jeden einzelnen umgerechnet werden. Vielmehr soll ja gerade die Kooperation gestärkt werden. Das ist vor allem dann möglich, wenn sich die Teamplayer auszeichnen können, wenn sie Reputation aufbauen können. Das gelingt weniger, indem man Bewertungsbögen verteilt und fragt: Wer hat sich besonders für das Team eingesetzt? Oder: Wer war der Beste im Team? Damit erzeugt man nur die üblichen Spielchen. Wesentlich aussagekräftiger ist es, wenn die Mitarbeiter selbst wählen können, wer zu ihrem Team gehören soll. Die Kooperativsten sind am gefragtesten. Trittbrettfahrer und Intriganten erhalten wenig Zuspruch. Der entscheidende Punkt ist: Wer kooperativ ist, kann Reputation aufbauen. Er empfiehlt sich für künftige Kooperationen, was deren Qualität ebenfalls günstig beeinflussen dürfte.

Setzen Sie Ihren guten Ruf niemals aufs Spiel

Eine hohe Reputation kann Ihnen Türen öffnen. Wer vertrauenswürdig ist, mit dem arbeitet man gerne zusammen. Das bedeutet umgekehrt: Wenn Sie Ihren Ruf verlieren, fallen Sie außerordentlich tief. Kaum jemand will noch mit Ihnen kooperieren, und damit sind Sie buchstäblich erledigt. Daher sollten Sie niemals riskieren, dass Ihr guter Ruf Schaden nimmt. Wenn sich manche Menschen in Spitzenpositionen wegen geringfügiger Vorteile um ihren Ruf bringen, dann hat das meist diesen einen Grund: Sie fühlen sich unbeobachtet. Zumindest von denen, bei denen sie noch einen Ruf zu verlieren haben.

Vertrauen muss sich immer wieder bewähren

Eine der wichtigsten Fragen lautet: Wie vertrauenswürdig ist unser Gegenüber? Es ist sinnvoll, dem andern einen gewissen Vorschuss an Vertrauen zu schenken. Doch muss es sich bewähren. Das tut es am ehesten, wenn man keinen Zweifel daran lässt, dass der andere immer wieder einmal „unter Beobachtung" steht. Sie sollten gelegentlich überprüfen, ob der andere Ihr Vertrauen auch verdient hat. Und genau das sollte der andere wissen. Blindes Vertrauen ist hingegen ein Geschäft, das sich für beide Seiten nicht lohnt. Denn blindes Vertrauen schafft keine Reputation. Der andere kann nicht unter Beweis stellen, dass er das Vertrauen auch verdient hat.

Organisation und Selbstorganisation

Auf den folgenden Seiten werfen wir einen Blick auf ganz verschiedenartige Organisationen im Tierreich: Vom Hühnerhof über die unterirdischen Kolonien der eigentümlichen Graumulle bis zum zelligen Schleimpilz, zu dem sich die Amöben zusammenschließen, wenn die Nahrung knapp wird. Dabei sparen wir die Fisch- und Vogelschwärme sowie die Insektenstaaten aus. Zwar gehören sie unbedingt in den Themenkreis Organisation und Selbstorganisation. Aber ihnen ist ein eigenes Kapitel vorbehalten, nämlich das über die Schwarmintelligenz. Dafür tauchen wir zum Abschluss dieses Kapitel ein in die wundersame Welt der Parasiten. Denn mit ihnen bekommen wir es zwangsläufig zu tun, sobald wir uns mit so komplexen Gebilden wie Organisationen beschäftigen.

Hackordnung im Hühnerhof

Themen: Hierarchie, Karriere

Hühnern sagt man nach, dass sie in einer streng hierarchisierten Gesellschaft leben. Mit dem Hahn an der Spitze bis hinunter zum ärmsten Huhn, auf dem alle herumhacken dürfen. Das ist das Prinzip der Hackordnung. Allerdings ist das Hacken nicht so sehr die Belohnung für eine hohe Stellung als vielmehr das Mittel, um die Hierarchie festzulegen.

Die steilstmögliche Hierarchie

Die Küken sind gerade erst vor drei Wochen aus dem Ei geschlüpft, da fangen sie auch schon an, aufeinander einzuhacken. Zunächst sieht das alles sehr spielerisch aus, doch schon in diesem Stadium werden die Startplätze für das Leben vergeben. Schwächere Küken weichen zurück. Und wenn sie das oft genug tun, finden sie sich nach kurzer Zeit am Ende der Hackordnung wieder. Doch auch wer sich zu behaupten weiß, muss sich seinen Rang gegenüber den anderen erkämpfen. Sind die Hühnchen dreieinhalb Monate alt, liegt die Hackordnung im Wesentlichen fest. Mehr Hierarchie geht nicht – jedes Hühnchen sitzt auf seiner eigenen Hierarchieebene.

Nun hat diese rigide Ordnung zumindest einen Vorteil: Sie vereinfacht den täglichen Umgang miteinander. Es ist vollkommen klar, wer als Erster fressen darf, wer den besten Schlafplatz und das beste Legenest bekommt und wer mit dem beliebten „Staubbaden" beginnen darf: Das ranghöchste Huhn. Dann folgt Nummer zwei, darauf Nummer drei und so weiter. Vielleicht meinen Sie, im Hühnerhof gelte das Recht des oder vielmehr der Stärkeren. Doch so ganz stimmt das nicht. Denn die Hackordnung verhindert ja gerade, dass um jedes Körnchen neu gekämpft werden muss. Ein Huhn muss nicht ständig kampfbereit durch die Gegend laufen, sondern kann sich im Allgemeinen auf die Einhaltung der Hackordnung verlassen.

Wer nach oben will, muss hacken

Und doch gibt es immer wieder Situationen, da begehren Hühner – oder auch Hähne – den sozialen Aufstieg. Als junges Huhn oder als Neuling fängt man im Allgemeinen ganz unten an, wobei es Neuzugänge ganz besonders schwer haben. Gegen sie richtet sich oftmals die geballte Gruppenaggression, so dass die armen Hühner wenig Neigung haben, sich um eine gehobene Position unter den Hennen zu bewerben. Doch irgendwann kommt ihre Zeit und sie fordern eine ranghöhere Henne heraus, im Allgemeinen diejenige, die bis dahin die niedrigste Position eingenommen hat. Dann wird gekämpft. Geht die neue Henne als Siegerin aus dem Kampf hervor, verdrängt sie die alte von ihrem Platz.

So ein Sieg ist jedoch keine Kleinigkeit, denn Hühner sind ausgesprochen statusbewusste Tiere, die alles tun, um ihren Rang zu behaupten. Auch altersschwache Hühner, die kaum noch Nahrung aufnehmen, nehmen jeden Kampf an, wenn ein rangniederes Federvieh sie herausfordert. Der Platz in der Hackordnung entscheidet schließlich über alles: Wo jemand schläft, wo jemand brütet, wie viel jemand in den Schnabel bekommt.

Auch Hähne müssen sich nach oben durchkämpfen

An der Spitze der Hierarchie steht in der Regel der Hahn. Er ist für zehn bis zwanzig Hennen zuständig, stolziert über den Hühnerhof und verteidigt den Auslauf seiner Hennen. Lässt sich in seinem Revier ein anderer Hahn blicken, so schreitet er drohend auf ihn zu. Weicht der Eindringling nicht zurück, kommt es zum Hahnenkampf. Und die werden mit großer Härte geführt. Immerhin geht es um die Spitzenposition und die Verantwortung über zehn bis zwanzig Hennen.

Interessanterweise muss sich der Hahn seine Spitzenstellung auch gegenüber den Hennen erst erkämpfen. Zumindest wenn er als Junghahn im Hühnerhof Karriere macht. Zwischen dem zweiten und vierten Lebensmonat muss der Hahn seine „Hennenkämpfe" bestehen. Dabei greift er unvermittelt, meist morgens, einzelne Althennen an. Einige davon kapitulieren sofort, andere lassen sich auf den Kampf ein und manche besiegen den Newcomer sogar. Dann kann er die nächste Stufe auf der Karriereleiter erst ein wenig später nehmen, wenn er stark genug ist, auch diese Henne zu besiegen.

Früher oder später wird es der Hahn schon an die Spitze schaffen (sofern kein zweiter Hahn auftaucht), denn Hähne sind den Hennen körperlich weit überlegen. Dies gilt wenigstens für die Angehörigen der selben Rasse. Doch einige Hühnerzüchter kombinieren unterschiedliche Hühnerrassen; und da kann es vorkommen, dass eine kräftige Henne einem Zwerghahn sehr stark zusetzt. Allerdings streben Hähne viel stärker nach oben. Sie lassen nichts unversucht, um schließlich doch an die Spitze ihres „Harems" zu kommen.

Gruppen kapseln sich gegeneinander ab

Hühner beginnen mit ihrer Hackordnung schon, wenn sie nur zu dritt sind. Mehr als zwanzig Artgenossen vermag ein Huhn aber nicht einzuordnen; manche sind schon bei zwölf überfordert. Was jedoch auch schon eine beachtliche Leistung darstellt. Immerhin müssen die Hühner das Aussehen jedes Mitglieds ihrer Gruppe im Kopf haben, einschließlich des aktuellen Stands in der Hackordnung. Dabei orientieren sich die Hühner am Kamm, Schnabel und „Gesicht" ihrer Artgenossen. Daran erkennen sie die Angehörigen ihrer Gruppe wieder. Als Verhaltensforscher einmal eine ranghohe Henne auf einem Bauernhof mit einem Farbzeichen auf dem Kamm kennzeichneten, erkannten die anderen sie nicht wieder. Eine rangniedere Henne hackte ihr sofort auf den Kopf, die anderen fielen ebenfalls über sie her und sie wäre getötet worden, wenn die Forscher die Markierung nicht entfernt hätten.

Übersteigt die Anzahl der Hühner die kritische Grenze, dann bilden sich Gruppen, die sich gegeneinander abkapseln. Das zeigte sich, als man Hunderte, ja Tausende von Hühnern in riesige Ställe zusammenbrachte, um ihnen „mehr Auslauf" zu verschaffen. Das Resultat war das genaue Gegenteil: Gruppen von zehn bis zwanzig Hühnern scharten sich umeinander und bewegten sich nicht vom Fleck.

Anregungen für das Business

Eine bestehende „Hackordnung" können Sie nicht ignorieren

Ob es uns gefällt oder nicht, in vielen Organisationen existieren mehr oder minder ausgeprägte Hackordnungen, die von der offiziellen Hierarchie durchaus abweichen können. Das Entscheidende ist: Die Hackordnung existiert in den Köpfen. Als Führungskraft kommen Sie nicht ohne weiteres dagegen an. Sie werden in solchen Organisationen daran gemessen, inwieweit es Ihnen gelingt, Ihre Position zu behaupten – oder gar zum „Hahn" aufzusteigen. Das heißt, wann immer Sie herausgefordert werden, müssen Sie den „Hennen"- oder „Hahnenkampf" aufnehmen. Doch geht es nicht nur um Ihre Position; auch die Mitarbeiter, in deren Köpfen die „Hackordnung" fest verankert ist, werden alles, was Sie tun und entscheiden, danach bemessen, was das jetzt für die geltende Hackordnung bedeutet – vor allem wenn Sie der leitende Hahn sind.

Wer neu dazukommt, fängt ganz unten an – oder ganz oben

In vielen Gruppen lässt sich beobachten, dass es Neulinge erst einmal schwer haben. Häufig werden sie als Bedrohung empfunden und erst einmal ignoriert und ausgegrenzt. Allerdings lässt dieser Effekt im Laufe der Zeit deutlich nach – im Hühnerhof und in menschlichen Organisationen. Wer sich eine gewisse Zeitspanne über bewährt, bekommt schließlich doch seine Chance. Insbesondere, wenn mittlerweile andere nachgerückt sind, die nun als Newcomer ganz unten anfangen. Allerdings gibt es auch die Möglichkeit, von Anfang an ganz oben zu stehen. Wenn es Ihnen nämlich gelingt, den bisherigen Leithahn vom Hof zu jagen.

Sorgen Sie für überschaubare Verhältnisse
Nicht nur die Hühner mögen überschaubare Verhältnisse und vertraute Gesichter. Manche Verhaltensforscher sind überzeugt, dass wir rein stammesgeschichtlich gar nicht in der Lage sind, eine sehr große Gruppe von Mitarbeitern zu überblicken. Demnach orientieren wir uns noch immer an der Gruppengröße der Jäger- und Sammlergesellschaften. Mit anderen Worten: So weit sind wir von den Hühner gar nicht entfernt. Wer überblickt denn wirklich eine Gruppe von zwanzig Individuen? Und jenseits davon wird es noch um vieles schwieriger.

Führen Sie Ihre Organisation daher möglichst in Einheiten, die nicht größer sind als zwanzig Individuen. Gewiss übersteigt unsere soziale Kompetenz die von Hühnern, doch gilt im Prinzip das gleiche wie für das Federvieh: Wenn es unübersichtlich wird, dann orientieren wir uns an dem Bereich, den wir gerade noch überblicken und bewegen uns im Übrigen nicht von der Stelle.

Mitarbeiterorientierung bei den Zwergmungos

Themen: Hierarchie, Mitarbeiter, Betriebsklima, Kooperation, Zusammenhalt, soziale Absicherung, Unternehmensethik,

Mungos gehören zu den Landraubtieren, genauer zu den „katzenartigen" Raubtieren. Sie haben etwas Ähnlichkeit mit einem Marder und werden in Indien gerne als Haustier gehalten, denn sie jagen fast alles, was man nicht so gerne in der Wohnung hat: Käfer, Kakerlaken, Ratten, Mäuse und vor allem Schlangen. Sie schrecken nicht einmal vor giftigen Kobras zurück. Eine Beute, die naturgemäß nicht leicht zu erlegen ist. Wenn Mungos mit Schlangen kämpfen, dann sträubt sich ihr Fell so stark, dass sie fast doppelt so groß erscheinen wie zuvor. Beißen die Schlangen zu, so erwischen sie oft nur das Fell. Weil dieser Effekt lange Zeit unbeachtet blieb, hat man geglaubt, Mungos seien gegen Schlangengift unempfindlich. Doch das stimmt nicht. Zwar können sie eine stärkere Dosis davon vertragen als andere Tiere, doch ist das eine Sache der Abhärtung. Die jungen Tiere müssen erst einmal den einen oder anderen Biss davontragen, ehe ihr Körper eine gewisse Resistenz gegen das Gift aufbaut.

Karriere im Matriarchat

Mungos gibt es nicht nur in Indien, sondern auch in Afrika. Dort, inmitten des Kontinents, in der kargen Dornbuschsteppe hausen die Zwergmungos. Sie leben in Gruppen von fünf bis 28 Tieren zusammen. Das ranghöchste Tier ist das Alpha-Weibchen, ihr Männchen belegt mit deutlichem Abstand die zweite Position und muss sich in allen wesentlichen Fragen des Mungolebens fügen. Dann folgen ihre Kinder, wobei die jüngsten am höchsten in der Hierarchie stehen. Daraus ergibt sich die etwas trübe Aussicht, dass man als Mungobaby die höchste Position innehat und dann nur noch zurückgestuft wird. Das Leben wird immer härter, die Aufgaben immer fordernder. Alle älteren Geschwister, auch die erwachsenen, müssen für die kleinen sorgen und dürfen selbst erst einmal keinen Nachwuchs in die Welt setzen.

Bei solchen Karriereaussichten ist es nicht verwunderlich, dass innerhalb der Mungosippe Rangkämpfe praktisch unbekannt sind. Und das sorgt für ein entspanntes, ja, geradezu harmonisches Betriebsklima. So rabiat sie gegenüber anderen Tieren sind, untereinander halten die Zwergmungos fest zusammen. Für Raubtiere haben sie eine wirklich bemerkenswerte soziale Orientierung. Hätten die Mungos ein „Mission-Statement" formuliert, so fänden sich darin zu Recht solche Sätze wie: „Wir wissen, dass wir unseren Erfolg vor allem unseren Mitarbeitern verdanken. Ohne das Engagement jedes einzelnen Zwergmungos wären wir nicht dort, wo wir heute sind. Um unsere Position auch in Zukunft zu behaupten und auszubauen, fördern und schützen wir unsere Mitarbeiter stärker als jede andere Tierart in der Steppe."

Krankenpflege für alle

Ausdruck dieser Wertschätzung ist der Umgang mit erkrankten Artgenossen. Viele Tierarten neigen hier ja unter dem allgemeinen Wettbewerbsdruck zu einem etwas hartherzigen Vorgehen. Kranke oder verwundete Tiere verbrauchen wertvolle Ressourcen und gefährden mit ihren Versorgungsansprüchen das Überleben der gesamten Gruppe, also werden sie im Zweifel lieber „freigesetzt" oder in den ewigen Ruhestand verabschiedet. Nicht so bei den Zwergmungos. Wer erkrankt, der wird nicht etwa verstoßen oder degradiert, vielmehr kommt er in den Genuss von einzigartigen Sozialleistungen. Auch Tiere, die zuvor einen niedrigen Rang eingenommen haben, können in Ruhe fressen und werden von keinem ranghöheren Tier mehr verjagt. Bei den Schlafplätzen bekommen die kranken Zwergmungos die sichersten zugewiesen. Das bedeutet, sie schlafen in unmittelbarer Nähe des Alpha-Weibchens, was selbstredend nichts mit Paarung oder Beischlaf zu tun hat. Man hat beobachtet, dass die kranken Tieren bis zu ihrem Tod so aufwändig gepflegt werden.

Die Wissenschaftler haben verschiedene Vermutungen angestellt, um dieses selbstlose und unter den harten Lebensbedingungen ja auch „unökonomische" Verhalten zu erklären. Könnte es sich um ein umgeleitetes Brutpflegeverhalten handeln? Eine Art von kollektivem Mutterinstinkt, der immer dann ausgelöst wird, wenn ein Mitglied hilflos erscheint? Die Forscher haben diese Erklärungen wieder verworfen, denn Brut- und Krankenpflege laufen völlig unterschiedlich ab. Es gibt nur eine plausible Erklärung: Die Krankenpflege lohnt sich für die Zwergmungos, denn sie können auf keinen verzichten.

Sanfte Betamännchen

Bemerkenswerterweise gibt es wie bei den Wölfen (→ S. 20) auch bei den Zwergmungos jemanden, der sich um die Disziplin kümmert: Ein Betamännchen, wie bei den Wölfen die Nummer zwei in der Hierarchie. Da der Spitzenplatz von der freundlichen Chefin belegt wird, handelt es sich um das ranghöchste Männchen. „Zuchtmeister" nennt ihn die Verhaltensbiologin Anne Rasa, die das Leben der Zwergmungos gründlich erforscht hat. Der „Zuchtmeister" hat nun eine ganz eigene Methode, seine Mitmungos auf Linie zu bringen: Er steigt auf ein Grasbüschel, das er mit allen Vieren zerrupft. Als wollte er damit sagen: „Wenn du dich weiterhin so aufführst, mache ich mit dir dasselbe". Bleibt diese Machtdemonstration ohne Wirkung, wechselt er vom Grasbüschel auf den Übeltäter und beginnt damit, ihn etwas energischer zu kraulen. Zeigt sich der andere auch davon unbeeindruckt, steigert sich das Kraulen allmählich zu einem Kratzen, bei dem die Fellbüschel fliegen. Spätestens jetzt gibt der andere auf.

Der riskante Dienst als Wachtposten

Die Zwergmungos jagen nicht nur viele unterschiedliche Tiere, sie selbst sind ebenfalls eine beliebte Beute von vielen Raubtieren, etwa von Hyänen, Raubvögeln, Waranen, Skorpionen und Giftschlangen. Für die Sippe ist es daher überlebenswichtig, rechtzeitig gewarnt zu werden. Diese verantwortungsvolle Aufgabe übernimmt ein Wachtposten, der sich selbst in große Gefahr begibt. Sobald ein Angriff erfolgt, schlägt der Wachtposten lautstark Alarm. Das ist etwa dreißig Mal am Tag der Fall. Jedes Mal riskiert der Wächter Kopf und Kragen, denn er macht den Angreifer auf sich aufmerksam, um die anderen zu schützen. Zwei Drittel aller Zwergmungos, die von Feinden erlegt werden, sind solche Wachtposten. Erschwert wird die Situation dadurch, dass der Wächter kein Futter suchen kann, während sich die anderen ungestört den Bauch voll schlagen.

Damit die Gruppenmitglieder wirklich sicher sein können, dass keine Gefahr droht und nicht etwa der Wachtposten erwürgt auf seinem Posten liegt, gibt er ständig zwitschernde Laute von sich, die den andern signalisieren: Keine Gefahr. Diese Einrichtung ist in der Natur weit verbreitet, die Verhaltensforscher haben sie „Nachtwächters Lied" genannt. So lange gezwitschert wird, ist alles in Ordnung.

Doch zurück zum Wächteramt. Es bietet bei Licht besehen nur Nachteile. Und von einer gerechten Verteilung der Pflichten kann überhaupt keine Rede sein. Das Alpha-Pärchen schiebt niemals Wache, und auch die Weibchen übernehmen eher selten dieses Amt. In neun von zehn Fällen schieben rangniedere Männchen den Wachdienst. Interessanterweise gibt es niemanden, der sie dazu einteilt. Sie übernehmen den Dienst freiwillig, ganz von allein. Anne Rasa vermutet, dass hier eine Art „Ehrenkodex" greift. „Wenn du auf Wache bist, bleib auf Wache, bis dich jemand ablöst." Mit Befolgung dieser simplen, aber wirksamen Regel erhöhen die männlichen Underdogs ihr Ansehen.

Je kleiner die Sippe ist, umso mörderischer wird der Wachdienst, Anerkennung hin oder her. Und damit schließt sich der Kreis. Die Zwergmungos können tatsächlich auf niemanden verzichten. Denn je größer die Sippe ist, umso komfortabler sind die Lebensumstände für den einzelnen.

Anregungen für das Business

Im beruflichen Alltag lässt sich nicht jede Gruppe nach dem Prinzip der Zwergmungos organisieren, denn die kleinen Raubtiere haben tatsächlich eine ganz spezifische „Führungskultur", die sich erst einmal in den Köpfen der Beteiligten festsetzen muss. Und doch gibt es vielleicht die eine oder andere Anregung, die Sie aufgreifen können.

Schaffen Sie „faire Hierarchien"
Welches Unternehmen würde heute qualifizierte Mitarbeiter finden, wenn es ihnen eröffnet: Hier steigen Sie in der Hierarchie nicht auf, sondern ab? In einer Zwergmungo-Organisation kann das funktionieren, weil die Hierarchie unterhalb des Alpha-Pärchens Ausdruck einer bestimmten „Wertehaltung" ist. Dass Babys beim Futter und bei der Wahl der Schlafplätze bevorzugt werden, entspricht dem, was man in der Diskussion um Unternehmensethik „shared values" nennt. Die Zwergmungos teilen die Einstellung, dass es sinnvoll und fair ist, die Jüngeren besser zu behandeln und den Älteren, Stärkeren mehr Pflichten aufzubürden. Vor diesem Hintergrund sind auch Konkurrenz- und Statuskämpfe sinnlos. Niemand will nach oben und niemand kann nach oben gelangen, indem er sich dominant verhält. Eine direkte Übertragung auf menschliche Verhältnisse ist sicherlich schwierig. Aber zumindest macht Sie das Zwergmungo-Modell auf einen wichtigen Aspekt aufmerksam: Die Organisation profitiert davon, wenn ihre Mitglieder die Hierarchie als fair empfinden und ihre Werte teilen.

Es verbessert das Betriebsklima, wenn jeder gebraucht wird
Die Zwergmungos können es sich gar nicht leisten, gegeneinander zu konkurrieren. Damit die Gruppe überlebt, muss jeder sein Bestes geben und auf seine angestammten Privilegien (Futter, Schlafplatz) verzichten. Jeder ist gefordert, sich nach seinen Möglichkeiten anzustrengen. Die Gruppe kann auf keinen verzichten. So etwas schweißt natürlich zusammen. Die gemeinsame Aufgabe rückt in den Vordergrund; Egoismus wirkt unmittelbar tödlich. Darüber hinaus wird jeder eingebunden und hat keine überschüssigen Energien zu Verfügung, die er dafür einsetzen könnte, seinen Artgenossen das Leben schwer zu machen.

Setzen Sie auf das Ehrgefühl Ihrer Mitarbeiter
Welche Gründe haben Mitarbeiter, sich über das erforderliche Maß hinaus zu engagieren? Höhere Bezahlung? Bessere Karriereaussichten? Das wohl auch, doch ein Motiv, das uns (und nicht nur die wacheschiebenden Mungos) zu außerordentlichen Leistungen antreibt, ist das persönliche Ehrgefühl und die Aussicht, seine Reputation zu verbessern (→ Kooperation unter Beobachtung). Menschen sind vielleicht egoistisch und materialistisch, doch sie sind es nicht gern. Viel lieber wollen sie „gut" sein und von den anderen geschätzt werden. Und das lässt sich gerade nicht mit Geld bezahlen, sondern nur mit Anerkennung.

Vom Nutzen der trägen Graumulle

Themen: Organisation, Mitarbeiter-Rentabilität, Arbeitsteilung, Egoismus

Sie leben im südlichen Afrika unter der Erde und sehen ein bisschen so aus, als hätten Meerschweinchen, Maulwurf und Walross ihre Erbanlagen verquirlt. Weil sich ihr Leben größtenteils im Verborgenen abspielt, hat man lange Zeit nicht viel über sie gewusst. Doch was man in jüngster Zeit über sie herausgefunden hat, ist zweifellos bemerkenswert. So leben die Graumulle in Kolonien zusammen, die ähnlich organisiert sind wie Insektenstaaten – mit einer Graumullkönigin an der Spitze und ungefähr zwanzig Familienmitgliedern, die, wie wir es von den Bienen kennen, für bestimmte Aufgaben zuständig sind. Der Zoologe Peter Fritzsche berichtet: Da gibt es Wächter, Babysitter, Futterknechte und vor allem Bauarbeiter, die mit ihren imponierenden Schneidezähnen ein weit verzweigtes Tunnelsystem graben.

Das Einzigartige an der Kolonie der Graumulle ist jedoch, dass sich in ihr eine erstaunliche Anzahl von Faulpelzen breit gemacht hat. Feldstudien der Biologen Michael Scantlebury und Nigel Bennett von der Universität Pretoria haben es an den Tag gebracht: Bis zu 40% der Graumulle pflegen einen äußerst entspannten Lebenswandel und erbringen eine magere Quote von 5% der Arbeitsleistung. Gleichzeitig aber sind ausgerechnet diese wenig produktiven Mitglieder diejenigen, die sich am meisten den Wanst vollschlagen. Im Schnitt wiegen sie knapp 15% mehr als ihre fleißigen Kollegen, die sie versorgen. Sie sind nicht nur fetter, sondern auch muskulöser.

Die Dicken suchen das Weite

Nach starken Regenfällen weicht der Boden auf, er ist nun wesentlich leichter zu bearbeiten. Und nun ändert sich das Verhalten der muskulösen Kostgänger: Sie fangen endlich an zu graben – allerdings buddeln sie nur für sich einen Tunnel, um sich aus dem Staub zu machen. Besondere Loyalität kennen diese 5%-Mitarbeiter nicht.

Würde die Population ihre einzelnen Mitglieder unter dem Aspekt ihrer Produktivität und Rentabilität betrachten, wären diese Graumulle eine einzige Fehlinvestition. Sie leisten wenig, fressen viel und dann lassen sie ihre Artgenossen auch noch im Stich. Warum haben sich die Graumulle nicht schon längst von diesen Mitarbeitern getrennt, sondern füttern sie unter großen Opfern weiterhin durch? Die Antwort ist einfach: Für die jeweilige Kolonie sind die trägen Mulle eine Belastung. Aber weil sie sich im Unterschied zu den fleißigen Leistungsträgern auf- und davonmachen, tragen sie zur Verbreitung des Genpools der Kolonie bei. Von einem übergeordneten Standpunkt aus gesehen erfüllen die faulen Fresser also eine wichtige Aufgabe – sie tragen zwar wenig zum Überleben der Kolonie bei, aber langfristig garantieren sie das Überleben der Art.

Im Übrigen profitieren nicht nur die Ursprungskolonien davon, dass sich ihre Gene unter den Graumullen weiter ausbreiten. Auch die Kolonien, bei denen sich die dicken Faulpelze einnisten, haben etwas davon, wenn ihr Genpool gelegentlich etwas aufgefrischt wird. Insoweit werden die arbeitsscheuen Auswanderer in der neuen Kolonie durchaus willkommen geheißen. Allerdings darf man keine überzogenen Erwartungen haben: Von den ausschwärmenden Mullen kommt nur jeder zweite unter. Die anderen werden Opfer hungriger Raubtiere.

Anregungen für das Business

Entwickeln Sie ein Gespür für den „verborgenen Nutzen"
Das Beispiel der Graumulle macht uns darauf aufmerksam, dass in vermeintlich unproduktiven Strukturen ein wichtiger Nutzen verborgen liegen kann, der vor allem langfristig zum Tragen kommen könnte. Auch kann ein Verhalten, das uns auf den ersten Blick schädlich erscheint, in einem größeren

Zusammenhang hilfreich oder sogar rettend sein. Es dürfte nicht schaden, das zumindest ins Kalkül zu ziehen.

Profitieren Sie von der Verschiedenheit in Ihrer Organisation
Die faulen Graumulle können ja nur deshalb ihre segensreiche Wirkung entfalten, weil ihr Verhalten auf das der andern abgestimmt ist. Würden die anderen Mulle nicht den Überschuss erwirtschaften, von dem die gesamte Kolonie lebt, würde das gesamte System zusammenbrechen. Würde sich die Kolonie von ihren faulen Kostgängern trennen, könnte sie zwar kurzfristig einen höheren Überschuss produzieren und mehr Tiere ernähren. Langfristig jedoch stünde das Überleben der gesamten Art auf dem Spiel. Dass die verschiedenen Strukturen einer Organisation aufeinander abgestimmt sind, garantiert ihre Überlebensfähigkeit. Nicht eine kurzfristig angelegte Optimierung von Strukturen und Prozessen.

Der zellige Schleimpilz — wie sich Amöben zu einem Superorganismus zusammenschließen

Themen: Selbstorganisation, Unternehmenskultur, Hierarchie, Flexibilität

Ihre Bewegungen sind so wundersam fließend, dass die Amöbe seit mehr als hundert Jahren die Wissenschaftler fasziniert – und seit neuestem auch das Management. Es gibt Unternehmen, die sich in ihrer Firmenphilosophie ganz bewusst auf den formlosen Einzeller berufen. Und ohne Zweifel ist die Amöbe die Idealbesetzung, wenn es darum geht, Einfachheit bei gleichzeitiger Komplexität, Wandlungsfähigkeit und Abwesenheit von Hierarchien sinnfällig zu verkörpern.

Bei allen Amöben gibt es kein Oben und kein Unten, es gibt keine Augen, keine Ohren, ja nicht einmal einen Mund. Ihre Gestalt ist extrem variabel, die meisten Amöben bewegen sich fort, indem sie an einer Stelle ein Scheinfüßchen ausbilden, sagen wir: einen „Schritt" machen, das Scheinfüßchen wieder einziehen und „vorne" ein neues Scheinfüßchen ausfahren. Bei anderen Amöben dreht sich die Außenhaut um die Zelle. Wenn sich die Amöbe vorwärts bewegt, dann bleiben einzelne Partikel an ihrer Zelloberfläche hängen. Manche davon sind für die Amöbe essbar. Die umschließt sie und verleibt sie sich auf diese Weise ein. Ungenießbare Teilchen werden wieder nach außen abgegeben. Auf diese verblüffend einfache Art und Weise kommt eine einzelne Amöbe durchs Leben.

Nahrungsmangel? Amöben bauen einen Superorganismus

Nun gibt es aber immer wieder Phasen, in denen die Nahrung für die Amöbe knapp wird. Und dann geschieht etwas Verblüffendes. Sie sendet chemische Signale aus, die von ihren Nachbaramöben aufgenommen werden. Die Amöben fangen an, sich zu einem einzigen Organismus zusammenzuballen. Dazu wandern sie in die Richtung, aus der sie das Signal empfangen haben, und sie geben ihrerseits Signale ab. Durch diese zeitgleiche Bewegung von Tausenden von Einzellern entstehen konzentrische Ringe, die auf einen Mittelpunkt zukriechen, „Wellen aus Amöben", wie sie der kanadische Biologe Brian Goodwin genannt hat. Es gibt viele solcher Zentren, mit einer „Gründerzelle" im Kern, von der aus die gesamten Aktivitäten über chemische Signale gesteuert werden.

Doch die Vereinigung ist erst der Anfang einer Entwicklung, die immer komplexere Formen hervorbringt. Zunächst entsteht ein sternförmiges Gebilde, aus dem nach und nach ein Stängel herauswächst, der umkippt und eine Art Schneckenkörper bildet. Diese winzige Amöbenschnecke fängt an zu wandern und hinterlässt eine Schleimspur wie eine richtige Schnecke. Dann entwickelt sich das Gebilde zu einem Pilz weiter. Die Amöben – als seine Zellen – verändern sich entsprechend ihrer Position im Verband: Die Tiere am Vorderende entwickeln sich zum Stängel, die dahinterliegenden bilden nach und nach den „Fruchtkörper" des Amöbenpilzes, seinen „Hut" sozusagen. Dieser Superorganismus kann einige Zeit ohne Wasser und Nahrung überleben. Wenn die Bedingungen wieder günstiger werden, setzt der Fruchtkörper Sporen frei; aus jeder Spore erwächst eine Amöbe, die wieder Nahrung zu sich nimmt – der Lebenszyklus kann von neuem beginnen.

Die Intelligenz sitzt in den Beziehungen

Die Biologen haben diesen eindrucksvollen Prozess der Selbstorganisation eingehend untersucht und vor allem die chemischen Signale unter die Lupe genommen. Die Zusammenhänge sind derart komplex, dass sie hier nicht näher ausgeführt werden können. Entscheidend ist auch etwas anderes. Es ist nicht die einzelne Amöbe, die für die Komplexität sorgt. Es ist der übergeordnete Prozess, der durch den Austausch der Signale in Gang gesetzt wird. In den Beziehungen steckt sozusagen die ganze Intelligenz, während die Amöben selbst ganz schlichte Wesen bleiben. Woher diese Muster kommen und wie man sie beeinflussen kann, darüber kann eifrig spekuliert werden.

Anregungen für das Business

Die Amöben haben bereits Unternehmen wie die amerikanische Firma Gore angeregt, die durch die Wasser abweisenden Textilien GoreTex bekannt geworden ist. Aber die Metapher vom „zelligen Schleimpilz" hat auch andere inspiriert, sich über neue Formen der Organisation Gedanken zu machen. Im Folgenden sollen einige dieser Ideen vorgestellt werden.

In der Amöbenorganisation gibt es keine Hierarchien

„No ranks, no titles" heißt der oberste Grundsatz bei Gore. In der Amöbenorganisation haben sich gleichberechtigte (und gleichartige) „Organismen" zusammengeschlossen. Es gibt keine gesonderte Weisungsbefugnis, es gibt keine klar definierten Stellen und Zuständigkeitsbereiche. Jeder in der Organisation ist für sich selbst verantwortlich und kann im Prinzip jede Aufgabe übernehmen.

Die „Amöben" organisieren sich spontan durch Kommunikation

Wie bei den Amöben einzelne Tiere unvermittelt zu „Kernen" gemeinsamer Aktivität werden, so schließen sich auch in einer Amöbenorganisation Mitarbeiter spontan zu Teams zusammen. Jemand sendet Signale aus, dass er für eine Aufgabe oder ein Projekt diese und jene Unterstützung braucht. Die anderen „Amöben"-Mitarbeiter werden daraufhin aktiv und schließen sich ihm an – oder lassen es bleiben.

Amöbenorganisationen bleiben überschaubar

Ihr Organisationsprinzip setzt der Amöbenorganisation eine natürliche Obergrenze, was die Anzahl ihrer Mitarbeiter anbelangt. Sonst verlieren die „Amöben" die Übersicht und die Kolonie zerfällt. Die Firma Gore hat festgesetzt, dass in keinem ihrer Werke mehr als 200 Leute arbeiten dürfen. Wenn es mehr werden, wird ein neues Werk gegründet. Ähnlich wie aus einer Amöbenkolonie durch Abspaltung oder „Sporenbildung" eine neue entstehen kann.

Amöbenorganisationen ändern permanent ihre Gestalt
Die Amöbe hat keine feste Form und auch die Amöbenkolonie verändert ständig ihre Struktur, von Stern über die Schnecke zum Schleimpilz. So verhält es sich auch mit der Amöbenorganisation. Es gibt keine festen Strukturen, alles ist fließend, passt sich den jeweiligen Erfordernissen an.

Betriebsamöben arbeiten selbstständig
Im Prinzip können sich einzelne Mitarbeiter oder Teams aus der Organisation zeitweilig herauslösen. Sie können mit anderen „Betriebsamöben" projektbezogen kooperieren, können sich zeitweilig in alle Richtungen verstreuen und später wieder zusammenfinden. Die Organisationsstruktur ergibt sich aus der jeweiligen Situation. Dabei spielt die Art der Aufgabe eine Rolle, aber auch die Verfügbarkeit der „Betriebsamöben".

Betriebsamöben sind hochgradig flexibel und vielseitig
In einer „Amöbenorganisation" ist es nicht nur so, dass jeder Mitarbeiter im Prinzip jede Aufgabe erledigen „darf". Vielmehr sollte er das auch „wollen" und „können". Denn das macht ja die Stärke einer Amöbenorganisation aus. Jeder kann im Prinzip alles – wenn es auch Unterschiede in den Begabungen gibt. Jemand, der sich stark spezialisiert hat, ist in einer Amöbenorganisation hingegen nicht so gut aufgehoben. Vielseitigkeit ist gefragt und die Bereitschaft, immer wieder etwas Neues auszuprobieren.

Amöbenorganisationen haben eine starke Firmenkultur
Auf den ersten Blick scheint es ein Widerspruch zu sein: Gerade die lockere, extrem flexible, ja „gestaltlose" Organisation fordert von ihren Mitarbeitern eine bestimmte innere Einstellung, ein „Bekenntnis" zu bestimmten Werten wie Flexibilität, Selbstständigkeit, Eigenverantwortung. Auf der einen Seite sind Mitarbeiter, die sich diesen Werten verbunden fühlen, besonders stark motiviert, sich für das Unternehmen zu engagieren. Auf der anderen Seite ist dieses besondere Engagement auch erforderlich, damit die Organisation überhaupt funktioniert. Viele „konventionell orientierte" Mitarbeiter werden sich in einer solchen Organisation nicht wohlfühlen.

In schwierigen Situationen schließen sich „Amöben" enger zusammen
In mageren Zeiten, wenn sich die Auftragslage verschlechtert und die Gewinnmargen schrumpfen, sollten die einzelnen Betriebsteile, aber auch kleinere Unternehmen enger miteinander kooperieren, um gemeinsam die Krise durchzustehen. Wie bei den Amöben soll die Kooperation aus gleichberechtigten Partnern bestehen, die sich jederzeit wieder voneinander lösen können – nämlich dann, wenn die schwierige Situation vorüber ist.

Die wundersame Welt der Parasiten

Themen: Organisation, Strategie, Outsourcing, Unternehmensethik

Parasiten gelten als Auswuchs, als eine Art Betriebsstörung im sonst so geordneten Ablauf der Natur. Doch das ist eine Fehleinschätzung. Parasiten sind allgegenwärtig. Es gibt kaum ein „frei lebendes" Wesen, das nicht von Parasiten befallen ist. Und auch Parasiten selbst haben oft noch Parasiten. Wie viele Arten es von ihnen gibt, das weiß man bis heute nicht. Nur eines lässt sich mit Gewissheit sagen: Die Parasiten stellen die Mehrheit der Arten auf der Erde. Nach einer Schätzung beträgt das Verhältnis zwischen ihnen und ihren Wirten, den „frei lebenden" Arten, vier zu eins.

Parasitismus – eine beispiellose Erfolgsgeschichte

Ob es uns nun gefällt oder nicht, Parasit zu sein stellt in der Natur nicht den Ausnahmefall dar, sondern eher schon die Regel. Kein Wunder, denn in der streng ökonomisch wirtschaftenden Natur gehören Parasiten zu den großen Gewinnern. Sie nehmen erheblich mehr Einfluss auf die Entwicklung der äußeren Natur, als man lange Zeit gedacht hatte. Und wenn wir einmal unvoreingenommen die parasitische Lebensform betrachten, dann müssen wir einräumen, dass sie gegenüber dem „selbstständigen" Leben in der freien Natur wesentliche Vorteile bietet.

- Nutzung fremder Ressourcen. Ein Hauptargument für die parasitische Lebensform: Ein Parasit hat freien Zugang zu wertvollen Ressourcen, die er als frei lebendes Wesen mühsam selbst aufbauen müsste. Das spart Zeit und schont die eigenen Ressourcen.

- Geringes Startkapital. Als Parasit können Sie mit ganz geringen Mitteln anfangen – auf dem Niveau der Einzeller oder der Plattwürmer –, und sind in der Lage, einen Effekt zu erzielen, der um ein Vielfaches den Einsatz Ihrer Mittel übersteigt. Häufig benötigen Sie nicht einmal einen eigenen Fortbewegungsapparat. Und die meisten Sinnesorgane können Sie sich ebenfalls sparen.

- Relativ geschütztes Umfeld. Während frei lebende Arten von zahllosen Gefahren bedroht werden, leben Parasiten in vergleichsweise sicheren und überschaubaren Verhältnissen. Sie haben nur einen Feind: das Immunsystem ihres Wirts. Und das zu überlisten, gehört zu den Grundfertigkeiten eines Parasiten. Ein Parasit, der hier versagt, gleicht einem Fisch, der nicht schwimmen kann.

- Hohe Autonomie. Natürlich müssen sich Parasiten an ihren Wirtsorganismus anpassen. Doch kann nie der geringste Zweifel darüber bestehen, wer hier das Sagen hat. Parasiten können mit ihrem Wirt fast beliebig verfahren, während umgekehrt der Wirt so gut wie keinen Einfluss auf sie hat. Manchmal verlassen sie ihren Wirt, oder wenn es ihren Interessen dient, dann bringen sie ihn einfach um.

Die Kehrseite der Erfolgsgeschichte ist natürlich bekannt: Parasiten leben ausschließlich auf Kosten ihrer Wirte. Sie schöpfen zwar deren Gewinne ab, doch sind sie selbst nicht im geringsten produktiv. Sie sind nur dazu gemacht, von den Leistungen und Ressourcen der anderen zu profitieren. Damit sie das aber überhaupt tun können, müssen erst einmal die Wirtsorganismen leben und gedeihen. Sie müssen so stark werden, dass sie die Parasiten ernähren können und wenigstens zeitweise selbst noch am Leben bleiben. Das begrenzt den Erfolg der Parasiten. Denn erstens können nicht alle Organismen das Leben eines Parasiten führen. Und zweitens dürfen die Parasiten ihren Zugriff auf die Ressourcen ihres Wirts niemals so sehr ausdehnen, dass der allzu sehr geschwächt wird oder ihnen vorzeitig wegstirbt. Obwohl das hin und wieder auch billigend in Kauf genommen wird.

Die schrecklichen Schlupfwespen

Vor rund 150 Jahren sorgten die unscheinbaren Schlupfwespen für einen ungeheuren Skandal. Sie rüttelten an den Grundfesten der damaligen Naturvorstellung und ließen Naturforscher und Theologen erbitterte Debatten darüber führen, ob es in der Schöpfung überhaupt mit rechten Dingen zugehen kann, wenn solche Monstrositäten möglich sind. Anlass war die unkonventionelle Art der Brutpflege, welche die Schlupfwespen betreiben. Die Weibchen stechen mit ihrer Legeröhre in die Larven anderer Insekten und befördern auf diese Weise ihre Eier in den fremden Organismus, eine Raupe, eine Käferlarve oder die Larve einer Blattlaus. Zuerst ernähren sich die winzigen Schlupfwespenlarven vom Fett und Blut der Wirte, was denen nicht sehr viel ausmacht. Sie müssen nur mehr Nahrung zu sich nehmen als ihre nicht angestochenen Artgenossen. Doch nach und nach werden die Tiere von innen aufgefressen. Ganz zuletzt brechen die fertigen Wespen durch die Haut ihrer Opfer, die von Anfang an nicht die Spur eine Chance haben.

Die Strategie der Schlupfwespen ist riskant. Sie kann nur deshalb funktionieren, weil potenzielle Opfer in Hülle und Fülle zu Verfügung stehen. Ökologisch kann ihr Wirken übrigens durchaus segensreich sein. Denn die Wespen greifen regulierend ein und sorgen mit ihrer Eiablage dafür, dass eine bestimmte Population nicht überhand nimmt. Und auch die Schlupfwespen können das Opfer von anderen Schlupfwespen werden.

Der Parasit manipuliert das Immunsystem

Parasiten sind Virtuosen, die souverän auf der Klaviatur des gegnerischen Immunsystems herumspielen. Blutegel etwa benutzen eine Art Tarnmantel, der zum Teil aus den Blutkörperchen ihres Wirts zusammengesetzt ist. Wie der Autor Carl Zimmer schreibt, fühlen sich die Egel deshalb „in unseren Venen so zu Hause wie die Venen selbst".

Andere Parasiten wechseln ständig ihre Hülle. Oder sie starten einen Großangriff, der vom Immunsystem niedergekämpft wird. Doch dieser Kampf ist nur eine Art Ablenkungsmanöver, um einen Organismus in den Körper zu schmuggeln, der dann nicht angegriffen wird, weil er nämlich etwas anders aussieht als die gerade niedergerungenen Eindringlinge. Das führt dann dazu, dass der Parasit erst richtig Fuß fassen kann, wenn der Eindruck entsteht, der Angriff sei überstanden.

Der Parasit Toxoplasma, mit dem etwa ein Drittel der Erdbevölkerung infiziert ist, wechselt zwischen Katzen und anderen Organismen hin und her. Weil er möchte, dass sein Zwischenwirt am Leben bleibt, benutzt er das Immunsystem des Wirts, um sich selbst im Zaum zu halten. Er setzt ein Molekül frei, ein Signal für das Immunsystem, mehr Fresszellen herzustellen. Die vertilgen neben zahlreichen Krankheitserregern auch sämtliche Toxoplasmen, die in den Blutbahnen unterwegs sind. Doch bleiben jene Parasiten verschont, die sich verkapselt haben und darauf warten, irgendwann wieder in eine Katze zu gelangen.

Die feindliche Übernahme des Gehirns

Aber es ist nicht nur das Immunsystem, an dem die Parasiten herummanipulieren. Im Prinzip können sie jedes Organ beeinflussen – einschließlich des Gehirns. Ein parasitischer Wurm lässt eine Maus hyperaktiv werden, damit sie die Aufmerksamkeit eines Raubvogels erregt, der sie fressen soll. So gelangt der Wurm in den Vogel, wo er sein Parasitenleben planmäßig fortsetzen kann. Auf noch beeindruckendere Art und Weise übernehmen einige Parasitenlarven die Kommandozentrale einer kleinen Schnecke. Anstatt sich wie gewöhnlich im Schutz von Blättern verborgen zu halten, kriecht die „gekaperte" Schnecke plötzlich an die Spitze eines Grashalms. Hier präsentiert sie ihre Fühler, die von den Parasiten zu leuchtenden Attrappen einer Raupe umgebaut worden sind. Die Parasiten sitzen in den Fühlern und warten darauf, dass ein Vogel sich an der vermeintlichen Raupe vergreift. Über diese Leistung urteilte der Neurologe Robert Sapolsky, sie wäre ähnlich beeindruckend, wie wenn uns jemand das unstillbare Bedürfnis einpflanzen könnte, in den nächsten Zoo zu gehen, die Absperrung zum Eisbärgehege zu übersteigen und den nächstbesten Eisbären zu küssen.

Wer sich gegen Parasiten wehrt, riskiert sein Leben

Es ist schwierig, sich gegen Parasiten zur Wehr zu setzen. Nicht selten schadet sich der Wirt nämlich selbst, wenn er gegen den Parasiten vorgeht. Der Bandwurm Taenia solium etwa ernährt sich von den vergeblichen Versuchen des Immunsystems, mit ihm fertig zu werden. Doch gerät die Sache außer Kontrolle, sobald das Immunsystem Zellen produziert, die genau auf den Bandwurm zugeschnitten sind und ihm langsam, aber sicher das Handwerk legen. Angesichts des riesigen Fremdkörpers im eigenen Körper „rastet" das Immunsystem aus und mobilisiert riesige Armeen von Fresszellen. Die Attacken sind so heftig, dass das Gewebe rings um den friedlichen Bandwurm anschwillt. Daran kann ein Mensch sterben. Nicht der Parasit tötet seinen Wirt, sondern der Wirt bringt sich mit dem Parasiten selbst um.

Andere Parasiten wie die Medinawürmer töten ihren Wirt in dem Augenblick, in dem sie selbst zu Tode kommen. Daher konnten sie immer nur lebend aus dem Körper herausgezogen werden, was für die Opfer kein Vergnügen war. Im Altertum wickelte man die Medinawürmer um einen Stab; und es gibt einige Wissenschaftler, die behaupten, der berühmte Äskulapstab mit der Schlange, das Wahrzeichen der Ärzte, sei ursprünglich der Stab gewesen, mit dem man den Medinawurm herausgedreht habe.

Die Lenker der Evolution

Bekanntlich ist die natürliche Auslese die Triebkraft der Evolution (→ S. 144). Doch sind die Parasiten in erstaunlichem Ausmaß an diesem Prozess beteiligt. Sie beeinflussen die Fitness und Überlebensfähigkeit ihrer Wirte. Ein Bandwurm macht den Elch, in dem er steckt, schwächer und langsamer. So fällt er den Wölfen leichter zum Opfer, die im Übrigen als nächste Gastgeber des Bandwurms vorgesehen sind. Es ist also nicht nur der Jäger, der darauf Einfluss hat, wie sich seine Beute weiterentwickelt (indem nur die Schnellen und die Starken ihre Gene weitergeben). Nicht weniger stark bestimmt der Parasit, wer durchkommt und seine Gene weitergibt.

Den entscheidenden Einfluss aber üben die Parasiten als Förderer der Vielfalt aus. Denn sie treiben die Organismen an, sich voneinander zu unterscheiden. Sind sie sich zu ähnlich, fallen sie den Parasiten leichter zum Opfer. Tatsächlich gilt die sexuelle Fortpflanzung (→ S. 229) als Reaktion auf den Angriff der Parasiten. Denn je konstanter die Bedingungen sind, die ein Parasit bei seinen Wirten vorfindet, umso besser kann er sich darauf einstellen. Es sind die Parasiten, die ihre Wirte dazu zwingen, sich fortlaufend zu verändern. Weit stärker als der „Rüstungswettlauf" zwischen Jäger und Beute, der die

Tendenz hat, sich auf einem bestimmten Niveau zu stabilisieren, fordert der Parasit die ständige Innovation. Denn ihm gelingt es, auch das erfolgreichste System irgendwann zu knacken.

Was Parasiten wissen müssen

Die Wissenschaftler haben sich gefragt, wie es die Parasiten schaffen, auch und gerade komplexe Organismen auszutricksen, wie sie deren Körper durchwandern, sich durch Zellwände fressen und sich an der richtigen Stelle, im richtigen Organ einnisten. Ihr Verhalten scheint manchmal geradezu teuflisch intelligent zu sein. Da überrascht es vielleicht zu erfahren, dass die Parasiten nicht das Geringste über ihre Umgebung „wissen". Sie navigieren nicht wie frei lebende Organismen, sondern folgen stur einprogrammierten Regeln. Sie brauchen nicht einmal zu wissen, wo oben und unten ist, um ihren Zielort im Körper zu finden. Wie kann das sein? Parasiten sind nichts anderes als erfolgreiche Anpassungen an die jeweiligen Lebensbedingungen in ihren Wirtsorganismen. Sie sind dazu gemacht, diesen Organismus zu ihrem Vorteil zu nutzen. Und dazu müssen sie keineswegs „intelligenter" sein. Im Gegenteil, echte „Intelligenz" würde sie vermutlich nur daran hindern, immer das Richtige zu tun.

Der Parasit als Partner

Der Parasit zieht aus dem Wirtsorganismus seinen Vorteil. Das bedeutet nicht notwendigerweise, dass der Wirt immer darunter leiden muss. In einigen wenigen Fällen kann der Wirt sogar von seinem Parasiten profitieren. Vor allem wenn die Alternative heißt, sich einen noch schrecklicheren Parasiten einzuhandeln. Daraus ergibt sich eine etwas paradox anmutende Empfehlung: Wenn man einen Parasiten nicht loswerden kann, dann sollte man versuchen, seine Ziele zu unterstützen – und zwar so, dass er einem möglichst wenig schaden kann.

Anregungen für das Business

Legen Sie alle Vorbehalte gegenüber den Parasiten einmal beiseite. Vergessen Sie, dass sie Krankheiten übertragen oder auslösen, den Organismus schwächen oder töten. Betrachten wir die Parasiten auf einer abstrakteren Ebene, dann können wir tatsächlich von ihnen lernen. Zumal wir bis zu einem Grade selbst „Parasiten" sind, denn auch wir nutzen „fremde Ressourcen", die von Tieren und Pflanzen, die natürlichen Rohstoffe, die uns genauso wenig gehören wie dem Bandwurm die Magenwände seines Wirts.

Jedes komplexe System ist das Ziel von „Parasiten"
Gleichgültig, ob es sich um ein Unternehmen, ein Computernetzwerk oder ein Rechtssystem handelt, wo immer komplexe Gebilde erscheinen, tauchen zuverlässig auch „Parasiten" auf, die versuchen, aus dem System ihren Vorteil zu ziehen. Daran ist zunächst einmal nichts Verwerfliches; es ist im Übrigen auch gar nicht zu vermeiden. Dennoch sollte das System bestrebt sein, seine eigenen Interessen gegenüber den „Parasiten" zu behaupten. Deren Taktiken werden im Laufe der Zeit immer raffinierter. Auf der anderen Seite lernt das System gerade dadurch ständig dazu und ist in der Lage, sich immer besser gegen unerwünschte Zugriffe zu schützen.

„Parasiten" treiben das System voran
Wir haben es angesprochen, es sind nicht die „Jäger", es sind die „Parasiten", die das System dazu zwingen, nicht stehen zu bleiben, sondern sich ständig zu erneuern, denn die „Parasiten" greifen von innen an. Die „Parasiten" sind der tiefere Grund, warum kein erfolgreiches System über längere Zeit unverändert bleiben kann. Früher oder später wird es von den „Parasiten" geknackt und eigenen Zwecken nutzbar gemacht. Verfolgen Sie also aufmerksam die Aktivitäten von denjenigen, die aus dem System ihren Vorteil ziehen wollen. Und reagieren Sie entsprechend. Verändern Sie immer wieder Ihre Sicherheits- und Kontrollmaßnahmen.

Den „Parasiten" ist der „Wirtsorganismus" zunächst einmal egal
Wer aus einem System seinen persönlichen Vorteil zu ziehen versucht, der denkt nicht über das Wohlergehen des Systems nach. Möglicherweise leben viele andere auch auf Kosten des Systems und richten es zugrunde. Das ist dem Parasiten vollkommen gleichgültig, solange er davon profitiert und Aus-

sicht hat, den nächsten „Wirtsorganismus" ebenso auszuplündern. Die Situation ändert sich jedoch grundlegend, sobald der „Parasit" vom Fortbestand des Systems profitiert und etwas gegen die anderen Kostgänger unternehmen kann. In diesem Fall ist es häufig so, dass der „Parasit" seinen „Wirt" in Schutz nimmt und gegen alle Angriffe verteidigt – und zwar je stärker er von ihm profitiert hat.

Verbünden Sie sich mit den „Parasiten"
In einigen Fällen ist es tatsächlich möglich, einen vorher gänzlich illoyalen „Parasiten" auf die eigene Seite zu bringen und von seinem Wissen zu profitieren. Dazu ist es natürlich erforderlich, dass er erkennt, dass er seinerseits Vorteile davon hat, wenn der „Wirtsorganismus" gesund bleibt oder gar erstarkt.

Wir sind alle „Parasiten"
Als Angehörige einer Organisation sind wir immer auch ein wenig ihr „Parasit". Wir nutzen ihre Ressourcen und verfolgen unsere eigenen Interessen, die nicht immer mit denen der Organisation identisch sind. Zwar müssen wir diesen Anschein erwecken, aber realistisch ist diese Annahme nicht. Und sie ist auch nicht gesund. Denn es darf nicht allein um die Frage gehen, wie wir als Angehörige einer Organisation ihren Zielen am besten dienen. Nicht weniger legitim ist die Frage, wie die Organisation unseren Interessen dient, den Interessen jedes einzelnen Mitarbeiters und jeder Führungskraft. Das bedeutet keineswegs, dass „wir Parasiten" die Organisation ausplündern und zugrunde richten. Es heißt nur, dass wir diese Perspektive nicht übersehen dürfen: Jeder versucht in der Organisation Einfluss zu nehmen, so dass er (oder sie) letztlich Vorteile davon hat. Wird hingegen massiv gegen unsere Interessen verstoßen, dann ist es nicht die schlechteste Idee, über einen „Wirtswechsel" nachzudenken.

Werbung und Marketing

In der Natur findet ein ständiges Werben statt. In der Regel geht es dabei um das Thema Nummer eins: Die Fortpflanzung. Der biologische Erfolg eines Organismus hängt davon ab, dass er möglichst viele Nachkommen hinterlässt. Doch das kann er nur, wenn er (mindestens) einen geeigneten Fortpflanzungspartner auf sich aufmerksam macht und ihn davon überzeugt, dass er die beste Wahl darstellt. Kurz gesagt, er muss Werbung in eigener Sache betreiben. Ursprünglich bezeichnet Werbung ja auch keineswegs das Anpreisen eines Konsumguts, sondern die Bemühungen um einen möglichst attraktiven Fortpflanzungspartner. Insofern hat Werbung an ihrem Ursprung sehr viel mit dem Balzverhalten zu tun. Daher soll in diesem Kapitel von den sehr unterschiedlichen Balzstrategien die Rede sein. Aber auch andere „Investoren" müssen angelockt und überzeugt werden, Insekten zum Beispiel, die für die Bestäubung von Pflanzen sorgen sollen. Die Natur hat zu diesem Zweck Blüten erfunden, duftende, prachtvolle Blüten, eine wundervolle Werbemaßnahme, die den Pflanzen zwar einiges an Ressourcen abverlangt, die aber ungemein erfolgreich ist.

Aber auch von manchen Jagdstrategien können sich Werber etwas abschauen. Zum Beispiel von der Spinne, die ihre Netze mit beeindruckender Raffinesse aufspannt und dafür sorgt, dass möglichst viele Brummer angelockt werden.

Ein weiteres Thema ist das „virale Marketing", das vor allem durch das Internet populär geworden ist. Werbebotschaften sollen sich wie von selbst ausbreiten wie die Viren. Hier erfahren Sie, was es mit den biologischen Grundlagen dieses Konzepts auf sich hat und warum manche Versprechungen des viralen Marketings nicht aufgehen können. Und doch gibt es beim viralen Marketing einige Ansätze, die weiterführend sind. Man muss nur dazu bereit sein, von den Viren wirklich zu lernen.

Imagepflege — die Federn des Pfaus

Themen: Marketing, Eventmarketing, Sponsoring, Karriere, Spezialisten

Ohne Zweifel gehört ein balzender Pfau zu den eindrucksvollsten Erscheinungen im Tierreich. Charles Darwin war so stark beeindruckt, dass er den leuchtenden Augenfleck auf dem Pfauenrad zu einem „der schönsten Objekte der Welt" erklärte. Schön mag er ja sein, aber übertreibt er es nicht ein bisschen mit seiner Prachtentfaltung, der eitle Pfau? Sehen wir uns nur seine Proportionen ein wenig genauer an. Ein männlicher Blauer Pfau kann die gigantische Gesamtlänge von mehr als zwei Metern erreichen, davon misst seine so genannte Prachtschleppe allein 120 bis 130 Zentimeter. Von einem ökonomischen Standpunkt aus betrachtet, sind diese 120 bis 130 Zentimeter pure Verschwendung von Ressourcen.

Für den Vogel hat die Schleppe keinen erkennbaren Nutzen, im Gegenteil, sie behindert ihn bei fast allen Tätigkeiten, denen ein männlicher Pfau tagaus, tagein nachgeht. Ein Pfau kann weder schnell laufen, noch kann er richtig fliegen. Außerdem ist er durch seine bunte Färbung extrem schlecht getarnt. Wie konnte sich so ein rundum unpraktisches Schmuckgefieder überhaupt entwickeln? Widerspricht es nicht den Gesetzen der natürlichen Auslese, nach denen alles ausgemerzt wird, was die Überlebensfähigkeit beeinträchtigt?

Weibchen mögen bunte Vögel

Doch in der Natur gelten nicht nur die Gesetze der natürlichen Auslese, sondern auch die von Angebot und Nachfrage. Und sie hängen unmittelbar miteinander zusammen. Dass die männlichen Pfauen ein überdimensioniertes Federkleid mit sich herumschleppen, das verdanken sie nämlich den graubraunen Pfauenweibchen. Die vergleichsweise unscheinbaren Hennen sind es nämlich, die unter den balzenden Hähnen auswählen und durch ihre Wahl das künftige Angebot beeinflussen. Wenn sie sich also für die unbeweglichen Prachtschleppenträger entscheiden, dann könnte ein windschnittiger Turbopfau noch so sehr mit halsbrecherischen Flugeinlagen glänzen, er hat kein beeindruckendes Rad zu bieten und ist damit aus dem Spiel. In die Sprache des Marketing übersetzt: die Sache ist zwar der Wahnsinn, aber wir machen es trotzdem, denn die Kunden wollen es schließlich so.

Der Gewinner bekommt fast alle

Dabei müssen wir berücksichtigen, dass der Pfau zu den so genannten Arenabalzvögeln gehört. Mehrere Männchen stellen sich in einer größeren Balzarena auf, schlagen vor den kritisch prüfenden Weibchen ihre beeindruckenden Räder und warten auf deren Urteil. Um die Wirkung zu steigern, lassen sie ihr schillerndes Federkleid vibrieren, wodurch sich zusätzliche Farbeffekte ergeben. Eine beeindruckende Vorstellung, die aber angesichts der harten Konkurrenz wohl auch nötig ist. Der Paarungserfolg ist nämlich sehr ungleich verteilt. Der prächtigste Hahn wird außerordentlich stark nachgefragt, die Zweit- und Drittplatzierten haben auch noch Chancen, während die große Mehrzahl wenig Zuspruch findet. Die Balz der Pfauenhähne ist also ein hochgradig „hitgetriebenes" Geschäft.

Worauf es dabei ankommt, das ist nicht nur eine überzeugende Präsentation des Gefieders. Das entscheidende Kriterium ist vielmehr die Anzahl der prächtigen Augenflecke, die schon Darwin zum Schwärmen brachten. Das hat man experimentell überprüft und den begehrtesten Pfauenmännchen einige Punkte entfernt. Prompt stürzte ihr Marktwert ab, während nun Hähne begehrt waren, die vorher kaum Beachtung fanden, weil sie zu wenig Punkte hatten. Erfolg ist eben relativ.

Die „Selbstläufer"-Hypothese

Warum bevorzugen die Weibchen jedoch so sehr ein prächtiges Gefieder und im Speziellen die schimmernden Augenpunkte? Der britische Evolutionsbiologe Ronald Aylmer Fisher formulierte die so genannte „Selbstläuferhypothese". Demnach verdankt sich der eigenwillige Geschmack der Pfauenweibchen einem bloßen Zufall. Irgendwann hat ein Weibchen diesem Merkmal den Vorzug gegeben und aufgrund einer Verkettung zufälliger Umstände hat sich dieser Trend verstärkt und allgemein durchgesetzt, er wurde sozusagen zum „Selbstläufer", der sich irgendwann nicht mehr zurückholen ließ. Und die Schwanzfedern der Männchen wurden immer länger und die Augenpunkte immer prächtiger, weil immer nur die Hähne mit den jeweils prächtigsten Gefiedern eine Chance bekamen, sich fortzupflanzen und ihre Merkmale vererbten. In Computersimulationen lässt sich dieser Effekt eindrucksvoll demonstrieren. Hätten die Weibchen jedoch Hähne mit langen dünnen Beinen bevorzugt, sähen diese heute aus wie Störche. Alles eine Frage des rational so schwer zu begreifenden „Kundengeschmacks".

Jenseits des Nützlichkeitsprinzips

Und doch vermag die „Selbstläuferhypothese" nicht restlos zu überzeugen. Sie gibt nämlich keinen Aufschluss darüber, warum die Weibchen überhaupt so extravagante Vorlieben entwickelt haben, Männchen mit Prachtschleppen von absurder Länge zu bevorzugen und deren Punkte auf dem Gefieder zu zählen. Alles Zufall? Eine schlüssigere Erklärung verspricht das so genannte „Handicap-Prinzip", das die beiden israelischen Biologen Amotz und Avishag Zahavi formuliert haben. Dass die Schwanzfedern des Pfaus außerhalb der Balz für den Vogel absolut nutzlos, ja, im hohen Maße hinderlich sind, ist für die Zahavis kein Zeichen dafür, dass die Weibchen irgendeinem grotesken Modetrend hinterlaufen. Vielmehr ist die Prachtschleppe ein ausgezeichnetes Kriterium dafür, um festzustellen, wie gesund und fit der Pfau ist. Ein Hühnervogel, der mit dieser auffälligen Färbung und diesem sperrigen Federschmuck noch am Leben ist, der muss über außerordentliche Qualitäten verfügen. Denn sonst wäre er längst gefressen worden. Dass der Pfau trotz seines „Handicaps" eine derart passable Figur macht, ist ein „fälschungssicheres" Zeichen dafür, dass er eine gute Wahl darstellt. Ein Vogel mit den geringsten Entwicklungsstörungen oder mit Parasitenbefall kann da nicht mithalten, er ist sofort aus dem Rennen.

Die Rationalität der Pfauenweibchen

Biologisch betrachtet geht es für die Weibchen darum, in das Männchen mit den „besten" Genen zu investieren. Das erhöht nämlich die Überlebenschancen ihres Nachwuchses. Nun kann man „gute" und „schlechte" Gene aber nicht sehen. Also muss sich das Weibchen an Indizien orientieren, die leicht erkennbar und zuverlässig sind. Das schillernde Federkleid ist so ein Indiz. Tatsächlich scheint die Kalkulation aufzugehen. Denn die Hähne, die fast alle ihre Ressourcen in puren Luxus investieren, leiden nicht unter Parasitenbefall und gleichen ihre mangelnde Beweglichkeit durch überbordende Aggressivität aus. Im Zoo kann ein Grünes Pfauenmännchen nicht im Gehege mit anderen Vögeln gehalten werden.

Die Frage des Parasitenbefalls könnte sogar eine Schlüsselrolle spielen. Wie Sie im vorangegangenen Kapitel lesen konnten (→ S. 136), nehmen Parasiten womöglich einen weit größeren Einfluss auf die Evolution, als man bislang gedacht hat. Sie sind es, die die Evolution vorantreiben, indem sie die Organismen zwingen, sich ständig umzustellen. Wer signalisieren kann, dass er keine Parasiten hat, der bringt damit zum Ausdruck, dass er im evolutionären Wettlauf ziemlich weit vorne liegt. Er ist seinen parasitenbefallenen Artgenossen in der Entwicklung voraus. Und das ist für die Pfauenweibchen gewiss ein vollkommen rationales Argument, sich für ihn zu entscheiden.

Anregungen für das Business

Werbung und Marketing nach dem Handicap-Prinzip

Unter den verschärften Konkurrenzbedingungen, unter denen ein Pfau antritt, heißt die Devise: Verschwendung rechnet sich. Sinnloser Aufwand ist Pflicht. Denn das ist nach dem „Handicap-Prinzip" ein einigermaßen zuverlässiger Indikator dafür, dass ein Unternehmen im Kern gesund ist. Natürlich darf die Verschwendung nicht hinter verschlossenen Türen stattfinden. Sie muss öffentlichkeitswirksam in Szene gesetzt werden. Zum Beispiel auf aufwändigen Tagungen, pompösen Pressekonferenzen oder anderen Events, bei denen das zuvor erwirtschaftete Geld nicht zu knapp zum Fenster hinausgeworfen werden kann. Ihr Konkurrent hat einen Popstar als Werbepartner verpflichtet? Das ist ein Augenpunkt mehr auf seinem Federkleid. Sie müssen etwas tun. Eine Popgruppe verpflichten und jedem einzelnen Musiker das Firmenlogo auf die Stirn tätowieren lassen. Zugleich lassen Sie alle Welt wissen, welche schwindelerregenden Summen Sie dafür ausgegeben haben.

Treiben Sie die Kunst der souveränen Verschwendung

Die Verschwendung darf allerdings nie als Folge von Schwäche, Unvermögen oder gar Schlamperei erscheinen – etwa im Sinne der „Verschwendung öffentlicher Gelder", die der Bundesrechnungshof jedes Jahr beanstandet. So etwas muss unter allen Umständen vermieden werden. Denn was das eigentliche Geschäft angeht, da muss das Unternehmen stahlhart bleiben, Zulieferer im Preis drücken, Kosten reduzieren, Prozesse optimieren, das ganze Programm. Hier darf nicht das geringste Einsparpotenzial ungenutzt und damit „Geld verschenkt" werden.

Zugleich muss das Unternehmen zum Ausdruck bringen, wie erfolgreich es wirtschaftet. Und das geht – so paradox es auf den ersten Blick wirken mag – nur auf dem Wege öffentlichkeitswirksamer Verschwendung. Es müssen kostspielige „Augenpunkte" vorgeführt werden. Die bereiten nicht nur ästhetischen Genuss, sie sind auch überzeugender als die nackten Zahlen, die natürlich ebenso glänzen müssen.

Das alles hat seinen Sinn, denn die Investition in nutzlose „Augenpunkte" ist selbst alles andere als nutzlos. Sie wirkt als kostspieliges Signal, das sich eben nur derjenige leisten kann, der nicht mit knapper Not über die Runden kommt. Gerade in einer Konkurrenzsituation wie bei den Pfauen, wo der Gewinner fast alles bekommt und die vielen Verlierer leer ausgehen, können solche Signale überlebenswichtig sein. Und weil das so ist, kommt es manchmal zu etwas bizarren Überbietungswettkämpfen mit einem gigantischen Einsatz von Ressourcen. Das Entscheidende ist jedoch, dass diese Wettkämpfe einen völlig rationalen Kern besitzen.

Auf dem Gänsemarkt gelten die Gesetze der Gänse
Und doch gilt das „Handicap-Prinzip" nur mit Einschränkungen. Die erste ist, dass es nur in bestimmten Wettbewerbssituationen sinnvoll ist, solche Signale auszusenden. Wenn es nämlich darum geht, wie der Pfau in der Balzarena unbedingt die Nummer eins zu werden, um die gesamte Konkurrenz auszustechen. In einem fragmentierten Markt, in dem sich viele Anbieter behaupten, wäre eine solche Strategie ruinös. Darüber hinaus gibt es Branchen, in denen es traditionell darauf ankommt, Solidität und Bodenständigkeit auszustrahlen. Dort haben die grauen Gänse bessere Chancen als die bunten Vögel. Es dürfte Befremden auslösen, wenn Sie dort eine „Pfauenstrategie" verfolgen. Auf einem Gänsemarkt gelten andere Regeln als in der Balzarena.

Teure Signale können ihren Wert verlieren
Die zweite, gewichtigere Einschränkung betrifft die Fälschungssicherheit des „Handicap-Signals". Wenn ein Pfau Ihnen sein prächtiges Rad entgegenreckt, dann können Sie sicher sein, dass mit dem Vogel alles in Ordnung ist. Wenn hingegen ein Unternehmen öffentlichkeitswirksam im Luxus schwelgt, dann bestehen immer leise Zweifel, ob es sich dieses Signal überhaupt leisten kann.

Im Gegensatz zu einem Fasanenvogel, der sofort stirbt, wenn er seine lebenswichtigen Ressourcen angreift, um damit seinen Luxus zu finanzieren, kann das bei einem Unternehmen geradewegs umgekehrt sein. Der demonstrative Luxus soll dann dazu dienen, das nötige Vertrauen aufzubauen, um die lebenswichtigen Ressourcen zu erwirtschaften.

In vielen Fällen geht diese Rechnung nicht auf, und die Konstruktion bricht in sich zusammen. Damit ist aber auch das Signal entwertet. Es ist nur noch teuer, aber nicht mehr wirksam. Es baut kaum noch Vertrauen auf, sondern Argwohn: Sind das Blender? Konsequenterweise könnten Sie sich dann eigentlich so ein Signal sparen. Doch das ist schwierig. Denn wenn es fehlt, in einem Umfeld, in dem alle Wettbewerber solche Signale setzen, erregen Sie den Verdacht, dass Sie mit den anderen nicht mehr mithalten können. Sie müssen also weiterhin in kostspielige Signale investieren, auch wenn deren Wert immer weiter sinkt.

Machen Sie Eindruck mit Bildung, perfekten Manieren oder Staralluren
Es gibt aber noch eine Reihe anderer „Handicap-Signale", auf die Sie achten sollten, weil sie nämlich weniger leicht zu fälschen sind als alles, was man mit Geld erwerben kann. Das sind etwa die Bereiche Bildung und Umgangsformen. Klassisches Bildungsgut hat für die meisten Berufe keinerlei praktischen Nutzwert, es ist unnötiger Ballast, wie auch immer wieder beklagt wird. Doch wer souverän darüber verfügt, signalisiert, dass er es sich „geistig leisten" kann, auch mit so einer schwierigen Materie umzugehen. Sein Hirn gelangt durch sein berufliches Fachwissen noch nicht an die Grenzen seiner Auslastung.

Was die Umgangsformen betrifft, so gibt es hier gleich einen doppelten „Handicap"-Effekt. Perfekte Umgangsformen erweisen sich in nicht alltäglichen Situationen. Wer da noch parkettsicher bleibt, der demonstriert auf überzeugende Weise seine Souveränität.

Auf der anderen Seite haben korrekte Umgangsformen einen außerordentlich hohen Nutzwert. Wer sich nicht benehmen kann, der muss schwere berufliche Nachteile befürchten. Insofern kann ein echtes „Handicap"-Signal vorliegen, wenn Ihr Gegenüber genau das in Kauf nimmt, sich unpassend anzieht, zu spät kommt, keine Tischmanieren zeigt und sich überhaupt ziemlich rüpelhaft aufführt. In diesem Fall sollen die schlechten Umgangsformen signalisieren: Ich bin so gut, dass ich mich so sehr danebenen benehmen kann. Jeder andere würde achtkantig rausfliegen, und ich werde sogar noch mit Respekt behandelt.

Genau das steckt auch hinter den Starallüren. Man kann es kaum sinnfälliger zum Ausdruck bringen, dass man etwas ganz Besonderes ist, als durch schlechtes Benehmen. Allerdings sind Starallüren sehr riskant. Denn der vermeintliche Star gerät sofort in Verruf, wenn sich herausstellt, dass er gar nicht so brillant ist.

Die Schwänze der Rauchschwalben – warum letztlich Qualität zählt

Mit bis zu 80 Stundenkilometern jagt die Rauchschwalbe durch die Luft, um Insekten zu fangen. Schnell kann sie ihre Richtung ändern, so dass ihr Flug fast schon etwas Artistisches bekommt. Verantwortlich für ihre beeindruckende Wendigkeit sind die Form ihrer Flügel und ihr langer gegabelter Schwanz, der bei den erwachsenen Männchen besonders ausgeprägt ist.

Ihr Nest baut die Rauchschwalbe typischerweise in Scheunen oder Ställen, durchaus auch in unseren Breiten. Im Herbst zieht sie nach Süden und überwintert in Afrika. Im Frühjahr kehrt sie zurück – vorausgesetzt, dass sie die lange strapaziöse Reise übersteht.

Flugshow als Werbung

Im Prinzip gehen Rauchschwalben stabile Paarbindungen ein und bleiben ein Leben lang zusammen (Sie werden gleich erfahren, was es mit der Formulierung „im Prinzip" auf sich hat). Daher ist es nicht überraschend, dass eine männliche Rauchschwalbe einiges an Werbeaufwand treiben muss, um ein Weibchen an sich zu binden. Seine Qualitäten demonstriert das Männchen in einer eindrucksvollen Flugshow. Dabei zeigt sich, dass die Schwalbenweibchen ähnliche Vorlieben zeigen wie die Pfauenhennen. Auch sie achten ganz besonders auf die Schwanzfedern. Hier aber zählt nicht die Anzahl der Augenpunkte, sondern die Länge der Federn, wovon gleich noch zu reden sein wird.

Anders als bei den Pfauen, bei denen sich alle Hennen auf den attraktivsten Hahn stürzen, geht es bei den Rauchschwalben erst einmal darum, dass sich ein Paar zusammenfindet. Auch mit kurzen Schwanzfedern kann man noch eine Partnerin abbekommen, wenn es auch deutlich länger dauert.

Jedes Jahr aufs Neue überzeugen

Eigentlich würden wir erwarten, dass der Schwalbenmann solange seine ganze Energie in die Flugshows stecken muss, bis er sein Weibchen gefunden hat. Und dann wäre die Sache für ihn ausgestanden. Ist sie aber nicht. Vielmehr muss er jedes Jahr aufs Neue zeigen, was in ihm steckt, wie die Biologin Rebecca Safran zumindest für amerikanische Rauchschwalben zeigen konnte. Baut der Schwalbenmann ab, verlässt ihn das Weibchen zwar nicht, aber die Anzahl der Jungen in seinem Nest, die nicht von ihm stammen, nimmt merklich zu. Je dürftiger seine Performance, umso höher der Anteil fremdbefruchteter Eier und umso dürftiger seine biologische Erfolgsbilanz.

Er darf in seinem Werben also nicht nachlassen, sondern muss seine Qualitäten immer wieder eindrucksvoll ins Spiel bringen. Sonst wird er von der Konkurrenz ausgestochen. Und das Bitterste dabei ist, dass er es nicht einmal bemerkt.

Das Drama der Turboschwalben

Der dänische Vogelforscher Anders Pape Møller wollte wissen, wovon sich die Weibchen besonders beeindrucken lassen. Er betrieb gewissermaßen Marktforschung. Dazu stattete er einige Schwalbenmänner mit künstlich verlängerten Schwanzfedern aus, anderen kürzte er die Federn. Es kam, wie es kommen musste: Die Männchen mit den längsten Schwanzfedern waren die begehrtesten. Sogar wenn ihre Schwanzfedern völlig überdimensioniert waren, so dass ihre Flugfähigkeit beeinträchtigt war, fanden sie wesentlich leichter Partnerinnen und konnten sich, so Møller, mit mehreren Weibchen paaren.

Doch als die Biologen Henrik G. Smith und Robert Montgomerie das Experiment von Møller wiederholten, machten sie eine bemerkenswerte Entdeckung: Zwar fanden die Männchen mit den verlängerten Schwanzfedern leichter eine Partnerin und fingen früher mit dem Brüten an. Doch dann nahmen die Forscher bei den Nestlingen das Erbgut unter die Lupe. Zu ihrer Überraschung stammte nur die Hälfte der Nachkommen von der „Turboschwalbe" ab, also dem Männchen mit den künstlich verlängerten Schwanzfedern. Bei den Schwalben, die nicht „getunt" worden waren oder deren Federn die Forscher sogar gestutzt hatten, waren es jedoch 95 Prozent. Der Erfolg der überdimensionierten Schwanzfedern war also gar keiner. Oberflächlich betrachtet hatte diese Werbemaßnahme zwar ihr Ziel erreicht und die gewünschte Nachfrage ausgelöst. Doch weil die Produktqualität zu wünschen übrig ließ, wirkte sich der spektakuläre Showeffekt sogar nachteilig aus. Bei den Rauchschwalben zumindest ist es kein Erfolgsrezept, wenn man sich mit fremden Federn schmückt.

Anregungen für das Business

Es genügt nicht, Neukunden zu gewinnen
Schwalbenmännchen müssen jedes Jahr ihre Qualitäten unter Beweis stellen. Sonst springt ihnen ihr „Kunde" ab. Auch Unternehmen dürfen sich nicht darauf verlassen, dass sie ihre Bestandskunden sicher haben. Spektakuläre Werbeaktionen dürfen nicht nur dazu dienen, Neukunden zu gewinnen. Auch der Kundenstamm sollte immer wieder für die Produkte gewonnen werden. Auch für sie muss es Sonderaktionen geben, auch sie müssen immer wieder davon überzeugt werden, dass Ihr Produkt oder Ihre Dienstleistung das Beste ist, was sie bekommen können. Sonst wandern sie früher oder später ab. Und wenn eine zeitlich befristete Vertragsbindung besteht (wie beim Zeitungsabo oder der Telekommunikation), dann kann es sein, dass sich der Kunde schon lange innerlich verabschiedet ab, ehe der Vertrag ausläuft.

Die überzeugendste Werbung bringt nichts, wenn die Qualität nicht stimmt
Werber und Marketingexperten bemühen sich seit langem, den so genannten „Buy-Button" aufzuspüren, den inneren „Knopf" beim Kunden, der betätigt werden muss, um ihn zum Kauf zu bringen. Nun ist es höchst zweifelhaft, ob es im Hirn des Kunden einen solchen „Buy-Button" überhaupt gibt. Doch bei den Rauchschwalben gibt es ihn: Die längeren Schwanzfedern animieren die Weibchen zuzugreifen. Und doch hilft es den Männchen gar nichts, wenn sie den hochgeschraubten Erwartungen nicht gerecht werden, die Qualität also

nicht stimmt. Sie haben sogar weniger davon, als wenn sie „ehrlich" gespielt hätten. Ebenso gilt für das Business: Besser weniger Kunden als enttäuschte Kunden.

Warum Blumen duften

Themen: Werbung, Image

Blumen brauchen Hilfe, sonst können sie sich den Luxus der geschlechtlichen Fortpflanzung gar nicht leisten. Sie sind darauf angewiesen, dass jemand kommt, ihnen die Pollen abnimmt, zu einem Artgenossen hinüberträgt und dort auf dem Fruchtknoten wieder ablegt. Diese Aufgabe erledigen fliegende Insekten wie Bienen, Wespen, Hummeln und Falter, aber auch kleine Vögel wie die südamerikanischen Kolibris. Ihren Dienst vollbringen sie allerdings nicht ganz uneigennützig, ja, es gibt keinerlei Hinweis darauf, dass sie überhaupt ahnen, welche Rolle ihnen von den Blumen zugedacht ist. Sie sind nur an einem interessiert: den köstlichen süßen Nektar zu schlürfen.

Wie man Bienen anlockt

Wenn Sie es noch nicht gewusst haben: Die verschwenderische Blütenpracht und die betörenden Düfte der Blumen sind nicht dazu gemacht, um unsere Augen und Nasen zu erfreuen. Es handelt sich vielmehr um höchst aufwändige, aber durchaus effektive Werbemaßnahmen der Blumenwelt, um die Insekten und die kleinen, nektarschlürfenden Vögel anzulocken, die so genannten Blütenbesucher.

Denen geht es nicht so sehr um ästhetischen Genuss, sondern um den Nektar. Blütenpracht und Duft dienen den Blütenbesuchern als Hinweis: Hier gibt es Nektar. Dabei hat es die Natur so eingerichtet, dass die Besucher auf einer einzelnen Blüte nur einen winzigen Bruchteil des Nektars bekommen, den sie am Tag benötigen. Die Folge: Blütenbesucher sind fast den ganzen Tag damit beschäftigt, Tausende von Blüten anzufliegen und auszusaugen.

Blumen brauchen Kundenbindung

Den Blumen nützt es wenig, wenn ihre Pollen in der Natur breit gestreut werden. Sie können sich nur mit Ihresgleichen fortpflanzen. Also sorgen sie für eine gewisse Kontinuität in ihren „Kundenbeziehungen". Etwa indem sie ganz gezielt bestimmte Blütenbesucher anlocken, etwa durch Düfte, die diese attraktiv finden. In einer „Marktnische" strömen manche Blüten den Geruch von fauligem Fleisch aus; der Besuch von allen Schmeißfliegen der Umgebung ist ihnen sicher. Andere Pflanzen formen ihre Blüten so, dass nur die Vertreter einer bestimmten Art an den Nektar herankommen. So etwa die afrikanische wilde Minze, die ihren süßen Saft nur vom langen stark gebogenen Schnabel des Goldschwingen-Nektarvogels schlürfen lässt.

Eine weitere Methode besteht darin, zu bestimmten Zeiten besonders viel Nektar bereit zu halten. Blütenexperten wie die Honigbiene wissen im Allgemeinen sehr gut, welche Blüten aus dem aktuellen Angebot ihnen die meiste Nahrung bieten. Die fliegen sie gezielt an und tragen dazu bei, dass sich in dieser Phase die Pollen über riesige Gebiete verteilen können. Außerdem fliegen die Blütenbesucher eine Blume nicht zweimal kurz hintereinander an, was für eine Selbstbefruchtung sorgen würde, sondern sie warten im eigenen Interesse, bis die Nektarvorräte wieder aufgefüllt sind.

Die betrügerischen Orchideen

Nun können die Blütenbesucher den Blumen nicht ansehen, wie viel Nektar sie enthalten, also ob sich ein Besuch überhaupt lohnt. Selbstverständlich nutzen einige Pflanzen diesen Umstand aus, um großspurige Versprechen abzugeben, die sie nie einzulösen gedenken. So täuscht die Pflanze *Cleome monophylla* durch dicke Glanzkörper große Nektarmengen vor, die sie nicht hat. Die großen Meister der grob irreführenden Werbung sind jedoch die Orchideen. Manche ahmen Aussehen und Geruch anderer Pflanzen nach, die reichlich Nektar enthalten. Doch die Orchideen hängen ihrem Besucher nur ein klebriges Pollenpäckchen an. Zu schlürfen gibt es nichts.

Andere Orchideen bilden Blüten aus, die aussehen wie Wespenweibchen. Sie werden bevorzugt von liebestollen Wespenmännchen angeflogen, die unverrichteter Dinge mit dicken Pollenpäckchen im Schlepptau wieder abfliegen.

Nicht weniger abgefeimt verhält sich die Orchidee mit dem Namen Frauenschuh. Ihre Blüten duften, als seien sie randvoll mit Nektar gefüllt. Lässt sich eine Biene auf dem Frauenschuh nieder in freudiger Erwartung, den süßen Saft zu schlürfen, klappt die Blüte unvermittelt zu. Die Biene ist eingeschlossen. Der einzige Weg führt durch einen engen Gang, den die Biene nur passieren kann, indem sie reichlich Pollen aufnimmt.

Die Raffinesse der Orchideen mag uns beeindrucken, doch wird dieser „unlautere Wettbewerb" in der Natur gnadenlos abgestraft. Orchideen gehören bekanntlich zu den Pflanzen, die sehr selten sind. Vom Frauenschuh etwa sagt der Volksmund, dass man ihn nur findet, wenn man ihn nicht sucht. Ihre geringe Verbreitung hat auch mit ihren wenig feinen Methoden zu tun. Denn eine Biene wird nur selten ein zweites Mal auf einen Frauenschuh hereinfallen. Das ist sogar wissenschaftlich untersucht worden: Innerhalb von 15 Jahren sollen im Nationalpark von Maryland von tausend Frauenschuhen gerade einmal 23 befruchtet worden sein!

So „spammt" die Natur

Bei einer solchen Erfolgsquote hätten die betrügerischen Orchideen eigentlich längst ausgestorben sein müssen. Doch dürfen wir nicht vergessen: Bestäuben ist die eine Sache, Vermehrung die andere. Und hier macht die Orchidee wieder Boden gut. Denn wenn sie einmal bestäubt wird, dann bringt sie gleich Zehntausende oder sogar Hunderttausende von Samen hervor. Ähnlich gehen auch andere Pflanzen vor wie Ahorn, Birken, oder Disteln, die in großer Menge Flugsamen produzieren, die der Wind in alle Richtungen verstreut. Die meisten dieser Samen keimen nicht, aber es ist das Prinzip der großen Zahl, das hier schließlich für den nötigen Fortpflanzungserfolg sorgt. Die Natur hat also das „Spammen" erfunden; das massenhafte Versenden billiger Botschaften, die in 99,9% aller Fälle ungelesen im Papierkorb landen. Aber mit den 0,1% lassen sich gute Geschäfte machen. Der Meister des „Spammens" ist der Löwenzahn, jene anspruchslose gelbe Blume, die fast überall wächst, wo es ein Krümelchen Erde gibt. Jede Blüte entwickelt mehr als 200 Samen, die an kleinen gestielten Fallschirmen sitzen. Das sind die bekannten „Pusteblumen", die vom Frühjahr bis in den Spätherbst hinein für die flächendeckende Verbreitung der Löwenzahnsamen sorgen.

Anregungen für das Business

Von den Blumen können wir manches über erfolgreiche Werbung erfahren. Schließlich hängt ihr Überleben davon ab, dass sie Tag für Tag Besucher in möglichst großer Zahl anlocken.

Werbung muss auffallen und die Zielgruppe anlocken
Blumen dürfen sich nicht verstecken, sie müssen auf sich aufmerksam machen, mit klaren, attraktiven Signalen, die ihre Zielgruppe unmittelbar versteht und anlockt. Ebenso einfach sollte Werbung für Unternehmen funktionieren.

Gute Werbung hat ihren Preis
Blütensignale sind überaus „kostspielig" für die Pflanzen. Aber diese Investition lohnt sich, denn ohne Blüten gibt es keine Besucher. Das Gleiche trifft für die Unternehmen zu: Es gibt keine erfolgreiche Werbung zum Nulltarif. Wirksame Werbung hat ihren Preis; aber natürlich ist kostspielige Werbung keinesfalls automatisch erfolgreich.

Nicht die dickste Blume gewinnt, sondern die mit dem meisten Nektar
Üppige Blüten, die viel Nektar versprechen, aber wenig enthalten, werden künftig gemieden. Für die Unternehmen heißt das: Letztlich entscheidet das Produkt. Eine noch so aufwändige Werbekampagne kann ein schlechtes Produkt nicht retten. Auf der andern Seite brauchen Blumen, die für ihren Nektargehalt „bekannt" sind, keinen übermäßigen „Werbeaufwand". Sie müssen nur dafür sorgen, dass sie wahrgenommen werden, indem sie ihre bewährten Signale setzen. Solche nektarreichen Blüten sind wie Markenzeichen, die auch für Zuverlässigkeit und Qualität bürgen sollen.

Wenn Sie „Schmeißfliegen" anlocken wollen, muss Ihre Blüte „stinken"
Es gibt Kundensegmente, die reagieren auf andere Hinweisreize als alle anderen. Wenn Sie mit denen Geschäfte machen möchten, müssen Sie genau deren Vorlieben bedienen – auch auf die Gefahr hin, dass sie alle anderen Kunden abschrecken. Aber in dieser Frage gibt es keinen Kompromiss. Man kann nicht gleichzeitig mit „Honigbienen" und „Schmeißfliegen" Geschäfte machen.

Vermeiden Sie den Sättigungseffekt

Die Blumen machen es vor: Die Blütenbesucher werden zwar mit süßem Saft belohnt, doch erhalten sie nur so viel, dass sie ständig wiederkehren müssen. Ebenso kann es Ihr Geschäft verbessern, wenn Sie Ihre Kunden nicht gleich beim ersten Besuch „sättigen", sondern ihm vielmehr Appetit auf mehr machen. Das heißt zum Beispiel: Lösen Sie nicht gleich alle Probleme auf einmal. Überhäufen Sie ihn nicht mit Ihren Produkten. Geben Sie ihm die Chance, wiederzukommen.

Netzkunst — so jagen Spinnen

Themen: Zielgruppenmanagement, Kundenakquise, Personalrekrutierung, Standortanalyse, Marketing

Spinnen haben keine einheitliche Jagdmethode, manche verfolgen ihre Opfer, andere lauern ihnen auf, eine dritte Gruppe fängt ihre Beute in Netzen. Von dieser dritten Gruppe soll hier die Rede sein, auch wenn wir einräumen, dass die Mehrzahl der Spinnen keine raffinierten Netze webt, sondern auf dem Boden herumläuft und ihre Opfer nach der klassischen Raubtier-Methode erlegt: Zupacken und tot beißen. Die netzwebenden Spinnen hingegen haben sich auf Beutetiere spezialisiert, die für sie auf diesem Wege unerreichbar wären, nämlich Fluginsekten. Anstatt hinter der flinken Beute herzuhetzen, spannen die Spinnen lieber ihre kunstreichen Netze auf und warten ab, dass ihre Opfer von selbst hineinfliegen, um sie dann ganz bequem zu fressen. Wer einmal im Spinnennetz drinhängt, hat kaum eine Chance, wieder lebend hinauszukommen. Wenn er sich zu befreien versucht, verstrickt er sich immer tiefer in den klebrigen Netzfäden. Nur Wespen gelingt es hin und wieder sich loszureißen, aber die gehören ohnehin nicht zu den anvisierten Beutetieren. Wenn sie es nicht von alleine schaffen, dann holt die Spinne sie selbst aus dem Netz und wahrt dabei einen ausreichenden Abstand zum Giftstachel.

Spinnen überwachen ihre Netze

Viele Spinnen hocken genau im Zentrum ihres Netzes. Dort ist es nicht klebrig und auch die Speichen ihres Netzes, an denen sie sich entlang hangeln, sind nicht mit Leim bestrichen. Das erleichtert die Navigation. Außerdem haben sie unmittelbar neben dem Zentrum die Maschen etwas weiter geknüpft, was es erlaubt, schnell von der einen Seite des Netzes auf die andere zu gelangen. So richtig klebrig sind die Netze in den Randbereichen, dort, wo dann auch die meisten Fliegen hängen bleiben.

Eine zweite Methode besteht darin, das Netz aufzuspannen und sich selbst in einen Schlupfwinkel zurückzuziehen, der durch einen Signalfaden mit dem Zentrum verbunden ist. Die Spinne spürt über diesen Faden alle Vibrationen, die von den Insekten ausgehen, die sich im Netz verfangen haben.

Standortanalyse

Interessanterweise stimmen einige Spinnen das Erscheinungsbild ihrer Netze auf die örtlichen Lichtverhältnisse ab. Sie verändern die Farbe und den Reflexionsgrad ihrer Seide so, dass sie möglichst viele Insekten anlocken. Je nach Umgebung können die Netze goldgelb leuchten oder auch farblos sein. Überhaupt steht und fällt der Erfolg dieser Jagdmethode mit der Wahl des richtigen Standorts. Das Netz kann noch so kunstreich geknüpft sein, wenn sich keine Fliege sehen lässt, bleibt es leer. Wo hingegen viele Insekten herumschwirren, da winkt reiche Beute. Gleichzeitig steigt aber auch die Gefahr, dass das Netz zerrissen wird, weil ein anderer Insektenjäger, ein Vogel etwa, hindurch fliegt. Um das zu verhindern, geben einige Spinnen, die besonders großflächige Netze geknüpft haben, Schrecksignale ab. Manche Spinnen betreiben eine regelrechte Standortanalyse und hängen erst einmal ein paar Beutefäden auf, um die Beutedichte zu erfassen, ehe sie sich daran machen, ein richtiges Netz zu weben.

Der Verschleiß der Netze ist ziemlich hoch, weil sich alles mögliche darin verfängt und auch die Witterung dem sensiblen Gebilde stark zusetzt. Gartenkreuzspinnen etwa erneuern ihr Netz jeden Tag, wobei sie aber oft den alten Stützrahmen wiederverwenden. Überhaupt sind Spinnen sehr ökonomisch veranlagte Tiere. Die Spinnseide alter Netze fressen sie auf und können bereits eine halbe Stunde später ein neues Netz daraus knüpfen. Im Prinzip sind Spinnen relativ flexibel mit ihrem Netzbau, doch einen ergiebigen Standort geben sie nicht so ohne weiteres auf.

Anregungen für das Business

Im Großen und Ganzen sind Spinnen höchst fragwürdige Vorbilder für Führungskräfte. Sie sind Einzelgänger und höchst aggressiv, vor allem gegenüber ihren Artgenossen. Wenn Sie Spinnen halten wollen, dann halten Sie niemals zwei davon im selben Terrarium. Und doch kann ihre Methode, mit Netzen Beute zu machen, sehr anregend sein. Zum Beispiel für Ihre Akquisition von Kunden oder Mitarbeitern. In diesem Sinne präsentieren wir Ihnen unsere vier Spinnenregeln:

Regel 1: Auch Beute, die dir unerreichbar scheint, kannst du fangen
Eigentlich hätten Spinnen keine Chance, eine Fliege zu erwischen, doch weil sie ein Netz bauen, werden sie zu Fliegenjägern. Richten Sie daher Ihre Akquisitionsmethode danach aus, welche Kunden Sie ansprechen oder welches Personal Sie rekrutieren möchten. Denken Sie über neue Wege nach, wie Sie Ihre Zielgruppe erreichen. Ihre „Fangmethode" entscheidet darüber, welche Beute Sie machen.

Regel 2: Spann dein Netz dort auf, wo deine Beute ist.
Begeben Sie sich dorthin, wo Ihre Kunden schon sind. Das erspart Ihnen den Aufwand, sie anzulocken. Je kürzer die Wege, die Ihre Kunden nehmen müssen, umso höher die Chance, dass sie Ihnen ins Netz gehen. Lernen Sie von den Spinnen, dass es auf den Standort ankommt. Und es ist gewiss ein Vorteil, wenn Sie ihn ohne großen Aufwand wechseln können.

Regel 3: Halte dich im Hintergrund.
Auch wenn die Spinne im Zentrum ihres Netzes sitzt, so ist sie doch gut getarnt. Oder sie sitzt am Rande, durch ihren Signalfaden mit dem Netz verbunden. Sie hat alles unter Kontrolle, doch sie verlässt sich ganz auf ihr Netz. Machen Sie es ebenso und lassen Sie Ihr Angebot für sich selbst sprechen. Lassen Sie es auf Ihre Kunden wirken. Es muss so attraktiv sein, dass sie förmlich daran festkleben. Sie müssen sich ganz von selbst darin „verstricken". Profiverkäufer wissen, dass es kaum ein besseres Argument gibt, als den Kunden selbst machen zu lassen. Und dass man Kunden am wirksamsten abschreckt, indem man auf sie zustürmt. Halten Sie sich also diskret im Hintergrund und überlassen dem Kunden die Initiative. Erst wenn er sich selbst „eingewickelt" hat, kommen Sie zügig auf ihn zu und machen die Sache klar.

Regel 4: Sorge dafür, dass dir nur Beute ins Netz geht, die du auch fressen kannst.

Kommt ein Vogel in die Nähe des Netzes, stößt die Spinne Schrecksignale aus, damit er nicht hinein fliegt. Denn diese Beute kann sie nicht gebrauchen. Ebenso wenig wie die Wespen, die sie schnell aus den klebrigen Fäden herausschneidet. Nun gibt es auch Kunden (oder Mitarbeiter), die Ihnen ins Netz gehen könnten, an denen Sie aber wenig Freude haben werden. Weil sie „ein paar Nummern zu groß" sind, kein ernsthaftes Interesse haben oder zu viel Aufwand verursachen. Als „Spinnenmanager" sollten Sie solche ungenießbare Beute entweder regelrecht „abschrecken" (wie das geht, können Sie von den Läden für Computerspiele lernen, in die sich kein Erwachsener über 20 Jahre allein hineintraut) oder aber Sie sorgen dafür, dass diese Beute möglichst schnell wieder freikommen kann, ehe sich für Sie die Sache in die Länge zieht und Sie keine Zeit haben, sich um die wirklich attraktive „Beute" zu kümmern. Dabei sollten Sie auch nicht allzu wählerisch sein, die Spinnen sind es auch nicht. Was in ihrem Netz hängt und sich fressen lässt, das fressen sie – ohne Ansehung der Person. Die Weibchen der Gattung *Portia schultzi* schont sogar die Männchen der eigenen Art nicht, sondern verspeist sie. Und zwar nicht nach der Paarung (wie das die *Schwarzen Witwen* tun), sondern einfach so.

Balztänze für den Kunden

Themen: Ritual, Werbung, Kundenservice, Konkurrenz, Eventmarketing

Stichlinge tun es, Auerhähne tun es, Haubentaucher tun es und Paradiesvögel tun es auch: Sie vollführen einen mehr oder weniger ausgiebigen, streng choreographierten Balztanz. Das Ziel ist klar: Geeignete Fortpflanzungspartner sollen zueinander finden. Das heißt, es wird vor allem dort gebalzt, wo sich die Partner noch nicht kennen, wo sozusagen noch Überzeugungsarbeit geleistet werden muss, dass man passable Qualitäten zum gemeinsamen Nachwuchs beisteuert.

Nun sind die Investitionen für den Nachwuchs unter den Geschlechtern in aller Regel ungleich verteilt: Weibchen investieren mehr als Männchen, deren Rolle sich oft genug auf eine einmalige Samenspende beschränkt. Dieser

Umstand bringt es mit sich, dass es meist die Weibchen sind, die auswählen, und die Männchen, die überzeugen müssen. Auf den Balztanz bezogen heißt das: Männchen tanzen, Weibchen lassen sich überzeugen oder ergreifen die Flucht.

Der Klassiker: der Dreistachlige Stichling

Stichlinge sind fünf bis acht Zentimeter lange Fische, die sowohl im Meer als auch im Süßwasser leben können und die sich am liebsten entlang der Meeresküste aufhalten. Sie zählen zu den beliebtesten Studienobjekten der Verhaltensforschung, seit in den dreißiger Jahren der Nobelpreisträger Nikolaas Tinbergen seine bahnbrechenden Studien an eben diesen kleinen Fischen vornahm und damals schon dem Balztanz seine Aufmerksamkeit widmete.

Bei den Stichlingen ist die Aufgabenverteilung unter den Geschlechtern etwas anders gestaltet als bei den meisten landbewohnenden Wirbeltieren. Hier kümmert sich allein das Männchen um Nestbau und Brutpflege, wenn man bei Fischen davon sprechen möchte. Und doch ist es auch hier das Männchen, das den Balztanz vollführt. Ehe es so weit ist, muss es aber noch eine Menge Vorarbeit leisten: Ein Revier erobern und aus Pflanzenstängeln ein überdachtes Nest bauen, wobei es die Fasern mit einem Nierensekret noch verklebt. Hin und wieder tauchen Eindringlinge auf, die vertrieben werden müssen, bis endlich ein laichbereites Weibchen heranschwimmt.

Nun verfällt das Männchen in einen bemerkenswerten Zickzacktanz, der damit endet, das es mit der Schnauze auf den Nesteingang weist. Das Weibchen lässt sich nicht lange bitten, schlüpft in das Nest, laicht ab, animiert von Schnauzenstößen des Männchens, und schwimmt ein für alle mal davon. Der Zickzack-Tanz ist ein unmissverständliches Signal an das Weibchen: Hier können Sie ablaichen. Alles andere spielt beim Stichling keine Rolle.

Das Birkhuhn sucht den Superhahn

Ganz anders verläuft der Balztanz bei den Birkhühnern. In der zweiten Märzhälfte versammeln sich die Hähne an bestimmten Balzplätzen. Ab Mitternacht beginnt der Balztanz. Die Hähne plustern sich auf, springen plötzlich in die Höhe, drücken ihren Kopf tief auf den Boden, vollführen Scheinkämpfe und lassen einen eigenartigen Gesang hören: zischende, fauchende und glucksende Laute, die allerdings weithin zu hören sind.

Das Besondere an diesem Ritual: Die Herren sind zunächst ganz unter sich. Sie tanzen sich in einen wahren Rausch hinein. Die aufgehende Sonne beendet die Veranstaltung, als hätte jemand eine kalte Dusche aufgedreht. Die Birkhühner, also die Damen, erscheinen sehr viel später auf dem Balzplatz. Bis dahin hat sich offenbar eine gewisse Hierarchie unter den balzenden Hähnen herausgebildet, es ist schon so etwas wie eine Vorentscheidung gefallen. Auf der anderen Seite kann man sagen: Jetzt kommt es darauf an, jetzt fallen die Würfel. Und so wird weitergebalzt. Wie beim Pfau haben die Hühner eine Schwäche für Siegertypen. Nach Möglichkeit wollen sie sich mit dem Haupthahn paaren, der seine Konkurrenten in Grund und Boden getanzt hat.

Paradiesvögel brauchen eine Bühne

Besondere theatralische Qualitäten hat der Balztanz bei den Paradiesvögeln, vor allem beim so genannten Strahlenparadiesvogel: Bevor das Männchen mit seinem Tanz beginnt, räumt es auf dem Waldboden seine Bühne frei. Es pflückt Blätter ab, räumt Zweige und Streu beiseite, bis nur der nackte Erdboden übrig bleibt. Dabei geht es mit äußerster Sorgfalt vor. Ist die Bühne bereitet, läuft der Vogel mehrmals hin und her und stößt schrille Rufe aus: Die Vorstellung kann beginnen! Es dauert nicht lange, bis sich das Publikum einfindet, mehrere Weibchen. Unterdessen überprüft der Tänzer noch einmal demonstrativ die blank geputzte Bühne. Um die Aufmerksamkeit der Weibchen noch eigens auf die Reinlichkeit zu lenken, führt er eine kleine Pantomime auf: In Ermangelung real existierender Blätter pickt er unsichtbare Exemplare auf und wirft sie beiseite.

Dann beginnt der Tanz, eine beeindruckende Showveranstaltung, bei der das Männchen seine Schmuckfedern präsentiert, seine Brustfedern sträubt, sich hin und her wiegt, plötzlich erstarrt, um sodann seinen Kopf hin- und herzuwerfen, wodurch sich ein spektakulärer Farbeffekt ergibt. Der Tanz endet mit einem gewaltigen Luftsprung, der Paradiesvogel landet auf dem Rücken eines Weibchens und paart sich mit ihm. Dieser Akt gehört allerdings mit zur „Show", denn die Weibchen besuchen eine ganze Reihe solcher Veranstaltungen und entscheiden sich dann für den Vogel mit der besten Performance.

Der Paartanz der Haubentaucher

Allerdings muss der Balztanz nicht immer eine einseitige Angelegenheit sein. Es gibt eine Reihe von Vogelarten, da tanzen die Paare gemeinsam und finden so zueinander. Dabei handelt es sich um Arten, bei denen sich Weibchen und Männchen stark ähneln. Bei den Kranichen etwa versammelt sich ein gutes Dutzend Vögel, die den Tanz mit Verbeugungen und Sprüngen beginnen, mit den Flügeln schlagen und einen kurzen Sprint einlegen. So finden die Pärchen zueinander, die den Balztanz weiterführen und zu einem gelungenen Abschluss führen.

Einen geradezu exzessiven Tanz dieser Art vollführt der Haubentaucher. Genauer gesagt handelt es sich um eine lange Reihe streng ritualisierter Tänze. Zunächst schwimmen die Vögel aufeinander zu, bis sie aneinander stoßen, legen die Köpfe zusammen und schütteln sie schweigend. Der britische Tierfilmer David Attenborough hat die Zeremonien der Haubentaucher mit dem japanischen No-Theater verglichen, so stark ritualisiert und für Außenstehende schwer verständlich scheinen die Tänze zu sein, die sich über mehrere Tage hinziehen können. Von Tanz zu Tanz festigt sich die Beziehung, bis das Ritual im so genannten „Pinguintanz" seinen krönenden Abschluss findet: Die Partner schwimmen auseinander, tauchen langsam unter und schwimmen feierlich aufeinander zu, jeder mit etwas Pflanzenmaterial im Schnabel.

Unter allen Balztänzen ist dieser sicher der aufwändigste. Aber es geht auch um sehr viel, eine Entscheidung fürs Leben gewissermaßen, denn der Haubentaucher lebt, wie die Vogelforscher sagen, in „strikter Einehe".

Anregungen für das Business

Balztänze sind ein exzellentes Muster dafür, wie man Kundenbeziehungen aufbaut und pflegt. Die unterschiedlichen Varianten machen uns auch darauf aufmerksam, dass der Aufwand für solche Rituale abhängig ist von der Qualität der Kundenbeziehung.

„Stichlingskunden" wollen klare Signale, um Zeit zu sparen

Das Stichlingsweibchen hat keine Zeit zu verlieren; es will ablaichen und so schnell es geht wieder davonschwimmen. Ebenso wollen „Stichlingskunden" keine aufwändigen Rituale, keine Demonstration, wie zuverlässig, innovativ oder sympathisch der Anbieter ist. Sie wissen, worum es geht und was sie wollen; alles andere lenkt ab. Sie brauchen nur ein einziges klares Signal – wie es das Stichlingsmännchen mit seinem Zickzacktanz setzt. Und ähnlich wie das Weibchen zum Nesteingang gestupst wird, genügt bei einem „Stichlingskunden" dann der Hinweis: „Hier können Sie zahlen. Vielen Dank für Ihren Einkauf."

„Birkhühner" kaufen nur beim „Marktführer"

In manchen Branchen geht es zu wie bei den Birkhühnern: Die Kunden sind äußerst anspruchsvoll – zumindest nach eigener Einschätzung. Sie wollen nur beste Qualität. Das Problem ist jedoch, dass man den meisten Produkten und Dienstleistungen nicht ansieht, ob sie die „beste Qualität" haben. Dazu ist die Sache viel zu komplex.

Daher haben „Birkhuhn"-Branchen großen Bedarf an eindrucksvollen Balztänzen, bei denen der „Beste der Besten" ermittelt werden soll: Messen, Kongresse, Produktpräsentationen, Wettbewerbe mit repräsentativen Preisverleihungen. Ähnlich wie beim Balztanz der Birkhähne sind hier durchaus gewisse Rückschlüsse auf die Produktqualität erlaubt. In einer „Birkhuhn-Branche" gibt man sich selbstbewusst, plustert sich auf, weil das zum Geschäft gehört, liefert sich eindrucksvolle Scheinkämpfe mit seinen Konkurrenten, und manchmal gehen solche Balztänze auch in etwas Rauschhaftes über – ganz wie bei den Birkhähnen.

Der entscheidende Punkt ist: Gewinnen kann nur einer. Nicht unbedingt der mit den „besten Genen" oder „besten Produkten", sondern der Sieger des Balztanzes. Daher müssen sich alle Unternehmen der „Birkhuhn-Branchen" darauf konzentrieren, den Balztanz zu gewinnen.

Rituale werten die Kundenbeziehung auf

Allgemein gilt: In hochwertigen Kundenbeziehungen sind Rituale außerordentlich nützlich. Sie schaffen etwas Vertrautes, Verlässliches und stabilisieren damit die Beziehung.

Rituale dürfen aber nicht beliebig sein. Sie müssen eine positive Botschaft transportieren. In der Regel geht es darum, die Beziehung zum Kunden demonstrativ aufzuwerten. Das kann durch kleine Gesten geschehen. Der Steuerberater, der zu Beginn jedes Beratungsgesprächs demonstrativ sein Telefon umleitet, gibt damit seinem Klienten zu verstehen: Ich will nicht gestört werden, das Gespräch mit Ihnen ist mir wichtig. Die feierliche Schlüsselübergabe beim Autokauf, das Essen am „Kapitänstisch" bei einer Kreuzfahrt oder die persönliche Begrüßung der Gäste durch den Chef in einem Spezialitätenrestaurant sind Rituale, die ihre Wirkung nicht verfehlen.

Halten Sie Ihre Rituale immer ein!
Ehe Sie Ihre Kundenbeziehungen durch beeindruckende Rituale aufwerten, sollten Sie sich klarmachen: Kaum etwas verärgert Ihre Kunden gründlicher, als wenn Sie die einmal etablierten Rituale nicht einhalten. Das ist so, als wenn Sie beim Balztanz eine Station „aus Kostengründen" überspringen wollen. Das ganze Ritual bricht in sich zusammen. Die Kunden empfinden es als Missachtung. Sonst hatte der Inhaber des Autohauses immer Zeit, sich „persönlich" davon zu überzeugen, ob mit dem Neuwagen „alles in Ordnung" ist. Jetzt lässt er sich „nicht mal blicken". Daher sollten Sie nur solche Rituale einführen, die Sie nicht nach kurzer Zeit aus Kostengründen wieder abschaffen müssen.

Sorgen Sie für einen spektakulären Abschluss
Am Anfang muss nicht immer alles perfekt laufen, solange nur der Abschluss überzeugend ist – wie beim Balztanz. Verärgerte Kunden lassen sich halbwegs wieder versöhnen, wenn am Ende ein positives Erlebnis steht. Anders herum können Sie am Anfang noch so viele Punkte sammeln, wenn Sie gegen Ende abbauen, haben Sie verloren. Das ist vielen Unternehmen nicht klar, die sich auf den Anfang der Kundenkontakte konzentrieren und meinen, sie müssten bei der Akquise stark sein, um dann desto stärker nachzulassen. Dahinter steht die Vermutung, dass Kunden schwerer zu gewinnen als zu vergraulen sind. Doch auf enttäuschten Kunden lässt sich kein Geschäft aufbauen.

Service-Orientierung beim Putzerfisch

Themen: Service, Prestige, Altruismus

Putzerfische gelten als die klassischen Dienstleister in der Natur. Allein oder zu zweit betreiben sie regelrechte Pflegestationen, zu denen andere Fische kommen, um sich von Parasiten reinigen zu lassen. Das Geschäft läuft mitunter so erfolgreich, dass sich lange Schlangen bilden von geschuppten Kunden, die geduldig warten, bis sie an der Reihe sind. Wie der Zoologe Jörg Hess berichtet, wurden an einer Pflegestation nicht weniger als 300 Fische gezählt, die der kleine Putzer innerhalb von sechs Stunden bediente.

Nach landläufiger Vorstellung ist die Konstellation geradezu ideal, eine mustergültige Win-Win-Situation, von der beide Seiten profitieren, weil sie einander helfen: Der große Raubfisch wird von den lästigen Parasiten befreit. Dafür darf der kleine Putzer sich den Bauch vollschlagen, er darf an die empfindlichsten Körperstellen schwimmen, um die Parasiten zu naschen. Und auch wenn er den gefährlichsten Räubern der Meere so nahe kommt, wird er nicht gefressen. Denn die würden sich ja selbst schaden. Allerdings ist es wie immer bei den vermeintlichen Win-Win-Lösungen: Ganz so glatt läuft die Sache dann doch nicht. Und erst das macht sie so interessant.

Was Putzerfische wirklich wollen

Es stimmt schon: Die kleinen Putzer reinigen die großen Fische von Parasiten. Genau deshalb kommen die Kunden auch hierher und stellen sich geduldig an. Doch sind die Parasiten für den Putzer nur zweite Wahl. Viel lieber verspeist er nämlich den nahrhaften Schleim, der die Haut der Fische umgibt. Dieser Schleim reduziert den Reibungswiderstand, wodurch die Fische schneller werden. Und vor allem schützt er sie vor Infektionen. Natürlich hat kein Kunde ein Interesse daran, sich die Schutzschicht von der Haut fressen zu lassen. Also muss der Putzer taktisch geschickt vorgehen, um sich seine Kundschaft nicht zu vergraulen oder womöglich von ihr gefressen zu werden.

Dieses Taktieren haben die Verhaltensforscher Redouan Bshary und Alexandra Grutter genauer untersucht – mit erstaunlichen Ergebnissen. Es ist nämlich so, dass der Putzer seiner geschmacklichen Vorliebe eher dezent nachgeht. Gegenüber seinen Kunden lässt er nicht klar erkennen, worauf er eigentlich aus ist.

Individuelle Kundenpflege

Und doch nascht der Putzer immer wieder vom nahrhaften Schleim, was die Kunden kurz zusammenzucken lässt. Geschieht das relativ häufig, dann versöhnt der Putzer seinen Kunden beim nächsten Mal mit einer Vorzugsbehandlung: Es wird kein Schleim genascht und eine kostenlose Rückenmassage gibt es noch obendrauf.

Raubfischen gegenüber unterdrückt der Putzer seine geschmacklichen Neigungen ganz und gar. Hier wird nur gereinigt. Denn wenn der Raubfisch zuschnappt, dann ist sein viel versprechendes Geschäftsmodell am Ende. Und so hält sich der Putzer eher an die harmloseren Fische, vor allem wenn er mit ihnen allein ist. Sind mehrere Kunden anwesend, so hält er sich zurück. Immerhin hat er einen Ruf zu verlieren.

Servicequalität unter Beobachtung

Fische können sich nicht über die Qualität der Pflegestation austauschen. Aber sie können beobachten, was vor sich geht, um zu entscheiden, ob sie den Putzer an sich heranlassen oder nicht. Und genau das geschieht offenbar. Wie Bshary und Grutter herausgefunden haben, registrieren die potentiellen Kunden sehr genau, wie sich der Putzerfisch verhält. Und sie geben sehr deutlich den Pflegestationen den Vorzug, in denen sie den besten Service erwarten können. Umgekehrt erzieht dieses Verhalten den Putzerfisch dazu, sich bei seiner Nahrungspräferenz zurückzuhalten, um aus seinen Kunden den maximalen Nutzen zu ziehen.

Laufkunden vor Stammkunden

Bemerkenswert ist noch eine letzte Beobachtung, die Redouan Bshary gemacht hat: Warten mehrere Fische auf ihre Pflege, werden Laufkunden bevorzugt bedient, also Fische, die hier das erste und womöglich auch letzte Mal erscheinen. Auf den ersten Blick mag das überraschen, doch der Hintergrund ist folgender: Die Stammkunden haben ein kleines Revier. Sie können womöglich gar nicht auf einen anderen Putzservice ausweichen. Und das nutzt ein Dienstleistungsprofi dann auch einmal ein wenig aus.

Anregungen für das Business

Unterschiedliche Kunden brauchen unterschiedlichen Service
Der Putzerfisch weiß ganz genau, was er seinen Kunden zumuten kann. Wie er sie behandeln muss, damit sich das Geschäft für ihn lohnt. Er betreibt eine Art Mischkalkulation, um möglichst viel für sich herauszuholen. Kritische Kunden genießen besondere Aufmerksamkeit und Pflege. Manchen Kunden kann der Putzer etwas mehr „abnehmen" als anderen, ohne sie zu verprellen. Dass er weiß, was seine Kunden brauchen, und dass er sich individuell auf sie einstellen kann, macht den Erfolg seines Servicegeschäfts aus.

Nichts ist so überzeugend wie zufriedene Kunden
Schlechter Service spricht sich schnell herum. Heute mehr denn je, da sich Kunden im Internet austauschen und die Anbieter bewerten. Wer „kleine Fische" schlecht behandelt, der riskiert durch ein negatives Urteil abgestraft zu werden. Darüber hinaus machen sich Kunden ein Bild davon, wie mit anderen Kunden verfahren wird, zum Beispiel wenn die sich beschweren. Werden die schnell abgefertigt, macht das einen verheerenden Eindruck. Können sich Kunden hingegen einen authentischen Eindruck verschaffen, wie gut und professionell andere Kunden betreut werden, so wirkt das überzeugender als jede Werbeaktion.

Die wundersame Selbstvermehrung von Informationen — virales Marketing

Themen: Informationsmanagement, Online-Marketing, Internet, Sicherheit

Wenn von Viren die Rede ist, dann meist im Zusammenhang mit unangenehmen Dingen. Maul- und Klauenseuche, Kinderlähmung, Gelbfieber, Tollwut, Grippe, Aids, zahllose unerklärliche Krankheiten, Chaos und Katastrophen sind das Ergebnis von Virenbefall, ob im Körper oder in Computernetzen. Was die (biologischen) Viren zusätzlich so unheimlich macht, das ist die Schattenhaftigkeit ihrer Existenz. Sie sind keine echten Lebewesen; dazu fehlt ihnen der Stoffwechsel. Sie sind aber auch keine „tote Materie", denn sie vollbringen etwas, das sonst nur Lebewesen können: Sie vermehren sich. Und genau das macht sie so gefährlich.

Klein und gemein

„Ein Virus ist ein Stück Erbgut, das in eine Eiweißhülle verpackt ist", so lautet in den Worten des Biochemikers Ernst-Ludwig Winnacker die „strikt biologische Definition". Viren sind winzig, sie sind nur im Mikro- und Nanometer-Bereich zu messen. Im Vergleich zu ihnen sind Bakterien klobige Riesen. Bakterien lassen sich durch extrem feine Filter herausfischen, Viren nicht.

Viren dringen in die Zellen eines Organismus ein. Hier besetzen sie gleich die entscheidenden Schaltstellen: Die Gene im Zellkern. Die werden so manipuliert, dass die Zelle nicht mehr den eigenen, sondern den Zielen des Virus dient. Genau genommen handelt es sich nur um ein einziges Ziel: Die maximale Vermehrung. Mit der Folge, dass die infizierte Zelle geschädigt oder sogar vernichtet wird.

Eine fatale Bauanleitung

Die Viren verwenden die Bestandteile der infizierten Zellen, um eigene Nachkommen zu bilden, schreibt die Biologin Susanne Modrow. Sie sind „Zellparasiten", die nicht viel mehr mitbringen als eine Bauanleitung. Und zwar eine Bauanleitung zum Bau von weiteren Bauanleitungen. Nach diesem Prinzip arbeiten auch die gefürchteten Computerviren. Sie veranlassen das Programm lauter Kopien eben dieses Befehls zu erstellen. Dadurch kommt es zu einer explosionsartigen Vermehrung und das ursprüngliche Programm wird lahm gelegt.

Eine Bauanleitung besteht aus Informationen. Insoweit geht es immer um diese Ebene: Informationen werden irgendwo eingeschleust und beeinflussen den geordneten Ablauf der Dinge. Ernst-Ludwig Winnacker: „Überall dort, wo Information existiert und gehandhabt wird, lauern Viren, und immer wirken sie dadurch, dass sie die befallenen Systeme mit deren eigenen Waffen schlagen."

Viren auf der Fahndungsliste des Immunsystems

Bevor die Viren ihr Werk beginnen können, müssen sie erst einmal zu der betreffenden Zelle (oder dem Softwareprogramm) gelangen. Und das ist ein langer Weg. Sie müssen eine Eintrittspforte überwinden, über Mund und Nase, offene Wunden oder offene Leitungen ins System eingespeist werden. Weil die Viren so ungeheuer klein sind, ist das häufig kein großes Problem. Es ist unmöglich, sie auszufiltern, außerdem können sie sich mit Leichtigkeit an größere, unverdächtige Einheiten anheften.

Doch nützt es ihnen zunächst einmal gar nicht so viel, die Eingangskontrolle überwunden zu haben. Im Körper fangen nämlich die Schwierigkeiten erst an. Hier treffen die Viren auf eine hochgerüstete Immunabwehr. Wenn die Fresszellen und Antikörper den Virus schon auf der Fahndungsliste haben, dann kommt der Angriff der Viren bereits hier zum Stillstand. (Nach dem gleichen Prinzip arbeitet auch das Antivirenprogramm in Ihrem Computer; es durchforstet sämtliche Dateien nach bekannten Viren, es arbeitet also auch eine Art Fahndungsliste ab.) Nur wer nicht auf der Liste steht, hat eine Chance durchzukommen. Und das sind gar nicht so viele.

Auf der Suche nach einer geeigneten Zelle

Aber auch wenn der Virus der Immunabwehr unerkannt entkommen konnte, muss er noch eine geeignete Zelle finden, die sich für seine Zwecke einspannen lässt. An diese Zelle muss er sich anheften, Bindungen aufbauen, um schließlich zum Zellkern vorzudringen, in dem die ersehnten genetischen Informationen deponiert sind, die der Virus umschreiben will.

Die Suche nach so einer Zelle kann sich ausgesprochen langwierig gestalten. Denn ein Virus kann nur an eine Zelle andocken, wenn er den passenden Zellrezeptor findet. Er muss gewissermaßen den richtigen Schlüssel haben, um sie zu knacken. So hangelt sich der Virus von Zelle zu Zelle wie jemand, der im Schwimmbad einen unnummerierten Schlüssel gefunden hat und sich nun von Schließfach zu Schließfach vorantastet in der Hoffnung, irgendwann werde der Schlüssel schon passen.

Doch die einzelnen Zellen lassen sich unterschiedlich leicht knacken. Und die Viren haben Schlüssel mit mehr oder weniger großer Breitenwirkung. Es gibt Viren, die haben eine Art Generalschlüssel, mit dem sie alle Zellen „öffnen" können. Andere brauchen hingegen eine sehr spezielle Variante, die vielleicht in dem Organismus gar nicht vorhanden ist. Dann ist hier wieder Endstation.

Mit wenigen Genen zum Erfolg

Andockmanöver gelungen, Zelle infiziert. Und jetzt beginnt der eigentliche Teil der Arbeit. Der Virus dringt in den Zellkern vor, knackt die genetische Information der Zelle und veranlasst sie, lauter kleine Viren herzustellen. Ab einer bestimmten Anzahl bricht die Zelle auf und es ergießt sich ein Strom von Viren in die Blutbahn, um weitere Zellen zu infizieren. Aber nicht allen Viren gelingt es überhaupt, die genetische Information der Zelle in der gewünschten Weise umzuschreiben. Dann sitzt der Virus in der Zelle wie ein Safeknacker in einem Tresorraum voller Falschgeld.

Die Erfolgsformel für die Viren ist ihre extreme Beschränkung auf das Wesentliche. Sie knacken Zellen mit komplizierten genetischen Strukturen, sie selbst bestehen aber nur aus ganz wenigen Genen, also Informationen. Ihre Bauanleitung besteht im Wesentlichen nur aus drei Kapiteln:

1. Wie baue ich die Virushülle? 2. Wie vermehre ich mich selbst? 3. Welche Vorteile kann ich mir gegenüber meinem Gastgeber verschaffen und wie gehe ich dabei vor?

Der besondere Clou bei der Sache ist, dass die Informationen für das dritte Kapitel häufig aus dem Erbgut der infizierten Zellen stammen. Die Viren haben sie irgendwann „ausgebaut und mitgenommen".

Und immer schön flexibel bleiben

Jede Virusinfektion hinterlässt Spuren. Die Viren können die infizierten Zellen, ja den gesamten Organismus töten. Sie können die Zellen derart umbauen, dass sie immer einmal wieder Viruspartikel ausstoßen. Sie können es dabei belassen, ihre Erbinformation zu hinterlassen. Oder sie können die Zellen als Tumorzellen unsterblich machen. Die meisten Infektionen bekommt der Körper früher oder später wieder in den Griff; nur die Viren haben sich eben mit seiner tätigen Mithilfe verbreitet und andere Organismen befallen. Ein zweites Mal kann der selbe Virus den Körper nur schwer wieder befallen. Die Immunabwehr ist entsprechend vorgewarnt.

Was aber geschehen kann – und auch laufend geschieht: Der Virus verändert ein wenig seine Gestalt. Weil er so unendlich oft kopiert wird, ist seine Mutationsrate ja auch entsprechend hoch. Und dann wird er von unserem Immunsystem nicht mehr erkannt. Das ist auch der Grund, warum wir uns jedes Jahr wieder eine Grippe zuziehen können. Die Erreger sind flexibel genug, um unser Immunsystem immer wieder aufs Neue zu „überraschen".

Anregungen für das Business

Das Konzept des viralen Marketings stammt aus den USA. „Wenn es darum geht, innerhalb kurzer Zeit eine Botschaft zu verbreiten, mit minimalem Aufwand und maximaler Wirkung, dann kann nichts auf der Welt einen Virus übertreffen", verkündete Jeffrey Rayport von der Harvard Business School. Besonders die neuen Möglichkeiten des Internets animierten zahlreiche Autoren, das Konzept des viralen Marketings weiter auszuarbeiten. Dabei ist virales Marketing nicht unbedingt an Online-Medien gebunden, wenngleich auf diesem Wege Viren aller Art besonders schnell verbreitet werden.

Regel Nummer 1: Der Virus ist die Botschaft

Im Grundsatz geht es beim viralen Marketing um die maximale Ausbreitung von Werbebotschaften. Diese Botschaften sollen sich in ähnlicher Weise vermehren wie Viren, nämlich explosionsartig unter Ausnutzung fremder Ressourcen, was die Sache besonders wirksam und vor allem kostengünstig macht. Nicht die Unternehmen verkünden ihre Werbebotschaften in milliardenschweren Kampagnen, die wirkungslos verpuffen, sondern die Angehörigen der Zielgruppe verbreiten die „viralen" Botschaften selbst.

Regel Nummer 2: Virale Botschaften infizieren die Hirne ihrer Zielgruppe

Die Frage, die sich sofort stellt, ist: Warum sollte die Zielgruppe die Botschaften weiterverbreiten? Hier gibt das virale Marketingkonzept zwei Antworten: Entweder weil die Botschaft so unwiderstehlich ist, dass die Angehörigen der Zielgruppe sie gerne weitererzählen. Oder weil sich die Werbebotschaft an eine andere Botschaft fest anheftet. Bekanntes Beispiel für eine „unwiderstehliche" Botschaft im Internet war der so genannte „Bundesdance", eine Aktion der Süddeutschen Zeitung: In der Onlineausgabe der Zeitung konnte man ein kleines Programm aktivieren, das es ermöglichte, prominente Politiker „tanzen" zu lassen. Innerhalb kürzester Zeit verbreitete sich dieser nette Gag wie ein Lauffeuer; auch die Fernsehnachrichten berichteten darüber. Beispiel für eine fest angeheftete Botschaft sind die kostenlosen E-Mail-Dienste im Internet. Jedes Mal, wenn Sie eine E-Mail von einem Bekannten bekommen, der einen solchen Dienst nutzt, lesen Sie als letzten Satz eine Botschaft wie „Ihre kostenlose E-Mail bekommen Sie unter www.hotmail.com". Auch diese Botschaft zeigte Wirkung.

Regel Nummer 3: Virale Botschaften sind kurz

Viren können sich nur deshalb so rasant verbreiten, weil sie auf das Wesentliche reduziert sind. So ist es auch mit den viralen Botschaften: Umständliche, komplizierte Exemplare werden nicht kopiert. Sie versanden.

Regel Nummer 4: Virale Botschaften sind aus einem Guss

Ein Grundproblem des viralen Marketings: Das werbende Unternehmen verfolgt ein anderes Interesse als die Zielgruppe. Es möchte ein positives Image aufbauen und letztlich Produkte verkaufen. An solchen Botschaften hat die Zielgruppe jedoch kaum Interesse. Daher benutzen einige Unternehmen

„virale Botschaften" nur als attraktives Vehikel, um ihre Kernbotschaft loszuwerden und ihr Produkt zu loben oder wenigstens bekannt zu machen. Beide Botschaften stehen in keinem zwingenden Zusammenhang. Die Sache ist nicht mehr aus einem Guss. Die Wirkung: Die Zielgruppe verbreitet nur die Vehikelbotschaft und lässt die Werbeaussage völlig unter den Tisch fallen.

Die einzige Möglichkeit, diesen Widerspruch aufzulösen, besteht darin, die Botschaft so stark mit dem eigenen Unternehmen (oder dem Produkt) zu verknüpfen, dass eine Trennung kaum möglich ist. So ließ sich der erwähnte „Bundesdance" nur betrachten, wenn man die Website der Süddeutschen Zeitung aufrief. Wäre es möglich gewesen, die Software auf anderem Wege zu verbreiten, wäre die Verbindung zwischen Zeitung und „Dance" sofort verloren gegangen.

Regel Nummer 5: Virale Botschaften müssen „leicht übertragbar" sein
Eine Virusinfektion kann sich nur verbreiten, wenn sich immer wieder neue Organismen anstecken. Ebenso ist es mit den viralen Botschaften. Nur wenn sie innerhalb kurzer Zeit eine erkleckliche Anzahl von Personen erreichen, haben sie überhaupt eine nennenswerte Verbreitungschance. Die Übertragungswege sollten daher möglichst schnell sein. Deshalb gilt das Internet als ideales Medium für virales Marketing.

Regel Nummer 6: Virale Botschaften müssen das Immunsystem der Zielgruppe überwinden
„Wie ein Virus verbreiten sich Informationen über Internetdienste, ohne dass die betroffenen Unternehmen auch nur den kleinsten Betrag in entsprechende Marketingmaßnahmen investiert hätten", schwärmt Sascha Langner, einer der Apologeten des viralen Marketings in Deutschland. Ganz so einfach läuft die Sache selten. Denn die viralen Botschaften können sich nicht so ohne weiteres bei der Zielgruppe einnisten, die sich freudig an deren Weiterverbreitung macht. Wie die realen Viren müssen auch die viralen Botschaften erst eine Art „Immunsystem" überwinden. Die attraktiven Zielgruppen sind ständig irgendwelchen viralen Botschaften ausgesetzt: Songs, Klingeltöne, Spiele und Software zum Download, nette Geschichten, Gags und Gimmicks, die nur darauf warten weitererzählt zu werden.

Die meisten dieser viralen Botschaften haben keine Chance. Das „Immunsystem" kennt sie bereits und lässt sie gar nicht erst weiter vordringen. Wer eine virale Botschaft platzieren will, der kann nicht mit alten Geschichten kommen, der muss das Immunsystem überraschen und punktgenau an der richtigen Zelle „andocken"; anders gesagt, er muss einen Volltreffer landen. Und dazu sollte er – wie der Virus seine Zellen – seine Zielgruppe genau kennen.

Regel Nummer 7: Virales Marketing lässt sich nicht steuern
Virales Marketing ist nicht planbar. Welche Botschaften ankommen, das lässt sich meist gar nicht voraussagen. Und es ist keineswegs sicher, was mit Ihrer viralen Botschaft geschieht. Vielleicht wird sie völlig verändert, in ihr Gegenteil verkehrt. Im viralen Marketing bezeichnet man das als „Mutation". Und mit solchen Mutationen müssen Sie rechnen. Das ist auch das Reizvolle am viralen Marketing. Es lebt von Überraschungen und kann überhaupt nur dann funktionieren, wenn das Unternehmen seine Kunden nicht als preisgünstige Kopiermaschine für die eigenen Werbebotschaften begreift, sondern deren virale Botschaften wiederum aufgreift und so mit ihnen in einen Dialog eintritt.

Tarnen und Täuschen

Im Kampf ums Überleben ist jedes Mittel recht und die Fähigkeit zum Betrug ein „echter Aktivposten", wie der britische Autor Jeremy Campbell in seiner „Geschichte der Unwahrheit" bemerkt. Und so lügen und betrügen, tarnen und täuschen Tiere und Pflanzen. Von der harmlosen Schwebfliege, die sich als Wespe tarnt, über den peruanischen Baumfrosch Hyla calcarata, der so aussieht wie ein Blatt, bis hin zum männlichen Trauerschnäpper, der sich als Junggeselle ausgibt, um so weitere Vogeldamen zur Paarung zu verleiten. Es gibt keine Ehrlichkeit in der Natur, könnte man meinen, Betrug zahlt sich aus – wenigstens wird er von der Evolution begünstigt. Das stimmt einerseits. Mit List und Lüge ist immer zu rechnen, wer die andern austrickst, hat einen handfesten Überlebensvorteil. Doch ist das nicht die ganze Wahrheit.

Tatsächlich gibt es eine natürliche Obergrenze für den Betrug. Zum einen ist die Fälschung darauf angewiesen, dass das Original seine beherrschende Stellung behält, sonst übernimmt die Fälschung die Stelle des Originals. Zum andern bricht jedes System zusammen, wenn es von einer erklecklichen Anzahl von „Falschspielern" beherrscht wird. So sorgt schon die Natur dafür, dass die Ehrlichen nicht aussterben. Auf der anderen Seite ist auch nicht damit zu rechnen, dass die Betrüger verschwinden. Gerade in einem Meer von Ehrlichkeit lohnt sich die Lüge am meisten.

Die besten Mimikry Methoden

Themen: Image, Produktpiraterie, Markenprodukte, Me-too-Produkte

Der englische Naturforscher Henry Bates war der erste, der auf das Phänomen aufmerksam wurde. Als er 1860 von einer elfjährigen Forschungsreise aus Brasilien zurückkehrte, brachte er etliche Schmetterlinge mit – übersichtlich aufgespießt, im Sammleralbum. Unter diesen Schmetterlingen gab es etliche, die sich zum Verwechseln ähnlich sahen, jedoch völlig verschiedenen Arten angehörten. Die eine Art war giftig, die andere war es nicht. Diese Entdeckung brachte Bates zu der Vermutung, der harmlose Falter hätte den giftigen imitiert, um sich so gegen seine Fressfeinde zu schützen.

Der Vorteil giftig zu erscheinen

Natürlich handelt es sich nicht um eine bewusste Täuschung, sondern um eine evolutionäre Anpassung. Die Ähnlichkeit mit dem giftigen Vetter wurde von der Evolution belohnt und der harmlose Falter glich sich immer stärker an. Seine Fressfeinde, vor allem Vögel, verschmähten ihn und hielten sich lieber an Exemplare, bei denen sie sicher sein konnten, durch den Verzehr keine Magenprobleme zu bekommen.

Der Harmlose gibt vor, gefährlich zu sein. Eine sehr beliebte Methode, die hilft, eine Menge Gift zu sparen. Nach seinem Entdecker nennt man diese Art der Imitation die „Bates'sche Mimikry". Es gibt noch eine ganze Reihe anderer Arten von Mimikry, die Sie in diesem und im folgenden Abschnitt kennen lernen werden.

Doch zurück zu unserem Schmetterling. Sein Überleben verdankt er einer Verwechslung. Er profitiert umso stärker davon, je verbreiteter sein gefährliches Vorbild ist. Das begrenzt auch seinen eigenen Fortpflanzungserfolg. Denn nehmen wir an, die harmlose Variante wäre stärker vertreten als die giftige, so würden die Vögel wieder häufiger riskieren, nach dem Falter zu schnappen – zum Nachteil von beiden.

Die Kopie gefährdet das Original

Die Kopie zehrt vom Erfolg des Originals. Insoweit hat sie ein Interesse daran, dass der giftige Schmetterling seine starke Stellung behält. Zugleich aber bringt die harmlose Variante genau diesen Erfolg in Gefahr. Denn der giftige Schmetterling signalisiert durch seine auffällige Zeichnung den Vögeln: Wenn ihr mich fresst, bekommt ihr Bauchweh. Solange dieses Signal zuverlässig ist, werden sich die Vögel mit dem Verzehr zurückhalten. Nun tritt aber der Imitator auf den Plan. Der erste Vogel verdrückt irgendwann die harmlose Kopie. Ohne die geringsten Unannehmlichkeiten. Das Signal ist entwertet, denn es steht nun nicht mehr dafür, sich mit Sicherheit Bauchweh einzuhandeln, sondern es besteht dafür nur noch eine gewisse Wahrscheinlichkeit. Das erhöht allerdings den Druck auf beide Schmetterlingsarten. Wenn sich die harmlose Kopie mittlerweile stark vermehrt hätte, würde der ganze Schutz zusammenbrechen.

Schmetterlinge in der Doppelrolle

Es kommt noch etwas hinzu: Die Kopie darf nicht perfekt sein, sie muss vom Original noch zu unterscheiden sein. Sonst würde der Verkleidungskünstler auf seine eigene Maskerade hereinfallen, was zu unangenehmen Verwechslungen führen könnte. Etwa wenn er versucht, sich mit dem giftigen Original zu paaren. Eine ausgesprochen elegante Lösung dieses Problems haben einige männliche Schmetterlinge der Gattung Leptalis entwickelt: Die vordere Hälfte ihrer Hinterflügel ist weiß, während der Rest schwarz-rot-gelb gestreift ist, ein Muster, mit dem sie eine andere Schmetterlingsart imitieren. Normalerweise verbergen die Schmetterlinge ihre weißen Stellen unter dem Vorderflügel. Nur wenn sie um Weibchen werben, zeigen sie Weiß. Denn dann wollen sie mit den anderen Schmetterlingen nicht verwechselt werden. Sie spielen also eine veritable Doppelrolle als Original und Kopie und nehmen dabei die Vorteile beider Existenzformen mit.

Wespensignale – die Müller'sche Mimikry

Für Organismen ist es nicht immer vorteilhaft, sich zu tarnen. Manchmal empfiehlt sich der entgegengesetzt Weg: Mache alle auf dich aufmerksam, damit sie dich in Ruhe lassen. Marienkäfer signalisieren mit ihrem auffälligen Design: Ich bin ungenießbar. Die hochgiftigen Pfeilgiftfrösche, deren Ausdünstungen auch für Menschen tödlich sind, haben eine leuchtend grüne Farbe, die sich nicht übersehen lässt. Und auch die schwarzgelbe Ringelung der Wespen ist ein Warnsignal. Sogar ein recht verbreitetes; mehrere Insektenarten nutzen es, um darauf hinzuweisen, dass sie mit einem Giftstachel bewaffnet sind.

Eigentlich geht die Sache völlig in Ordnung, es handelt sich um ein „normiertes Signal", das immer für den selben Zweck genutzt wird. Dennoch hat man dieses Phänomen unter die Fälle von „Mimikry" eingeordnet und zwar als „Müller'sche Mimikry". Dabei ist nicht klar, wer hier wen nachahmt, es handelt sich vielmehr um eine Interessengemeinschaft. Ebenso fehlt das Element der Täuschung, denn das Signal trifft ja zu. Und so ist die Müller'sche Mimikry vielleicht selbst ein Fall von Mimikry, nämlich die bloße Vortäuschung von Mimikry.

Stachellose Männchen und Schwebfliegen

Aber es gibt auch Insekten, die vom Wespendesign unverdientermaßen profitieren. Da wären zunächst einmal die Männchen zu nennen, denn der Giftstachel sozialer Hautflügler wie Bienen oder Wespen hat sich aus dem Ei-Legeapparat entwickelt. Anders gesagt, eine männliche Wespe ist völlig wehrlos. Und dann gibt es noch die gleichfalls harmlosen Schwebfliegen, die Bienen, Hummeln, Wespen, Hornissen oder alles zugleich imitieren. Ohne Zweifel ziehen sie ihren Nutzen aus der weiten Verbreitung der giftbestachelten Wespen.

Allerdings genügt es nicht, nur so auszusehen wie das giftige Original. Um tatsächlich mit den Wespen verwechselt zu werden, müssen die Schwebfliegen auch die Lebensgewohnheiten ihrer Vorbilder annehmen. Und so finden wir Schwebfliegen auf den gleichen Blüten und in den gleichen Verbreitungsgebieten. Auch jahreszeitlich stimmen sich die Schwebfliegen auf die Wespen ab. Im Frühsommer halten sie sich eher zurück, denn dann gibt es noch nicht so viele Wespen. Und es sind viele Jungvögel unterwegs, die erst noch ihre Erfahrungen sammeln müssen und nach der Methode von Versuch und Irrtum Insekten jagen. Im Sommer steigt die Zahl der Wespen und Hummeln explosionsartig an; auch dann ist noch nicht die Zeit der Schwebfliegen gekommen. Erst wenn die Jungvögel ihre schlechten Erfahrungen mit den Wespen gemacht haben, treten die Imitatoren auf den Plan.

Die Wespentarnung hat allerdings auch ihre Tücken. Denn es ist nicht immer vorteilhaft mit einem gefährlichen Räuber verwechselt zu werden. Und so werden gerade im Herbst reihenweise völlig harmlose Schwebfliegen erlegt, aus dem einzigen Grund, weil Menschen sie für gefährliche Wespen gehalten haben.

Satyrmimikry – Stümper leben länger

Unter den Schwebfliegen gibt es Arten, die perfekt ihrem Vorbild gleichen. Andere erscheinen hingegen als stümperhafte Kopien. Die Nachahmung ist alles andere als gelungen. Vögel, die darauf hereinfallen, können nicht sehr genau hingeschaut haben. Und dennoch ist es möglich, dass gerade die unvollkommene Kopie ihren Zweck erfüllt. Denn die betreffende Schwebfliege ist nicht auf ein bestimmtes Vorbild festgelegt. Das macht sie in ihrer Lebensgestaltung freier und selbstständiger. Außerdem geht ihr es nicht darum, mit einem Vorbild verwechselt zu werden, sondern den Fressfeind zu irritieren. Es dauert länger, bis der Vogel dieses seltsame Wesen eingeordnet hat oder es einem bestimmten Vorbild zuordnen kann. Diesen Zeitgewinn nutzt die schlecht angepasste Schwebfliege – um davon zu schweben.

Die beiden britischen Biologen Howse und Allen haben diese Art von Täuschung „Satyrmimikry" genannt, in Anlehnung an die griechische Mythologie, in der ein Satyr als Mischwesen von Mensch und Pferd erscheint.

Anregungen für das Business

Je erfolgreicher Ihr Produkt ist, umso größer die Gefahr, dass es kopiert wird

Bei der Bates'schen Mimikry werden vor allem solche Vorbilder kopiert, die stark sind und die über ein klares Image verfügen. An diesen Erfolg wollen sich andere gerne anhängen, nach Möglichkeit ohne hohe Kosten. Insoweit müssen auch Sie damit rechnen, dass Ihre Spitzenprodukte Nachahmer finden. Als Gegenmaßnahme empfiehlt es sich, das Produkt mit einem möglichst fälschungssicheren Zusatzsignal auszustatten. Das kann ein Qualitätssiegel sein oder der Schutz durch eine Marke. Zugleich sollten Sie Ihre Kunden in beidseitigem Interesse über die schlechten Kopien aufklären.

Das schlechte Image Ihres Nachahmers kann auf Sie selbst abfärben

Wenn Ihr Produkt nicht eindeutig als Original zu identifizieren ist, kann die schlechte Qualität der Konkurrenz auf Ihr eigenes Angebot abfärben. Versuchen Sie sich daher im Bewusstsein Ihrer Kunden als „das Original" zu etablieren.

In bestimmten Fällen will sich die Kopie vom Original unterscheiden

Doch kann sich die Kopie auch ganz bewusst vom Original absetzen wollen, wie es die Leptalis-Schmetterlinge mit ihren weißgezeichneten Hinterflügeln tun. Das ist etwa die Strategie der „Mecca Cola", die von französischen Muslimen gegründet wurde. Ihren Erfolg verdankt sie nicht so sehr ihrem Geschmack, da ist sie nur ein mehr oder minder gelungenes Imitat von Coca Cola. Vielmehr ist es die politische Haltung, die hinter „Mecca Cola" steckt, die sie zumindest in Kreisen von Globalisierungsgegnern äußerst beliebt gemacht hat.

Don't imitate – irritate!
Als Kopie können Sie niemals aus dem Schatten des Originals heraustreten. Wenn Sie sich schon an erfolgreichen Vorbildern orientieren, dann machen Sie es wie bei der Satyrmimikry. Lassen Sie sich anregen, aber bleiben Sie Ihrem eigenen Stil treu. Wenn Sie dann irgendwo auftreten, werden Sie vielleicht ebenso „irritierend" wirken wie die Schwebfliege. Doch bleiben Sie so eher im Gedächtnis. Und das ist allemal besser, als wenn Sie als Kopie irgendeines Erfolgsmusters sofort abgehakt werden.

Der Kuckuck und die Geierschildkröte

Themen: Täuschung, Outsourcing, Werbung, Produktpräsentation, Overengineering

Am Grunde des Meeres liegt die Geierschildkröte mit weit geöffnetem Maul und rührt sich nicht. Das 90 Kilo schwere Ungetüm ist mit Algen bewachsen und sieht aus wie ein graugrüner Felsen. Mitten in ihrem aufgerissenen Maul tanzt die rote Zungenspitze zuckend hin und her. Sie sieht aus wie ein Wurm und dient als Köder. Kommt ein hungriger Fisch angeschwommen, um den Wurm zu packen, schnappt die Falle zu und der Fisch wird selbst gefressen.

Diese Tarnung nennt man Peckenham'sche Mimikry oder Lockmimikry. Im Unterschied zu den Täuschungsmanövern, von denen im vorhergehenden Abschnitt die Rede war, geht es hier darum, dass sich Organismen mit mehr oder minder unlauteren Absichten als harmlos tarnen. Natürlich würde kein Fisch freiwillig der Schildkröte in den Rachen schwimmen, also muss sie ihrem Glück ein wenig nachhelfen, einen Köder auslegen und im Übrigen alles vermeiden, was auf irgendeine Gefährdung hindeuten könnte.

Harmlosigkeit lässt sich besonders gut als Stillleben inszenieren. Und so finden wir die Peckenham'sche Mimikry vor allem bei den Lauerjägern, die sich stundenlang in ihrem Tarnkleid irgendwohin legen und regungslos auf ihre Beute warten. Oder bei Pflanzen, etwa den Orchideen oder der fleischfressenden Venusfliegenfalle.

Dreistes Outsourcing — der Kuckuck

Aber es gibt auch eine ganz andere Variante der Peckenham'schen Mimikry, bei der es gar nicht um Beutefang geht, sondern um die unlautere Erschleichung einer Dienstleistung. Meister dieser Disziplin ist der Europäische Kuckuck. Er praktiziert die wohl dreisteste Form des Outsourcings, die wir in der Natur kennen. Die Brutpflege, eine der anspruchsvollsten und aufwändigsten Aufgaben, die Vögel zu bewältigen haben, wälzt er auf andere Arten ab.

Dabei geht er höchst professionell zur Sache: Das Kuckucksweibchen späht zunächst einen geeigneten Wirtsvogel aus, zum Beispiel ein Teichrohrsänger-Pärchen, das arglos sein Nest baut. Einige Tage später sind die Eier gelegt. Das Kuckucksweibchen wartet geduldig, bis die Teichrohrsänger das Nest verlassen, um sich auf Futtersuche zu begeben. Dann schlüpft es schnell zum Nest, nimmt ein fremdes Ei in den Schnabel, legt dafür ein eigenes hinein und flattert mit dem fremden Ei wieder weg. Die ganze Aktion dauert nicht einmal zehn Sekunden.

Der Rest der Geschichte ist bekannt: Der kleine Kuckuck schlüpft als erster aus dem Ei und wirft nach und nach alle anderen Eier aus dem Nest. Er bleibt als einziger übrig, sperrt ständig seinen leuchtend roten Rachen auf und animiert auf diese Weise seine unfreiwilligen Zieheltern, ihn mit Futter zu versorgen. Dabei gelangen sie bis an die Grenze der Erschöpfung. Der Kuckuck verlässt erst das Nest, wenn er flügge geworden ist. Manchmal ist er dann doppelt so groß wie seine Zieheltern.

In den Nestern von 180 Vogelarten zu Hause

Vögel sind aufmerksam, was ihr Gelege betrifft. Entdecken sie ein Ei, das nicht zu den anderen passt, werfen sie es aus dem Nest. Also nimmt der Kuckuck nicht nur ein Ei mit, sondern konzentriert sich auch auf das Design des Eis. Die Tatsache, dass der heranwachsende Vogel nicht die geringste Ähnlichkeit mit den Gasteltern hat, kann er vernachlässigen, wie wir gleich sehen werden.

Kuckuckseier hat man in den Nestern von 180 Vogelarten gefunden. Dabei haben sich die Kuckucksfamilien jeweils auf bestimmte Wirtsvögel spezialisiert. Ein Weibchen, das von Teichrohrsängern aufgezogen wurde, bevorzugt für ihre eigene Eiablage ebenfalls Nester von Teichrohrsängern. Der Grund für dieses Traditionsbewusstsein liegt auf der Hand: Die jeweilige Kuckucksdynastie hat sich perfekt auf das Verhalten ihrer Wirtsvögel eingestellt. Die Weibchen legen Eier, die dem Aussehen der Wirtsvögel-Eier stark ähneln. Manche dieser Kuckuckseier sind derartig gelungene Kopien, dass selbst Wissenschaftler sie nur durch Nachwiegen vom Wirtsgelege unterscheiden können.

Perfekt auf die Wirtsvögel abgestimmt

Wenn ein unbefangener Beobachter den riesigen fetten Kuckuck heranwachsen sieht, in dessen Rachen die kleineren „Zieheltern" unentwegt Würmer und Insekten hineinstopfen, stellt er sich die Frage: Wieso merken die nicht, dass die da einen fremden Vogel heranziehen? Wieso hat die Evolution sie nicht mit einem kritischeren Blick für den eigenen Nachwuchs ausgestattet?

Dafür gibt es einen Grund: Die Vogeljungen verändern sich sehr rasch. Es wäre zu aufwändig, die Eltern mit Bildern für die verschiedenen Entwicklungsstadien ihrer Kleinen auszustatten. Dazu ist der „evolutionäre Druck" des Kuckucks auch nicht groß genug. Und die Natur bevorzugt bekanntlich ökonomische Lösungen. Außerdem dürfen wir eines nicht vergessen: Nicht wir sind die Adressaten dieser Mimikry, sondern die Wirtsvögel. Die Strategie des Kuckucks ist genau auf sie und ihr Erkenntnisvermögen abgestimmt. Wollte ein Kuckuck uns ein Ei ins Nest legen, würde er eine ganz andere Strategie wählen.

Das Geschäft wird immer härter

Dem Kuckuck geht es wie den meisten Falschspielern. Auf lange Sicht macht er sich selbst das Leben schwer. Seine Strategie ist nämlich paradox. Sie geht nur auf, wenn sie nicht zu erfolgreich ist. Denn es können sich nur diejenigen Kuckucke fortpflanzen, denen es gelingt, ihren Wirtsvogel zu täuschen. Gleichzeitig aber mindern sie dessen Fortpflanzungserfolg. Dagegen haben diejenigen mehr Nachkommen, die nicht auf den Kuckuck hereingefallen sind. Das Geschäft wird also immer härter für den Kuckuck. Weil er selbst dafür sorgt, dass die Zahl der „Naiven" ab- und die Zahl der „Cleveren" zunimmt. Und so muss er sich immer etwas Neues „einfallen" lassen, um in Zukunft auch diejenigen zu täuschen, deren Vorfahren dem Kuckuck noch entgangen sind.

Der Klimawandel macht dem Kuckuck zusätzlich zu schaffen. Denn infolge der milderen Temperaturen kehren viele Zugvögel früher zurück und bauen ihr Nest. Der Kuckuck hat sich hingegen noch nicht umgestellt und kommt daher für seinen Eieraustausch häufig zu spät.

Anregungen für das Business

Lassen Sie die „Schildkrötenzunge" tanzen!

Nehmen wir an, Sie arbeiten für einen großen, etwas schwerfälligen Konzern, womöglich ein ehemaliges Staatsunternehmen, das auf dem Markt ähnlich behäbig reagiert wie eine große Geierschildkröte. Sie haben ein Imageproblem, denn Sie möchten Kunden ansprechen, die es nicht besonders attraktiv finden, bei einem großen schwerfälligen Konzern zu kaufen. Dann brauchen Sie eine bunte, flippige „Schildkrötenzunge", eine selbstständige Geschäftseinheit, die nicht als Teil des Konzerns erscheint. Die können Sie dann „tanzen" lassen, um all die Kunden anzulocken, die dem Konzern sonst entgangen wären.

Fragen Sie sich immer: Wie nimmt der Kunde Ihre Angebot wahr?

Der Kuckuck ist gewiss ein höchst problematisches Vorbild. Doch in einer Hinsicht ist er richtig gut: Er stimmt sein Vorgehen ganz auf seinen (unfreiwilligen) Partner ab. Allein maßgeblich ist, wie der die Angelegenheit wahrnimmt. Vögel sind aufmerksam, was ihr Gelege betrifft. Entdecken sie ein Ei, das nicht zu den anderen passt, werfen sie es aus dem Nest. Also konzentriert sich der Kuckuck auf das Design des Eis und vernachlässigt die Tatsache, dass der heranwachsende Vogel nicht die geringste Ähnlichkeit mit dem Wirt hat. Das ist für seinen Erfolg nämlich vollkommen irrelevant. Es gibt aber etliche Unternehmen, die genau andersherum verfahren, das „Ei" vernachlässigen und am Design des „Vogels" feilen, weil sie davon überzeugt sind, ihre Kunden würden auf den komplizierten „Vogel" achten und nicht auf die profanen „Eierschalen".

Die Verpackung ist wichtig!
Kunden urteilen oft nach dem ersten Eindruck. Hier müssen Sie überzeugen. Sonst wird Ihr Produkt gar nicht erst gekauft. Kümmern Sie sich also um eine ansprechende Verpackung. Dann wird auch der Inhalt seine Chance bekommen.

Vermeiden Sie Outsourcing „à la Kuckuck"
Unternehmen, die einzelne Geschäftsbereiche ausgelagert haben, um sich auf das lukrative Kerngeschäft zu konzentrieren, müssen darauf achten, dass ihr Outsourcingpartner rentabel wirtschaften kann. Ein Outsourcing „à la Kuckuck", bei dem Ihrem Partner alle Unannehmlichkeiten und Versorgungsansprüche aufgebürdet werden, treibt ihn in den Ruin. Das schadet auch Ihrem Unternehmen, denn es muss sich zu neuen Konditionen einen neuen Kooperationspartner suchen oder wieder zu einer „Inhouse-Lösung" zurückkehren.

Die raffinierten Glühwürmchen

Themen: Täuschung, Konkurrenz, Strategie

Weltweit gibt es ungefähr zweitausend Arten von Leuchtkäfern oder Glühwürmchen, wie sie auch genannt werden. Was diese Käfer so interessant macht, das ist die Art, wie sie sich fortpflanzen. Die Angelegenheit geschieht ausschließlich nach Einbruch der Dunkelheit. Und weil Käfer ausgesprochene Einzelgänger sind, müssen sich beide Geschlechter erst einmal finden. Das tun sie, wie ihr Name bereits vermuten lässt, durch Lichtsignale. Bei manchen Arten ist das Weibchen zu schwer, um fliegen zu können, es sitzt auf einem Blatt oder im hohen Gras, fängt an zu leuchten und lockt damit die Männchen an. Die kommen angeschwirrt und die Sache kann ihren Lauf nehmen.

Das ist die einfachste Methode, die allerdings nur funktioniert, solange die Glühwürmchen nicht von Fressfeinden umzingelt sind. Denn die würden es natürlich dankend annehmen, wenn ihre Beute ständig signalisiert, wo sie sich befindet – argloser kann man sich ihnen gar nicht ausliefern.

Aus diesem Grund haben etliche Glühwürmchen das Blinken erfunden. Sie leuchten nur noch dann und wann. Und sie blinken mit einer charakteristischen Frequenz, die für ihre Art typisch ist. So gehen sie der Verwechslungsgefahr aus dem Weg und vermeiden, dass ein liebestolles Glühwürmchen einer anderen Art bei ihnen landet.

Die Tricks der Photuris-Weibchen

So weit geht noch alles mit rechten Dingen zu, in der Welt der Glühwürmchen. Doch nun betritt das Weibchen der Gattung Photuris die Szenerie. Es imitiert die Blinksignale einer fremden Glühwürmchengattung, die auch noch ganz ähnlich heißt, nämlich Photinus. Dadurch angelockt lässt sich ein Photinus-Männchen bei ihr nieder. Zu spät erkennt es seinen Irrtum und wird von ihr aufgefressen.

Einige Photuris-Weibchen verfügen über ein ganzes Repertoire unterschiedlicher Blinksignale. Denn es gibt verschiedene Photinus-Arten, die zu verschiedenen Zeiten der Fortpflanzung frönen, was den Photuris-Weibchen eine ausgedehnte Jagdsaison beschert. Dabei gehen sie mit erstaunlicher Raffinesse zu Werke, drängen sich mit ihrem gefälschten Signal keineswegs auf, sondern beantworten nur dann und wann ein männliches Signal. Ganz so, wie man es von einem vorsichtigen Photinus-Weibchen erwarten würde.

Die Tricks der Männchen

Doch in diesem Spiel um Fortpflanzung, Fressen und Gefressenwerden mischen die Männchen kräftig mit. Einige Photinus-Männchen blinken nun ihrerseits wie die Photuris-Weibchen. Dadurch wollen sie nur erreichen, dass ihre Konkurrenten das Weite suchen, so dass sie freie Bahn haben. Doch die virtuosesten Betrüger verlegen sich auf eine noch raffiniertere Intrige. Es gibt nämlich Männchen, die in dieser gefährlichen Welt auf Nummer sicher gehen wollen und sich nur noch im Schutz eines anderen Männchens zu einem Weibchen trauen. Das soll gewissermaßen den Vorkoster spielen. Man selbst ist zwar nur die Nummer zwei, aber wenn die Sache schief geht und doch ein Photuris-Weibchen hinter dem verführerischen Blinken steckt, dann wird wenigstens der andere gefressen. Auf diese zaghaften Glühwürmchen ist nun die Meisterstrategie zugeschnitten: Der durchtriebene Trickkünstler spielt nämlich eine Doppelrolle. Mit seinem Blinken imitiert er ein williges Weibchen und auch den bereits eingetroffenen „Vorkoster". Das vorsichtige Glühwürmchen wiegt sich in Sicherheit, landet im Gras und wird vom räuberischen Blinkvirtuosen verspeist.

Komplexität als Schutz gegen Betrüger

In diesem Wettstreit zwischen echten und vorgetäuschten Signalen liegt schon ein Irrwitz ganz eigener Art. Die Kommunikation zwischen simplen Leuchtkäfern hat ein Ausmaß von Komplexität erreicht, das einfach atemberaubend ist. Der Biologe James Lloyd glaubt denn auch, dass erst die Betrüger die Verständigung unter den Glühwürmchen so kompliziert gemacht haben. Die einfacheren Signal-Codes seien schnell geknackt und dadurch „wegselektiert" worden.

Die Beute-Glühwürmchen mussten ihre Verständigung immer komplexer gestalten, um sich zu schützen. Und die Betrüger mussten ihrerseits aufholen, um immer noch genügend Beute zu machen. Dabei sollte man wissen, dass ihre Imitation nicht vollkommen gelingt. Erfahrene Glühwürmchen kommen den Betrügern schon noch auf die Schliche. Und das müssen sie auch. Sonst würde ihre Art nicht überleben.

Anregungen für das Business

Berechenbarkeit und hohe Gewinne locken Betrüger an
Auf der untersten Stufe ist das Verhalten der Glühwürmchen einfach und berechenbar. Das lässt sich ausnutzen von denen, die in der Lage sind, die Signale zu fälschen und Nutzen daraus zu ziehen. Denn Betrug kommt vor allem dann ins Spiel, wenn hohe Gewinne winken. Und zwar auf beiden Seiten: Nicht nur der Betrüger will durch seinen Trick profitieren. Zunächst ist es der Betrogene, der sich von seinem Handeln Vorteile verspricht. Genau darum verhält er sich ja so, wie er sich verhält, und ist für den Betrüger berechenbar. Glühwürmchen-Männchen wollen sich fortpflanzen, sie tun das in einer ganz bestimmten Art und Weise. Also lässt sich das ausnutzen für einen Betrug, der seinerseits satten Profit verspricht. Nur dann lohnt es sich überhaupt, das ganze komplizierte Manöver in Gang zu setzen.

Newcomer werden als erste aufs Kreuz gelegt
Wer die Kniffe der Betrüger noch nicht kennt, ist besonders gefährdet, ihnen zum Opfer zu fallen. Er bemerkt die kleinen Abweichungen nicht, die Hinweise, dass hier etwas nicht stimmt. Daher gehen Newcomer ein besonderes Risiko ein, ausgetrickst zu werden. Und zwar nicht nur, weil ihnen die Erfahrung fehlt, sondern auch weil sie dem Betrüger signalisieren, dass er leichtes Spiel mit ihnen hat.

Sicherheitsroutinen bilden die Grundlage für neue Betrugsmanöver
Das räuberische Glühwürmchen, das so virtuos die Doppelrolle spielt, nutzt das vorsichtige Verhalten seiner Beute, um sie hereinzulegen. Denn es ist vorhersehbar, läuft schematisch ab und wird offenbar von einer ausreichend großen Anzahl von Glühwürmchen praktiziert, dass es sich lohnt, ein eigenes Betrugsmanöver zu entwickeln. Im Business gilt Gleiches für Sicherheitsroutinen, die standardisiert sind und allzu schematisch gehandhabt werden. Sie lassen sich leicht aushebeln.

Höhere Komplexität treibt die Kosten nach oben
Gegenstrategien und Sicherheitsmaßnahmen erhöhen die Komplexität von Strukturen und Prozessen. Das treibt die Kosten nach oben, und zwar auf beiden Seiten. Auch die Betrüger müssen immer mehr investieren, um die Abwehr zu überwinden. Das setzt wiederum die Abwehr unter Druck, Gegenmaßnahmen zu entwickeln. Doch gibt es bei diesem Wettlauf eine natürliche Obergrenze. Die Komplexität kann nicht über ein bestimmtes Maß hinaus wachsen. Wenn die Betrugsmanöver teurer werden als die Beute, die damit gemacht werden soll, wird der Betrug zum Verlustgeschäft. Allerdings gilt das auch für die Sicherheitsmaßnahmen, die sinnlos werden, wenn sie höhere Kosten verursachen als die Sache wert ist, die dadurch geschützt werden soll.

Transparenz als Tarnung — so machen Quallen Beute

Themen: Einfachheit, Effektivität

Sie haben kein Herz, kein Blut und kein Hirn. Doch sie gehören zu den erfolgreichsten Lebewesen auf unserem Planeten: Die Quallen, die es schon seit mindestens 500 Millionen Jahren gibt und die sich seither kaum verändert haben. Warum auch? Das Prinzip Qualle funktioniert heute wie damals, im Zeitalter der Trilobiten.

Quallen sind Meister der Reduktion. Sie sind, um es mit den Worten des ehemaligen Aldi-Vorstandes Dieter Brandes zu sagen: konsequent einfach. Sie bestehen hauptsächlich, nämlich zu 98 Prozent, aus Wasser. Außerdem aus zwei hauchdünnen Zellschichten, eine liegt innen, die andere außen. Dazwischen befindet sich eine gallertartige Masse, in der die Qualle Sauerstoff speichert. Den brauchen sie auch, denn Quallen müssen sich bewegen. Dazu verfügen sie über eine Art Muskel, mit dem sie ihren Schirm zusammenziehen und dadurch Wasser ausstoßen. Durch diese rhythmische Pumpbewegung können sie eine Geschwindigkeit von fast zehn Stundenkilometern erreichen, wir Menschen schaffen im Wasser höchstens acht.

Die Zenbuddhisten der Meere

Nährstoffe nehmen die Quallen über ihren Magen auf, der sich in der inneren Zellschicht befindet. Darüber hinaus besitzen sie Sinneszellen, mit denen sie Licht und Schwerkraft wahrnehmen können. Sie haben Geschlechtsorgane und eine der fürchterlichsten Waffen, über die Meeresbewohnerbewohner verfügen: Tentakel, von denen gleich noch genauer die Rede sein wird. Dieses sparsame Arsenal genügt ihnen, um damit erstaunliche Fähigkeiten zu entwickeln: Sie können Beute jagen, Feinden ausweichen, Fortpflanzungspartner erkennen und sich zu gigantischen Kolonien zusammentun.

Ihre Schlichtheit und schwerelose Schönheit macht sie fast ein wenig zu den Zenbuddhisten der Meere. So sinniert der spanische Meeresbiologe Josip-María Gili, einer führenden Quallenexperten: „Eines ist sicher, diese Organismen wissen mehr von der Welt als wir. Quallen denken nicht, aber sie machen das Richtige. Sie überleben einfach."

Fressen und nicht gefressen werden

Quallen jagen und sie werden gejagt, von Fischen, Meeresschildkröten und von anderen Quallen. In beiden Fällen ist es gut, nicht zu sehr aufzufallen. Doch im offenen Meer kann man sich nicht verstecken. Man kann nicht im Unterholz Schutz suchen, einen Baum hinaufklettern oder sich eingraben. Wer nicht gesehen werden will, der muss sich anders tarnen – so wie die Quallen, die mehr oder weniger durchsichtig sind. Ihre Tarnung ist Transparenz.

Dabei werden sie natürlich nicht vollkommen unsichtbar; im Gegenteil, man kann ziemlich genau sehen, was sich gerade im Körper einer Qualle abspielt. Aber ihre Durchsichtigkeit verhilft der Qualle dazu, dass sie nicht so leicht und nicht in ihrer ganzen Ausdehnung wahrgenommen wird. Dabei lassen sich Quallen auch einmal zusammenschrumpfen, wenn nicht genügend Nahrung zu Verfügung steht. Sie sind hochgradig flexibel. Das gilt auch für ihre Fortbewegung.

Quallen können sich treiben lassen oder sich mit eigener Kraft fortbewegen. Tagsüber gleiten sie hinab in die Dunkelheit der Tiefe, mitunter mehr als tausend Meter tief. Dort sind sie sicherer. Nachts pumpen sie sich nach oben, um selbst auf Jagd zu gehen. Und das machen sie außerordentlich effektiv. Grund dafür sind ihre Tentakeln, bewegliche, dürre Fangarme, die mal wenige Zentimeter, mal über zwanzig Meter lang sind und die sie weit auslegen wie Fischnetze. An diesen Tentakeln sitzen hunderttausende Nesselkapseln, die wie platzende Giftharpunen wirken: Bei der geringsten Berührung schießen sie innerhalb einer Hunderttausendstel Sekunde in die Haut des Opfers und spritzen Gift in die Wunde. Ihre Opfer, kleinere Fische, sind bewegungsunfähig oder sterben innerhalb kürzester Zeit. Mit Hilfe der Tentakel können sie behutsam in Richtung Mund und Magen befördert werden. Die Qualle hat ja keine Eile.

Wird sie bei der Jagd verletzt, wird ein Fangarm ausgerissen oder der Schirm beschädigt, so ist das kein Problem: Es wächst alles wieder nach, ein kompletter Fangarm innerhalb einer Woche. Die ausgerissenen Tentakeln bleiben übrigens noch einige Tage gefährlich, auch wenn kein Quallenmund mehr an ihrem Ende sitzt. Unsterblich sind Quallen allerdings nicht. Entweder werden sie gefressen (von Tieren, die wir Menschen aus dem Meer fischen und so zur massenhaften Ausbreitung der Quallen beitragen), oder aber sie lösen sich nach erfolgreicher Fortpflanzung ganz von selbst auf.

Der Erfolg der großen Zahl

Für uns ist ihre massenhafte Vermehrung eine Plage, doch aus der Perspektive der Quallen stellt sich die Sache natürlich anders dar. Ihre überwältigende Zahl ist einmal eine eindrucksvolle Bestätigung des „Prinzips Qualle". Dann profitieren die Quallen aber auch, wenn sie sich als Riesenkolonie durch die Meere bewegen. Die Wahrscheinlichkeit, einem Fressfeind zum Opfer zu fallen, nimmt ab – zumal manche Fische, die Quallen fressen, einen Bogen um so einen Superorganismus schlagen, weil sie ihn für einen zu großen Brocken halten. In der Quallenkolonie klappt es auch besser mit der Fortpflanzung: Eier und Spermien können sich leichter finden, wenn zahllose Spender möglichst nah beisammen sind. Dabei wechseln Quallen zwischen geschlechtlicher und ungeschlechtlicher Vermehrung und können sich unter günstigen Bedingungen rasend verbreiten.

Empfindlich im Aquarium

Im Meer sind Quallen anpassungsfähige Überlebenskünstler. Doch wenn man versucht sie einzufangen und in einem Aquarium zu halten, sind sie außerordentlich sensibel. Häufig gehen sie nach kurzer Zeit ein. Das macht es für die Meeresbiologen so schwierig, ihr Verhalten zu studieren. Fast hat es den Anschein, als wollten sich die transparenten Quallen von uns nicht so gerne in Karten schauen lassen.

Anregungen für das Business

Das Prinzip Qualle: Einfach, flexibel, transparent
Die Qualle macht es vor: Ihre Stärke liegt in einfachen, aber ungemein leistungsfähigen Strukturen, die harmonisch aufeinander abgestimmt sind und deswegen für die nötige Flexibilität sorgen. Das ist auch für das Management ein Ideal: Alles möglichst einfach zu halten und dabei flexibel zu bleiben. Bei der Qualle greift beides ineinander: Die Einfachheit ermöglicht eine schnelle Anpassung. Und schließlich kommt das dritte Element hinzu, die

Transparenz. Sind Abläufe und Strukturen transparent, trägt das dazu bei, dass alles einfach und flexibel bleibt.

Lassen Sie eine erfolgreiche Lösung einfach laufen
Bei der Qualle läuft alles wie am Schnürchen, ohne irgendwelche Abstimmungsprozesse, ohne dass sich irgendein Gehirn einmischt. Es handelt sich um eine erfolgreiche Lösung, die seit mehr als 500 Millionen Jahren funktioniert. Auch im Business gibt es erfolgreiche Lösungen, die Sie einfach laufen lassen können, weil sie nur komplizierter und schlechter werden, wenn man von außen eingreift, um sie zu verbessern.

Setzen Sie auf „weiche" Lösungen
Was die Qualle vor anderen Tieren ihrer Größe auszeichnet: Sie hat keinerlei harte Teile wie Knochen oder einen Panzer. Alles ist glibberig und weich. Das hat zwei Vorteile: Die Qualle ist anpassungsfähiger. Sie kann relativ leicht ihre Größe verändern und ist beweglicher. Zweitens löst sich eine Qualle, wenn sie stirbt, restlos auf. Auch das ist eine Überlegung wert: Wie viel nicht weiter verwertbare Rückstände hinterlässt eine bestimmte Lösung oder ein bestimmtes Projekt? Es können mehr Projekte realisiert werden, wenn sie nach Abschluss keine eindrucksvollen „Leichen" hinterlassen. Und damit steigt auch die Wahrscheinlichkeit, erfolgreiche Projekte zu realisieren.

Nutzen Sie Transparenz als Tarnung
In manchen Situationen (Kontrollen, Krisen) haben Unternehmen und Führungskräfte das gleiche Interesse wie die Quallen im Meer: Möglichst nicht auffallen. Die Lösung weisen die Quallen: Durch Transparenz sorgen sie dafür, dass sich die Blicke woandershin richten. Wo Transparenz herrscht, da gibt es nichts aufzudecken, der Argwohn verschwindet.

Erfolgslösungen lassen sich nicht immer verpflanzen
Schließlich zeigt das Beispiel der Quallen, dass sich Ideen, Konzepte und Lösungen, die in einem bestimmten Zusammenhang äußerst erfolgreich sind, nicht immer in andere Bereiche übertragen lassen. Quallen sind im freien Meer anpassungsfähige und robuste Erfolgsmodelle und verwandeln sich im Salzwasseraquarium oft in eine trübe puddingartige Masse. Ob eine Idee übertragbar ist, das zeigt sich erst, wenn man sie in der Praxis umsetzt.

Kleine Vögel, kleine Lügen

Themen: Kooperation, Täuschung, Schwarmintelligenz

In den Regenwäldern von Peru gibt es riesige Vogelschwärme, denen die unterschiedlichsten Arten angehören. Diese buntgemischte Gesellschaft begibt sich gemeinsam auf Nahrungssuche. Eigentlich ist das höchst ungewöhnlich, denn die Vögel sind ja direkte Konkurrenten. Wenn Vögel kooperieren, dann doch eher als Angehörige einer einzigen Art und nicht als Verbundgruppe. Im Gegenteil, sie versuchen sich gegenüber den anderen durchzusetzen – und sei es auch nur dadurch, dass sie ihnen so viel Futter wie möglich wegfressen.

Der Nutzen der Arbeitsteilung

Es muss also einen tieferen Grund dafür geben, dass sich diese gigantischen Schwärme bilden. Für jeden Vogel muss die gemeinsame Jagd unterm Strich vorteilhafter sein als sich alleine oder im homogenen Schwarm der Artgenossen auf Nahrungssuche zu begeben. Und tatsächlich, nach Jahren intensiver Forschungsarbeit gelang es dem Biologen Charles Munn das Geheimnis zu lüften: Im Schwarm gibt es eine höchst effiziente Arbeitsteilung. Einige Arten haben sich darauf spezialisiert, Nahrung zu suchen, sie führen die Gruppe. Andere, kleinere Arten übernehmen die Aufgabe, Alarm zu schlagen, wenn Gefahr droht, wenn etwa ein Raubvogel auftaucht.

Nun ist so ein zusammengewürfelter Haufen im Vergleich zu den Wunderwerken der Selbstorganisation wie einem Heringsschwarm ein eher lockeres Gebilde. Es gibt keine kollektiven Ausweichmanöver, sondern der gemischte Schwarm besitzt lokale Unterstrukturen. Ein Warnruf versetzt nicht gleich die gesamte Truppe in Aufruhr, sondern erreicht nur die unmittelbaren Nachbarn.

Wer einmal lügt, dem glaubt man doch

Bei den Mitgliedern, die für das Alarm schlagen zuständig sind, handelt es sich um bunte Tropenvögel mit den malerischen Namen Tangaren und Ameisenwürger. Diese Vögel gehen mit ihrem verantwortungsvollen Amt zeitweilig recht liederlich um. Hin und wieder schlagen sie vorsätzlich falschen

Alarm. Daraufhin blicken ihre Schwarmkollegen kurz hoch, und das genügt den Schelmen, um ihnen ein Insekt vor dem Schnabel wegzuschnappen.

Nun würde man erwarten, dass so ein Trick einmal und nie wieder funktioniert, jedenfalls beim selben Vogel. Doch das ist nicht so. Die Nahrungssucher lassen sich immer wieder von den Tangaren und Ameisenwürgern hereinlegen. Der Grund: Die Wächter geben häufig eben doch auch ehrliche Warnsignale von sich. Und kein Vogel kann es sich leisten, die zu ignorieren, mag er auch das eine oder andere Insekt dafür opfern. Darüber hinaus scheinen Tangaren und Ameisenwürger nur maßvoll zu betrügen, denn es ist für die Nahrungssucher immer noch lohnender, mit den beiden Schwindlern auf die Jagd zu gehen als allein. So gesehen sind die ergaunerten Insekten der faire Preis, den die Nahrungssucher den Wächtern bezahlen.

Anregungen für das Business

Manchmal lohnt es sich, mit „Schwindlern" zu kooperieren
Vertrauen ist die Basis jeder Zusammenarbeit. Insoweit ist jeder Vertrauensbruch eine schwere Belastung der Arbeitsbeziehung. Und doch gibt es Situationen, die mit denen im gemischten Schwarm vergleichbar sind. Sie haben keine Wahl, es gibt keine „ehrlichen" Kooperationspartner. Die Entscheidung heißt nur: Kooperieren oder nicht kooperieren? Unter diesen Umständen kann es zweckmäßig sein, sich illusionslos auf eine solche Verbindung einzulassen und entsprechenden „Schwund" mit einzukalkulieren. Eine solche Konstellation besteht immer dann, wenn auch Ihr „unehrlicher" Kooperationspartner ein Interesse daran hat, dass das gemeinschaftliche Ziel erreicht wird.

Gerade „Schwindler" arbeiten häufig ausgesprochen rational
Die Kooperation mit einem Schwindler hat natürlich nur dann Aussicht auf Erfolg, wenn Sie einen beträchtlichen Nutzen daraus ziehen können und ein gegenseitiges Abhängigkeitsverhältnis besteht. Dann kann sich die Verbindung als durchaus tragfähig und stabil erweisen; denn „Schwindler" haben häufig ihre eigene Rationalität und würden eine gut funktionierende Beziehung nicht ohne weiteres aufs Spiel setzen.

Es kann kostspielig sein, auf „Nummer sicher" zu gehen

Das Beispiel der Tangaren und Ameisenwürger führt uns vor Augen, dass wir es uns in vielen Fällen nicht leisten können, ein Alarmsignal zu ignorieren, auch wenn Zweifel an seiner Zuverlässigkeit bestehen. Davon versuchen etliche zu profitieren, die Gerüchte streuen und unbewiesene Behauptungen in die Welt setzen. Daraufhin stürzen Börsenkurse ab oder Mitarbeiter, die in sensiblen Bereichen tätig sind, werden sicherheitshalber auf eine andere Position versetzt. In der Summe kann dadurch ein erheblicher Schaden entstehen, auch wenn man nur auf „Nummer sicher" gehen will. Deshalb kann es sinnvoll sein, die Zuverlässigkeit solcher Alarmsignale genauestens zu prüfen, auch wenn das erst einmal ziemlich „kostspielig" ist. Aber genau darauf setzen ja die Betrüger.

Mantelpaviane und Truthähne – wie man den Boss austrickst

Themen: Macht, Kontrolle, Täuschung, Kooperation, Statussymbol

Männliche Mantelpaviane pflegen einen ziemlich autoritären Führungsstil, sie herrschen über einen Harem von drei bis acht Weibchen und kennen keine Gnade, wenn die exklusive Verfügungsgewalt über ihre Fortpflanzungspartnerinnen in Gefahr gerät. Sie beißen mit ihren furchterregenden Fangzähnen zu und können ihre Artgenossen schwer verletzen oder sogar töten. Keine gute Ausgangsposition für Männchen, die in der Hierarchie der Affenhorde einen der unteren Ränge einnehmen. Es ist wie so oft im Tierreich: Wenige Gewinner, die ihren Erfolg noch weiter maximieren möchten, indem sie ihn in die Nachwelt verlängern und den Genpool der nächsten Generation unter sich aufteilen wollen. Und viele Verlierer, die auch nicht ganz leer ausgehen wollen.

Doch wie sollen sie das anstellen? Als aufstrebendem Mantelpavian stehen einem nur zwei Wege offen: Den Haremsbesitzer herausfordern und eine blutige Paviannase riskieren oder den krummen, aber verheißungsvollen Weg des Betruges gehen. Die Natur hat der zweiten Strategie eine breite Gasse gebahnt, um auch den Männchen eine Chance zu geben, die vielleicht keine großen Fangzähne haben, aber auch nicht auf den Kopf gefallen sind.

Je größer das Harem, desto schwieriger die Kontrolle

In der Gesellschaft der Mantelpaviane gilt der Grundsatz: Je mehr Weibchen jemand hat, desto höher steht er in der Hierarchie, desto mehr Macht und Einfluss hat er. Ein vielköpfiger Harem ist ein Statussymbol. Insoweit bedroht jeder, der sich an eines der eigenen Weibchen heranmacht, die Machtposition. Und das muss mit allen Kräften vermieden werden.

Nun hat aber ein rangniederes Männchen häufig gar nicht die Absicht, die herrschende Hierarchie in Frage zu stellen, es will nur seine Gene in die nächste Generation transferieren. Und das ist durchaus möglich – ohne blutige Kämpfe, ohne Änderung der Rangordnung. Einfach durch einen stillen, simplen Betrug. Paradoxerweise ist der um so leichter möglich, je mehr Macht der Paschapavian hat. Je größer sein Harem, umso mehr Aufwand muss er treiben, um ihn zu kontrollieren. Mögliche Rivalen muss er im Auge behalten und dann will er ja schließlich, sagen wir es einmal so: von den Vorteilen, die ein Harem bietet, auch Gebrauch machen.

Der Trickser muss also nüchtern kalkulieren: Betrüge ich einen mit einem großen Harem, sinkt das Risiko, dass ich auffliege. Gleichzeitig ist der mögliche Schaden, den ich erleide, wenn ich auffliege, viel höher, denn ein Pavian mit einem kleinen Harem ist natürlich viel schwächer. Das Ergebnis der komplexen Risikoabwägung: Der ranghohe Pavian wird betrogen.

Die heimlichen Helfer

Das Risiko, entdeckt zu werden, lässt sich nämlich entscheidend minimieren, indem man mit verlässlichen Kooperationspartnern zusammenarbeitet. Und so geschieht es auch oft. Zwei Junggesellen tun sich zusammen. Der eine lenkt den Haremshalter ab, während sich der andere an eines der Weibchen heranmacht. Anschließend tauschen die beiden die Rollen.

Und die Weibchen? Ihnen fällt bei diesem Manöver eigentlich die entscheidende Rolle zu, denn sie könnten ohne weiteres den ganzen Betrug auffliegen lassen. Doch sie tun nichts dergleichen. Im Gegenteil, sie wirken diskret daran mit, dass der Pascha nichts mitbekommt. In manchen Fällen sind es sogar die Weibchen, die den Junggesellen ein wenig auf die Sprünge helfen und sich vor dem Haremshalter verstecken. Ein junges Pavianweibchen etwa wurde dabei beobachtet, wie es zum Rendezvous immer wieder hinter einem Felsen verschwand und sich zwischendurch umso demonstrativer beim nichts ahnenden Haremshalter sehen ließ.

Als „Beimännchen" auf der Balz

Eine interessante Strategie verfolgen auch die so genannten „Beimännchen", die einen wildlebenden Truthahn auf der Balz begleiten. Bei diesen Tieren ist es nämlich so, dass sich Weibchen von einem prächtigen Gefieder allein nicht beeindrucken lassen. Ein Männchen, das hier Chancen haben möchte, muss mit einem Hofstaat von „Beimännchen" oder „Balzgehilfen" aufmarschieren. Das lässt die Hennenherzen höher schlagen.

Nun achtet der „Chef" darauf, dass seine „Männer" ihm nicht die Schau stehlen oder gar das umgarnte Weibchen. Solange der Balzhahn persönlich anwesend ist, hat er in dieser Hinsicht auch nichts zu befürchten. Erst wenn er sich mit seiner Herzenshenne zurückgezogen hat, bekommen auch die „Beimännchen" ihre Chance. Wenn nämlich eine zweite Henne des Weges kommt, so gelten nun andere Regeln. Jetzt können die Hähne auch ohne Hofstaat balzen – und werden erhört.

Anregungen für das Business

Im Tierreich gilt die Regel: Wenn jemand über zu viel Macht verfügt, so fordert das zum Betrug heraus. Begünstigt wird das Vorgehen durch den Umstand, dass die Kontrolle immer aufwändiger wird, je ausgedehnter der Einflussbereich ist. In Unternehmen wird versucht, dieses „Paradox der abnehmenden Macht" dadurch auszugleichen, dass immer feinere Feedback- und Controllinginstrumente auf die Mitarbeiter und Führungskräfte angesetzt werden. Doch dadurch verlagert sich eigentlich nur das Ziel: Nicht mehr der Vorgesetzte muss überlistet werden, sondern das Controllingverfahren.

Mit einem autoritären Führungsstil bringen Sie auch Ihre Verbündeten gegen sich auf

Das Beispiel der Pavianhorde zeigt: Nicht einmal die Weibchen halten loyal zu „ihrem" Männchen. Wer sich anmaßt, über andere zu verfügen, wer seine Führung auf Einschüchterung und mehr oder minder offene Gewalt gründet, der darf sich nicht wundern, wenn ihm die anderen sofort die Gefolgschaft verweigern, wenn die autoritären Machtmittel nicht mehr zu Verfügung stehen.

Durchbrechen Sie den Teufelskreis des Misstrauens

Rigide Kontrolle ist aufwändig und sie ist ein Zeichen des Misstrauens, sie fordert dazu heraus, sie zu unterlaufen. Dadurch verstärkt sich aber wiederum der Druck, die Kontrolle noch weiter zu verschärfen. Der Kontrollaufwand steigt immer weiter, ohne die Ergebnisse zu verbessern. Aus einem solchen „Teufelskreis des Misstrauens" sollten Sie aussteigen; Ihre Mitarbeiter brauchen Vertrauen, um ihre Arbeit zu erledigen. Aber sie haben auch Anspruch auf eine angemessene Würdigung ihrer Leistung. Und die gibt es eben nur bei einem gewissen Maß von Kontrolle.

Geben Sie auch Ihren „Beimännchen" eine Chance

Als Führungskraft sind Sie möglicherweise auch von dem einen oder anderen „Beimännchen" umgeben, das Sie dabei unterstützt, Ihre Ziele zu erreichen. Dabei sollten Sie nicht übersehen, dass sich diese „Beimännchen" von ihrer Gefolgschaft etwas versprechen. Sie verfolgen legitimer Weise auch eigene Interessen. Sofern diese Interessen nicht Ihren eigenen im Wege stehen, sollten Sie Ihre „Beimännchen" dabei unterstützen. Dadurch sichern Sie sich auch ihre künftige Gefolgschaft.

Die Kunst zu bluffen — der Hammer des Heuschreckenkrebses

Themen: Wettbewerb, Konflikt, Selbstbewusstsein, Karriere

Wenn Sie schon einmal einen Heuschreckenkrebs gesehen haben, dann vermutlich in Sushiform (japanischer Name: Shako) oder auf einem Teller mit mediterranen Meeresfrüchten. Denn der Heuschreckenkrebs gilt als Delikatesse. Doch von seinen kulinarischen Qualitäten soll hier nicht die Rede sein, sondern von seinen gefährlichen Klauen, mit denen er seine Beute zertrümmert wie mit einem Hammer. Welche Wucht dahinter steckt, zeigt das Beispiel eines zwanzig Zentimeter großen Krebses, der mit seinen Klauen das Sicherheitsglas seines Aquariums zertrümmerte.

Er ist ein Raubtier, bewohnt den schlammigen Meeresgrund oder eine Felshöhle im Riff. Hier sitzt er, lugt mit seinen Stielaugen heraus und wartet auf Beute. Der Heuschreckenkrebs verfügt über die besten Augen aller Meeresbewohner. Er kann Farben sehen, für die wir nicht einmal eine Bezeichnung haben. Sein ausgezeichnetes Sehvermögen hilft ihm bei der Jagd nach kleinen Meerestieren.

Verdrängungswettbewerb im Felsenriff

Die Anzahl verfügbarer Spalten und Höhlen in einem Felsenriff ist begrenzt. Es konkurrieren zahlreiche Tiere darum. Und zwar auf folgende Art und Weise: Wer eine Höhle in Besitz nehmen möchte, begibt sich vor den Eingang. Nach kurzer Zeit erscheint dort der Bewohner. Ist er deutlich kleiner und dem Eindringling körperlich unterlegen, so räumt der Bewohner freiwillig seine Behausung. Doch wenn die Kräfte gleich verteilt sind oder gar der Bewohner stärker erscheint, dann schwimmt der Eindringling in der Regel weiter. Dass es gar nicht erst zum Kampf kommt, liegt im Interesse beider Beteiligten. Hin und wieder kommt es aber doch zum Duell. Zum Beispiel weil die Gegner ihre Kräfte sehr unterschiedlich einschätzen.

Verschärft wird die Konkurrenzsituation durch den Umstand, dass die Höhlenbewohner wachsen. Von Zeit zu Zeit brauchen sie eine neue, größere Wohnung. Und die bekommen sie nur, wenn sie den bisherigen Besitzer vertreiben. Sie müssen also das Glück haben, auf eine Höhle zu stoßen, die für den aktuellen Bewohner zu groß geraten ist. Denn sie gewinnen ja nichts, wenn sie ein kleines Tier aus einer winzigen Höhle vertreiben.

Wie der Heuschreckenkrebs seine Höhle verteidigt

Doch der Heuschreckenkrebs weiß sich zu verteidigen. Will ein anderer Meeresbewohner seine Höhle besetzen, kann er sehr ungemütlich werden. Er kommt auf den Eindringling zu und wagt sich nach und nach immer weiter aus seiner Höhle. Schwimmt der Angreifer noch immer nicht davon, dann setzt es einen Schlag mit der Hammerklaue. Dabei muss er den Angriff seines Gegners nicht fürchten, denn Krebse sind im Allgemeinen gut gepanzert, wie jeder weiß, der schon einmal versucht hat, sie mit einer Hummerzange aufzubrechen.

Nun gibt es aber alle paar Wochen eine kritische Phase im Leben eines Krebses. Wenn er so stark gewachsen ist, dass sein Panzer für ihn zu klein geworden ist. Dann wirft er seinen Panzer ab und ist nun nackt und ungeschützt. Bis sich seine weiche Haut wieder verhärtet und zu seinem Panzer wird, dauert es eine Weile. In dieser Zeit ist der Krebs extrem empfindlich und verletzlich.

Eigentlich würde man erwarten, dass er sich in dieser Zeit besonders zurückhält. Das tun auch manche Heuschreckenkrebse, wie der Biologe Roy Caldwell beobachtet hat. Doch fahren sie nicht gut damit. Wer flieht oder sich versteckt, wird nicht nur aus seiner Höhle vertrieben. Manchmal wird er sogar noch verspeist. Es ist keine gute Methode, in dieser Wettbewerbssituation Schwäche zu zeigen. Daher bevorzugen die meisten Krebse auch eine andere Strategie: Bekommt der empfindliche Krebs ungebetenen Besuch, so tastet er sich nicht langsam an seinen Kontrahenten heran. Vielmehr schießt er aus seiner Höhle heraus. Er demonstriert sofort höchste Kampfbereitschaft. Sein Gegenüber hat nur die Wahl zu kämpfen oder abzuziehen. Meist ergreift der Besucher die Flucht, dabei ist der Krebs nie wieder so verletzlich. Käme es wirklich zum Kampf, könnte er sich gar nicht verteidigen.

Wie der Bluff funktioniert

Es handelt sich um einen lupenreinen Bluff. Er funktioniert aus drei Gründen:

- Der Bluff wird vorbereitet. Kurz vor der Häutung gebärdet sich der Krebs besonders aggressiv. Er zeigt Stärke. Durch diese Imagepflege soll sich bei den andern der Eindruck verfestigen: Kampf zwecklos.

- Für den Eindringling ist äußerlich nicht erkennbar, dass der Krebs gerade kampfunfähig ist. Er schätzt ihn nach den vertrauten Kriterien ein: Wie groß ist er und über welche Waffen verfügt er? Wie stark war er kürzlich?

- Durch sein aggressives Auftreten treibt der Krebs die kalkulatorischen Kosten, die ein Kampf verursachen würde, nach oben. Das Signal heißt: Wenn du die Höhle in Besitz nehmen willst, musst du kämpfen.

Den dritten Punkt müssen wir näher erklären: Ein gegenseitiges Taxieren und allmähliches Herantasten mit einem unverfänglichen Kräftemessen wie bei den Hirschen (→ S. 49) ist nicht möglich. Es muss gleich zur Sache gehen. Dadurch wird es für den Eindringling schwierig, seine Kosten zu kalkulieren. Er hat ja keinen Anhaltspunkt, auf die tatsächliche Stärke des Krebses zu schließen. Also zieht er lieber ab, denn auch ein Meeresbewohner auf Höhlensuche scheut unkalkulierbare Kosten bei ungewissem Nutzen. Eine Höhle ist zwar viel wert, aber niemals so viel, das eigene Leben aufs Spiel zu setzen. Weil der Krebs sich diese natürliche Risiko-Kalkulation zunutze macht, kann sein Bluff funktionieren.

Anregungen für das Business

Lassen Sie sich nicht durch demonstratives Selbstbewusstsein täuschen
Im Allgemeinen ist ein selbstbewusstes Auftreten ein recht zuverlässiges Zeichen, um die Qualitäten seines Gegenübers einzuschätzen. Es entspricht unserem natürlichen Verhalten, dass wir dann Selbstbewusstsein zeigen, wenn wir uns unserer Sache sicher sind. Umgekehrt billigen wir unseren Mitmenschen eine hohe Kompetenz zu, wenn sie uns selbstbewusst gegenübertreten. Meist tun wir das vollkommen zu Recht, aber es gibt eben auch einige „Heuschreckenkrebse", von denen wir uns bluffen lassen. Sie haben gar nichts zu bieten, sind vollkommen inkompetent oder stehen finanziell vor dem Ruin und treten mit einem ungeheuren Selbstbewusstsein auf. Und genau dieses Übermaß an Selbstbewusstsein, dieser „Tick zuviel" könnte ein Hinweis sein, dass hier gar nichts dahinter steckt. Gerade in einem solchen Fall sollten Sie besonders genau hinschauen.

Haben Sie schlechte Karten? Machen Sie die Kosten für einen Konflikt unkalkulierbar!
Natürlich können Sie sich die Taktik des Heuschreckenkrebses auch zunutze machen. Denn sie funktioniert auch im Geschäftsleben bestens. Nicht nur Meerestiere, sondern auch Menschen, zumal in Unternehmen, wägen Kosten und Nutzen ab, ehe sie sich auf eine Auseinandersetzung einlassen. Wenn gleich zu Beginn klar ist, dass Sie mit höchstem Einsatz Ihr Ziel verfolgen, wird sich ein möglicher Konkurrent davon abhalten lassen, Sie herauszufordern. Ihm geht es vielleicht nur um einen kleinen Vorteil, und für den wird er nur begrenzte Ressourcen investieren wollen. Wenn Sie ihm deutlich machen, dass seine Kosten unkalkulierbar sind, wird er sich nicht auf einen Konflikt mit Ihnen einlassen.

Ein guter Bluffer kann nicht verlieren

Vom Heuschreckenkrebs lernen heißt bluffen lernen. Wie jeder guter Bluffer spielt er in der Mehrzahl der Fälle ehrlich. Er ist ja kein Hochstapler, der seinen Vorteil daraus zieht, dass die anderen es niemals auf eine Konfrontation mit ihm ankommen lassen. Er ist ein gefährlicher Gegner mit einer furchtbaren Waffe. Niemand hat Grund an seinen Fähigkeiten zu zweifeln. Und unter normalen Umständen verläuft das Kräftemessen ja auch in geordneten Bahnen. Erst wenn der Heuschreckenkrebs alles zu verlieren, aber fast nichts zu gewinnen hat, fängt er an falsch zu spielen.

Lassen Sie den Bluff niemals auffliegen

Der Heuschreckenkrebs lässt sich niemals in die Karten schauen. Nur deshalb kann er so erfolgreich bluffen. Machen Sie sich klar. Wenn Ihr Gegenüber jemals herausbekommt, dass Sie ihn getäuscht haben, setzen Sie sich in Zukunft immer dem Verdacht aus zu bluffen. Man wird Ihnen nicht trauen und Sie besonders aufmerksam unter die Lupe nehmen. Das kann eine kostspielige Angelegenheit werden, so dass der kurzfristige Nutzen den Schaden niemals aufwiegt. Und schließlich bringt es gar nichts, Fähigkeiten vorzutäuschen, wenn Sie die auch einsetzen müssen. Sie fliegen auf und haben Ihren Ruf nachhaltig ruiniert.

Innovation und Wachstum

Natur und Innovation, das scheint nicht ganz zusammenzupassen. Wir denken bei Innovationen eher an den technischen Fortschritt und die menschliche Zivilisation, aber gerade nicht an die Natur. Die ist zwar überwältigend in ihrem Gestaltungsreichtum, aber ihre Erfolgsmodelle sind ja schon einige Millionen, wenn nicht Milliarden Jahre auf dem Markt. Die Natur lässt sich einfach zu viel Zeit. Zudem scheinen ihre Prinzipien geradezu im Widerspruch zu stehen zu allem, was wir für innovativ halten: Sie klebt an ihren alten Konzepten und Bauplänen, bastelt immer wieder mit den gleichen Materialien herum und ihre besten Einfälle sind die Folge von Kopierfehlern. Warum die Natur damit dennoch so ungemein erfolgreich (und innovativ) ist, wird uns im nächsten Kapitel über die Evolution beschäftigen.

Auf den folgenden Seiten geht es erst einmal um die großen und die kleinen Tiere auf der Suche nach Neuem – wie die Mäuse und die Ratten, die unbekanntes Gelände erkunden, indem sie einfach draufloswuseln und erst später planmäßig vorgehen. Krähen und Schimpansen stellen erstaunliche Werkzeuge her, doch mit den Menschen können sie nicht mithalten. Warum das so ist, erfahren Sie hier.

Im Unterschied zur Innovation bringen wir das Thema „Wachstum" sehr eng mit der Natur in Verbindung. Ja, wir erhoffen uns Aufschluss darüber, wie ein Unternehmen „natürlich wachsen" kann und wie eine Wachstumsstrategie in einem bestimmten Marktumfeld aussehen kann. Deshalb werfen wir einen Blick auf zwei geradezu klassische Beispiele: Das Wachstum einer Bakterienkultur und die allmähliche Besiedelung von Lebensräumen durch Pflanzen, die so genannte „Sukzession". Den Abschluss des Kapitels bildet die „Entwicklungsgeschichte der Seescheide", denn sie führt beide Themen in sehr ungewöhnlicher Weise zusammen und liefert einen bemerkenswerten Einblick in das Ressourcenmanagement der Natur.

Der Wagenheber-Effekt oder die kreativen Affen

Themen: Innovation, Kreativität, Best practices

Tiere benutzen Werkzeuge: Krähen biegen Metalldrähte zu Haken, um damit nach Futter zu stochern, Elefanten verwenden Zweige als Fliegenklatsche, Delfine schnappen sich Schwämme und stülpen sie über ihre empfindliche Schnauze, um sie zu schützen, wenn sie den Boden nach Futter durchwühlen. Die vielseitigsten Werkzeugnutzer sind jedoch die Schimpansen: Mit einem Stöckchen angeln sie sich Termiten, aus Blättern basteln sie sich Sandalen und Sitzkissen und sie wählen besonders geeignete Steine aus, um damit harte Nüsse aufzuknacken.

Und doch erreichen auch die raffiniertesten Konstruktionen nicht das Niveau menschlicher Artefakte. Schon die einfachsten Faustkeile sind stärker bearbeitet worden als jedes tierische Werkzeug. Daher liegt es nahe zu fragen, wie es denn kommt, dass Menschen immer raffiniertere Gerätschaften bauen, während sich alle anderen Geschöpfe mit weitgehend naturbelassenen Hilfsmitteln zufrieden geben. Liegt es an der Umwelt, den Genen, der Erziehung?

Ein Experiment mit unerwartetem Ausgang

Einen Anhaltspunkt gibt ein berühmtes Experiment, das die Eheleute Winthrop und Luella Kellogg 1931 bei sich zu Hause durchführten: Die beiden Psychologen nahmen ein kleines Schimpansenbaby namens Gua bei sich auf. Gua sollte genauso aufwachsen wie ein Mensch. Die Kelloggs wollten herausfinden, ob sich Gua Fertigkeiten aneignen würde, die man bisher dem Menschen vorbehalten glaubte. Würde sie vielleicht sogar anfangen zu sprechen? Der besondere Clou des Experiments bestand darin, dass Gua zusammen mit dem etwa gleichaltrigen Sohn Donald aufwachsen sollte. Würde sich Gua von dem Menschenkind das eine oder andere abschauen?

Es kam ganz anders als erwartet. Gua gelang es erstaunlich gut, sich an ihre menschliche Umgebung anzupassen. Sie gehorchte besser als Donald, wurde eher sauber und kam auch früher auf die Idee, dass sie einen Stuhl nehmen musste, um an einen Keks heranzukommen, der oben von der Decke baumelte. Gua entdeckte Spiele und gab den Takt vor. Nur bei einer Fähigkeit war die Schimpansin dem kleinen Donald hoffnungslos unterlegen. Er konnte alles wesentlich besser nachmachen. Auch die Laute, die Gua von sich gab. Eines Tages stieß er Guas Futterruf aus und bat seine Eltern wie ein Schimpanse keuchend um eine Orange. An dieser Stelle brachen die Kelloggs ihr Experiment ab, um Donalds weitere Entwicklung nicht zu gefährden.

Es war genau anders gekommen, als man erwartet hatte: Der Affe war der Bestimmer. In der ersten Zeit war er dem kleinen Menschenkind sogar intellektuell voraus, das nur in einer Disziplin unschlagbar war: Im Nachäffen. Dabei war Donald in Hinblick auf seine Intelligenz durchaus ein würdiger Vertreter unserer Gattung: Er studierte später Medizin an der Harvard Medical School.

Die Entdeckung des Wagenheber-Effekts

Siebzig Jahre später wurde dieses bemerkenswerte Phänomen noch einmal systematisch untersucht. Und zwar am Max Planck Institut für Evolutionäre Anthropologie in Leipzig. Schimpansen, Orang Utans und Menschenkinder bekamen exakt die gleichen Aufgaben gestellt. Aufgaben, die Menschen und Affen verstehen und lösen können. Das Ergebnis hatten die Wissenschaftler „so nicht erwartet", wie die Verhaltensforscherin Esther Herrmann erklärt: „Die Schimpansen waren teilweise besser als die Kinder. Sie haben verstecktes Futter schneller gefunden, kleine Summen besser addiert und Werkzeuge öfters benutzt. Affen besitzen eine Knobelnatur."

Bei einem Aufgabentypus jedoch schnitten die Menschenkinder wesentlich besser ab: Immer wenn es darum ging, Hinweise zu deuten oder Gesten aufzugreifen, die der Versuchsleiter ihnen zeigte, konnten die Affen nicht mithalten. Sie bemühten sich immer, ihren eigenen Weg zu finden. Und genau deshalb werden sie von uns Menschen dann doch ziemlich schnell abgehängt. Der Leiter der Studie, der Psychologe Michael Tomasello meint: „Weil wir von andern lernen, Verhalten abschauen und es imitieren, können wir so schnell so viel klüger sein als Affen."

Dieses Phänomen nennt man den „Wagenheber-Effekt". Wir kopieren erfolgreiches Verhalten und gelangen so zügig auf eine höhere Stufe, von der aus wir uns weiterentwickeln können. Nach dem Prinzip des Wagenhebers, der mit jeder Umdrehung das Fahrzeug ein Stück weiter nach oben wuchtet. Es ist genau diese Fähigkeit, die wir für geistlos und unkreativ halten, die uns einen uneinholbaren Vorsprung verschafft. Wir Menschen sind viel stärker aufeinander bezogen, als wir oftmals annehmen. In viel höherem Maße als die Affen geben wir Informationen weiter und greifen Anregungen auf. Diesen Austausch hält Michael Tomasello für die Grundlage unserer geistigen und kulturellen Entwicklung: „Auf einer einsamen Insel ohne Mitmenschen und Kultur würde ein Mensch wohl immer auf Affen-Niveau bleiben, da er von keinem lernen kann."

Anregungen für das Business

Innovation schöpft aus der Tradition

Landläufig gilt die Vorstellung: Wer innovativ und kreativ sein will, der muss mit allem Vorangegangenen radikal brechen. Er darf sich in seinem Denken nicht von Traditionen leiten lassen, sondern soll die ausgetretenen Denkpfade verlassen. Was als gesichert gilt, soll er in Frage stellen. Was die Fachleute für unmöglich halten, das soll er sich zum Ziel nehmen. Dabei fällt völlig unter den Tisch, dass der kreative Sprung keineswegs aus dem Nichts erfolgt. Vielmehr greifen die Neuerer bereits Vorhandenes auf, setzen sich mit altbekannten Ideen auseinander und kombinieren sie neu. In dem Feld, in dem sie tätig sind, mögen sie durchaus Randfiguren sein; doch ahnungslos sind sie nicht.

Wie kommen neue Ideen in unsere Köpfe?

Auch wenn uns das anders erscheint: Wir können gar nicht bei Null anfangen und die gewohnten Denkpfade einfach so verlassen wie einen ausgetretenen Wanderweg. Bereits die Art, wie wir Selbstverständlichkeiten in Frage stellen, folgt bewährten Mustern. Es ist gute Tradition, mit den Traditionen zu brechen. Und wie wir das tun, welche Methoden wir einsetzen, das hat sich in einem langen evolutionären Prozess entwickelt und entwickelt sich weiter. Insoweit folgen die neuen Ideen aus dem, was vorangegangen ist. „Jede neue Idee gebiert augenblicklich ihre Vorläufer", hat der argentinische Schriftsteller Jorge Luis Borges einmal gesagt. Erst im Rückblick erschließt sich uns, dass die Innovation kein Zufall war, sondern eigentlich nur folgerichtig. Der nächste Schritt, der sich aus den vielen anderen ergibt, die ihm vorangegangen sind.

Die innovativen Zwerge auf den Schultern von Riesen

Dass wir uns eher evolutionär als revolutionär weiterentwickeln, ist ja kein Nachteil. „Wir sind Zwerge auf den Schultern von Riesen", so hat der mittelalterliche Philosoph Bernhard von Chartres den Wagenheber-Effekt beschrieben. Unsere Innovationen folgen einem evolutionären Pfad (mehr dazu im Kapitel über Evolution). Dass wir keine Ahnung haben, wohin dieser Pfad führt, liegt in seiner Natur. Und die Pfadgebundenheit unserer Entwicklung bedeutet keineswegs, dass wir an den alten Traditionen kleben bleiben müssen oder gar sollten. Selbstverständlich können wir Traditionen über Bord werfen. Aber wenn wir darüber nachdenken, was an ihre Stelle treten soll, dann müssen wir an irgendetwas anknüpfen. Insofern ist es für jede Innovation hilfreich, sich umzuschauen, sich Anregungen aus den verschiedensten Bereichen zu holen und bewährte Praktiken zu übernehmen.

Laborratten in der „Effizienzfalle"

Themen: Routine, Perfektionismus, Stabilität, Change Management, Neuorientierung

Ratten und Mäuse sind sehr lernfähige Tiere. Setzt man sie in ein Labyrinth, finden sie recht schnell den Ausgang oder den Weg zum Futter. Sie halten sich nicht lange damit auf zu überlegen, was jetzt zu tun sei. Sie tasten sich auch nicht vorsichtig durch die unbekannten Gänge, wie wir es vielleicht tun würden. Weil wir Menschen auf Neues generell abwartend bis misstrauisch reagieren.

Phase eins: Einfach mal loslaufen

Doch zurück zu den Ratten und Mäusen. Sie rennen einfach los, beschnüffeln und durchmustern wenig zielgerichtet ihre Umgebung, laufen hierhin, dorthin und wieder zurück. Unbekümmerter Aktionismus, könnte man meinen, vielleicht ganz sympathisch, aber in den Augen vorausplanender Wesen nicht sehr effektiv. Viel zu viele überflüssige Wege bei hohem Tempo, Ressourcenverschwendung, „Kostenfresser". Doch auch wenn die Tiere jeden Weg drei- oder viermal hin- und zurücklaufen, so hat das durchaus seinen Sinn. Denn dadurch erwerben sie genaue Kenntnisse über die lokalen Gegebenheiten. Sie nehmen ständig neue Informationen auf nach dem Prinzip „Umwege erhöhen die Ortskenntnis". Wer nie in eine Sackgasse gelaufen ist, der merkt gar nicht, dass er sich in einem Labyrinth befindet. Man muss eben nur aus der Sackgasse wieder herauskommen. Dann spürt man irgendwann das Futter auf, auch wenn es in einem verborgenen Winkel versteckt sein mag.

Ratten und Mäuse sind flink, sie fangen sofort mit der Suche an. Und sie hören nicht eher damit auf, bis sie fündig geworden sind – oder verhungert. Aber dann können sie immerhin sicher sein: Es gibt nirgendwo Futter im Labyrinth.

Ein solches Verhalten hatte offenbar der Managementberater Spencer Johnson im Sinn, als er seinen Bestseller „Die Mäusestrategie" schrieb: Niemals aufgeben, auch wenn die Umstände neu und beängstigend sind. Seine Energien nicht in fruchtlose Ursachenanalyse stecken, sondern die Vergangenheit abhaken. Änderungen nicht beklagen, sondern aktiv nach neuen Chancen suchen – ganz wie die wuseligen Nager.

Phase zwei: Lernen

Dabei ist die betriebsame Suche im unbekannten Gelände nur die eine Seite der „Mäusestrategie", ihr vielversprechender Anfang nämlich. Nicht weniger wichtig ist jedoch die Fähigkeit, aus den aufgenommenen Informationen zu lernen. Setzen Sie eine Maus oder eine Ratte ein zweites Mal in ein Labyrinth, so findet sie wesentlich schneller ihr Ziel. Wir könnten sogar sagen: Sie **hat** überhaupt erst so etwas wie ein Ziel, denn nun „weiß" sie erst, dass es beispielsweise nach rechts zum Futter und nach links in eine Sackgasse geht. Je häufiger das Tier das Labyrinth durchstreift, um so besser kann es sich orientieren und navigieren. Und nun ist Schluss mit den Umwegen und der ärgerlichen Vergeudung der Ressourcen, die Tiere nehmen den kürzesten Weg. Auf dieser Grundlage ist es möglich, ihnen immer schwierigere Aufgaben zu stellen und Tricks beizubringen. Enttäuschen Sie niemals die Erwartungen einer Laborratte, bauen Sie vielmehr darauf auf. Bestätigen Sie ihre Erfahrungen und sie wird mit atemberaubender Souveränität zum Ziel gelangen. Sie löst das Problem immer effizienter, immer kräfteschonender, immer ökonomischer.

Phase drei: Betriebsblindheit

Und doch hat die Sache einen Haken: Denn die erfolgreichsten und routiniertesten Ratten machen die schlimmsten Fehler, sobald sich eine Kleinigkeit ändert. Das belegen Experimente, auf die der Harvardprofessor Marc D. Hauser hinweist. Stellen Sie sich ein Labyrinth vor und eine Gruppe intelligenter Laborratten, die wir darauf trainieren, in einem Seitengang ein kleines Stück Futter einzusammeln. Sobald die Ratten die Futtersuche perfekt beherrschen, teilen wir die Tiere in drei Gruppen. Für die erste Gruppe bauen wir in den Gang mit dem Futter eine Wand ein. Was geschieht? Die sonst so aufmerksamen Tiere laufen blindlings dagegen. Für die zweite Gruppe sägen wir den Gang, der zum Futter führt, einfach in der Mitte ab. Wenn die Ratten in diesen Gang einbiegen, rennen sie über die Kante hinweg und stürzen in die Tiefe. Vielleicht liegt es ja daran, dass die Tiere vom Hunger getrieben werden und da schon einmal das eine oder andere Hindernis übersehen. Deshalb legen wir für die dritte Gruppe einen großen Futterhaufen mitten ins Labyrinth, und zwar an eine Stelle, die unsere Ratten passieren müssen, wenn sie zu ihrem kleinen Futterstückchen gelangen wollen. Das erstaunliche Ergebnis: Die Tiere steigen über den Futterhaufen hinweg, als sei er gar nicht vorhanden. Weil sie ihre Navigation so sehr auf den kleinen Happen ausgerichtet haben, entgeht ihnen der große Haufen.

Bleibt zuletzt die Frage: Warum rennen die intelligenten Ratten in der freien Natur nicht gegen Wände? Die Antwort ist einfach: In ihrer natürlichen Umwelt bleiben die Dinge niemals so unverändert wie in der künstlichen Laborsituation. Auch in ihrer vertrauten Umgebung tauchen immer wieder Hindernisse auf, die dafür sorgen, dass die Ratte aufmerksam bleibt. Sie kann nicht so schnell, routiniert und „ökonomisch" navigieren wie im geschützten Raum des Labyrinths. Doch genau das bewahrt sie davor, mit offenen Augen gegen die nächste Wand zu laufen, weil die sich ein bisschen verschoben hat.

Anregungen für das Business

Lassen Sie sich nicht von der Vergangenheit lähmen
Wenn es darum geht, aus einer schwierigen Situation herauszufinden und einen Neuanfang zu wagen, kann die beschriebene „Mäusestrategie" durchaus hilfreich sein: Die Vergangenheit abhaken, zügig beginnen und unvoreingenommen das Gelände erkunden. Sie wissen nicht, was auf Sie zukommt, also sollten Sie offen sein für alles und verschiedene Wege ausprobieren. In diesem Stadium ist es unvermeidlich, Umwege zu nehmen oder hin und wieder in eine Sackgasse zu geraten. Das ist durchaus nichts Negatives, sondern in gewissem Rahmen sogar wünschenswert. Sie sammeln Erfahrungen, die Ihnen später nützen werden. Und wenn Sie in dieser Phase nicht experimentieren, wann wollen Sie dann damit anfangen?

Bilden Sie nützliche Routinen
Irgendwann treten Sie ins zweite Stadium ein: Je besser Sie die Sachlage kennen lernen, um so sparsamer können Sie mit Ihren Ressourcen umgehen. Und das sollten Sie auch tun, denn irgendwann erhöhen die Umwege nicht mehr die Ortskenntnis, sondern nur noch die Kosten. Dann ist Zielstrebigkeit gefragt. Um im Bild der „Mäusestrategie" zu bleiben: Wenn Sie wissen, wo der Käse im Labyrinth liegt, spricht nichts dagegen schnurstracks dort hinzumarschieren.

Wenn alles gut läuft, schleichen sich Fehler ein
Vorsicht vor der „Effizienzfalle" in Phase drei: Wenn die Sache so richtig rund läuft, wenn Sie alle Abläufe optimiert haben und auf einem sehr hohen Leistungsniveau arbeiten, sind Sie besonders fehleranfällig. Oft genügt schon eine kleine Abweichung, um das System entgleisen zu lassen.

Kleine Niederlagen erhalten die Aufmerksamkeit
Es scheint fast eine Art Naturgesetz zu sein: Lösen wir eine Aufgabe zehn Mal auf die gleiche Weise erfolgreich, schauen wir beim elften Mal schon nicht mehr richtig hin. Wir schonen nämlich unsere wertvolle Ressource Aufmerksamkeit und vielleicht haben wir nochmals Erfolg. Kommt es dann aber beim zwölften Mal etwas anders, fliegen wir aus der Bahn. Daher brauchen wir eigentlich die Abweichungen, die Störungen, die kleinen Fehler, die „suboptimalen" Leistungen, um uns weiterhin anzustrengen und Kurs zu halten.

Durchbrechen Sie immer wieder die Routine
Unter sehr stabilen Bedingungen kann sich ein Höchstmaß an Effizienz entwickeln. Zugleich reagiert das System hochempfindlich, wenn es denn einmal anders kommt. Und darin liegt das eigentliche Paradox: Je stärker Sie ein System von Störungen abschirmen, desto anfälliger wird es dafür. Es kann also zweckmäßig sein, von Zeit zu Zeit planmäßig gegen die Routine anzuarbeiten, Erwartungen zu durchbrechen und die Aufmerksamkeit von erfahrenen Mitarbeitern herauszufordern.

Wie Bakterienkulturen wachsen

Themen: Wachstum, Ressourcenmanagement

Bakterien brauchen zum Leben ein bestimmtes Milieu. Es müssen ausreichend Nährstoffe und Salze vorhanden sein, pH-Wert, Sauerstoff- und Kohlendioxidgehalt müssen innerhalb eines bestimmten Bereichs liegen, ebenso wie die Temperatur. Sind die Bedingungen günstig, dann beginnen die Bakterien sich zu vermehren.

„Boom and bust"-Phasen bei den Bakterien
Bakterienkulturen wachsen unterschiedlich schnell. Das hängt nicht nur von den Umweltbedingungen ab, sondern auch von der Länge des Reproduktionszyklus. So gibt es Bakterien, die sich innerhalb von 24 Stunden einmal teilen, andere wie das Darmbakterium Escheria coli benötigen dafür nur 20 Minuten. Das Wachstum einer Bakterienkultur in einem Nährmedium folgt einer charakteristischen Wachstumskurve, die sich in vier Phasen einteilen lässt:

- Den Anfang markiert die Anlauf- oder *Lagphase*, in der sich die Bakterien dem neuen Milieu erst einmal anpassen und ihren Stoffwechsel darauf einstellen. Die Bakterien vergrößern ihr Volumen, aber sie teilen sich noch nicht.

- Dies geschieht erst in der *exponentiellen Phase*. Innerhalb kurzer Zeit vermehren sich die Bakterien, und zwar nicht stetig und linear, sondern exponentiell, das heißt, das Wachstum nimmt immer stärker zu. Aus vereinzelten Zellhäufchen entsteht eine dichte Wucherung.

- In der *stationären Phase* kommt das Wachstum zum Erliegen. Für das einzelne Bakterium wird es immer schwieriger, genügend Nährstoffe aufzunehmen. Die Teilungsrate geht zurück, die ersten Bakterien verenden. Netto bleibt die Anzahl der Bakterien konstant.

- Am Ende steht die *Absterbephase*. Die giftigen Abfallprodukte, die durch den Stoffwechsel entstehen, nehmen immer weiter zu. Die Nährstoffe sind erschöpft. Die Bakterienkultur stirbt an ihrem eigenen Müll.

Eine solche Wachstumskurve setzt voraus, dass es sich um eine statische, abgeschlossene Bakterienkultur handelt – wie in der Petrischale im Brutschrank eines Labors. Eine andere Entwicklung nimmt die Bakterienkultur, wenn von außen eingegriffen wird.

Bakterien im Fließgleichgewicht

Unter zwei Voraussetzungen kann die Bakterienkultur zumindest in der stationären Phase bleiben: Es müssen immer neue Nährstoffe zugeführt werden und es müssen die giftigen Stoffwechselprodukte entfernt oder neutralisiert werden. Dann kann sich innerhalb der Kultur die Anzahl der Bakterien auf einem bestimmten Niveau stabilisieren. Eine solche Kultur befindet sich im Fließgleichgewicht, man nennt sie „kontinuierliche Kultur".

Einer solchen „kontinuierlichen Kultur" können auch immer wieder Bakterien entnommen werden, zum Beispiel um daraus eine neue Kultur zu züchten. Solange Zufluss und Abfluss entsprechend reguliert sind, wird diese Entnahme nach kurzer Zeit wieder ausgeglichen. Auf diese Weise lässt sich aus einer einzigen Bakterienkultur eine Unmenge von weiteren Kulturen ziehen. Allerdings müssen in jedem einzelnen Fall die Randbedingungen erfüllt sein, das heißt: der Zu- und Abfluss von Nähr- und Abfallstoffen muss entsprechend reguliert sein. Das erfordert immense Eingriffe von außen, weshalb man nicht von „Wachstum", sondern von „Vervielfältigung" sprechen sollte.

Anregungen für das Business

In der Natur gibt es kein unbegrenztes Wachstum
Was für die Bakterienkultur gilt, das lässt sich auch auf andere Bereiche übertragen, beispielsweise auf Unternehmen oder Märkte. Die Einsicht lautet: Es gibt kein unbegrenztes Wachstum, schon gar nicht innerhalb eines begrenzten Lebensraums. Gerade die Produkte, bei denen die Nachfrage exponentiell wächst, die also einen Boom erleben, erreichen unvermittelt den Sättigungspunkt. Und die Nachfrage bricht schlagartig ein. Wann dieser Punkt erreicht ist, lässt sich nicht vorhersagen. Weder in der Bakterienkultur noch in den Märkten gibt es irgendwelche Mechanismen, die dafür sorgen, die Entwicklung abzubremsen.

Geschlossene Systeme richten sich selbst zugrunde
Lebende Systeme sind nicht geschlossen, sie befinden sich wie die „kontinuierliche" Bakterienkultur im Zustand des Fließgleichgewichts. Das heißt, das System darf sich nicht abschotten, es muss sich immer wieder erneuern, „Nährstoffe" von außen aufnehmen und alles, was nicht mehr benötigt wird, ausscheiden. „Lebende Unternehmen" streben daher diesen Zustand des inneren Gleichgewichts an, der Homöostase: Die lebenswichtige Balance wird dadurch aufrechterhalten, dass ein Austausch stattfindet. Ein unaufhörlicher Durchfluss mit dem Ziel, das Wesentliche aufrechtzuerhalten. Permanente Veränderung bei gleichzeitiger Konstanz – genau das ist der Zustand des Fließgleichgewichts. Im Unterschied dazu führt Abschottung zuverlässig zum Niedergang.

Wo kommen die Nährstoffe her?
Es ist eine verführerische Vorstellung: Aus einer einzigen Bakterienkultur lassen sich im Prinzip unbegrenzt viele Bakterien züchten. Müsste es da nicht auch möglich sein, die vermeintlichen Grenzen des Wachstums zu überwinden, beispielsweise durch Abspaltung? Im Prinzip ist das schon möglich. Nur handelt es sich dann nicht um Wachstum, sondern um Vervielfältigung. Der entscheidende Punkt dabei ist, dass jedes dieser „lebenden Systeme" ausreichend mit Nährstoffen versorgt werden muss, aus denen es sich speist: Ressourcen jeder Art wie Rohstoffe, Energie, Menschen. Weil die aber nicht in unbegrenzter Zahl zu Verfügung stehen, sind auch der Vervielfältigung Grenzen gesetzt.

Sukzession – wie Pflanzen einen Lebensraum neu besiedeln

Themen: Konkurrenz, Innovation, Unternehmensstrategie, Marktentwicklung, Change Management

Hin und wieder räumt die Natur Lebensräume frei. Tiere und vor allem Pflanzen bekommen dann die Chance, noch einmal neu anzufangen. Im Allgemeinen geschieht dies nach Katastrophen, Waldbränden, Erdbeben, Überschwemmungen, aber auch wenn Waldflächen gerodet oder Äcker stillgelegt werden. Ja, sogar wenn Sie an der Meeresküste einen Felsen blank bürsten, schaffen Sie Platz für einen Neubeginn. Ein Lebensraum steht leer und wartet darauf, gefüllt zu werden.

Unkraut und Opportunisten zuerst

Betrachten wir eine brachliegende Fläche. Vor den Tieren erscheinen die ersten Pflanzen. Die Pioniere verfolgen eine klare Strategie: Schnelle Ausbreitung, schnelles Wachstum und alle verfügbaren Ressourcen rasch verbrauchen. Es handelt sich um eine schlichte und kurzlebige Vegetation, Matten, Gräser und Wildkräuter, mit einem Wort: als erstes macht sich das Unkraut breit.

Nach einiger Zeit wachsen die ersten langlebigeren Exemplare von Kräutern und Gräsern heran. Sie lassen sich mehr Zeit mit dem Wachstum und breiten sich auch langsamer aus. Wenn man so will, setzen sie mehr auf Gründlichkeit und Qualität. Sie bilden tiefere Wurzeln, rüsten gegen die Konkurrenz auf, legen Reserven an und investieren in die Zukunft. Sie drängen langsam, aber unverkennbar das „Unkraut der ersten Stunde" zurück. Dann folgen die ersten Büsche, die sich ihren Lebensraum auf Kosten der vorangegangenen Arten nehmen. Ein Teil von ihnen muss schließlich den Bäumen weichen. Und auch hier gibt es Arten, die vergleichsweise früh siedeln, und andere, die sich erst spät sehen lassen. Die frühen Bäume verfolgen im Vergleich zu den Spätentwicklern eine „Unkrautstrategie": Möglichst schnell wachsen, sich rasch ausbreiten und die Ressourcen maximal ausnutzen. Sie haben ein mehrschichtiges Blätterwerk, um möglichst viel Licht aufzunehmen – solange noch genügend davon da ist. Denn langsam wachsen die späten Bäume heran, mit nur einer Blattschicht, die nun effizienter ist, da es im Bereich der Baumkronen immer enger und dunkler wird. Sie überragen irgendwann die frühen Bäume und verdrängen sie.

Der Boden und die Tiere reden mit

So weit die natürliche Abfolge, die „Sukzession". Damit ist keineswegs gesagt, dass sie immer bis zum Ende durchlaufen muss, Lebensräume können immer wieder „auf Anfang" zurückgestellt werden. Auch kann sich die Sache hinziehen. Je nach Wachstumsbedingungen verläuft die Sukzession schneller oder langsamer. Auf nähstoffarmem Boden kann sich das „Unkrautstadium" über vierzig oder fünfzig Jahre erstrecken, ehe sich die ersten Büsche zeigen. Ein weiterer Faktor, mit dem zu rechnen ist, sind die Tiere. Sie folgen den Pflanzen und können großen Einfluss auf die weitere Entwicklung nehmen. Etwa wenn sie bestimmte Pflanzen fressen, Wiesen abweiden oder Pfade in die zugewachsenen Büsche trampeln. Dadurch können sie die Entwicklung stark verzögern, vielleicht sogar zeitweilig zurückdrehen.

Doch auch wenn es nicht zu solchen Eingriffen kommt, dauert eine komplette Sukzession im Brachland zwischen hundert und dreihundert Jahren. Erst dann haben die „späten Bäume" die frühen verdrängt. Nun können sich wenige Lebensräume eine derart lange Zeit ungestört entfalten. Es genügt ein Waldbrand, die Invasion von Schädlingen oder ein Sturm, um wieder zu einem früheren Stadium zurückzukehren.

Erst wächst die Vielfalt, dann geht sie zurück

In fast allen diesen Lebensräumen steigt die natürliche Vielfalt zunächst an. Es kommen ja ständig neue Arten hinzu, auch wenn die „Pioniere" immer stärker an den Rand gedrängt werden. Schließlich verschwinden die ersten „Pionierarten", weil sich durch die Sukzession der Lebensraum so stark verändert hat, dass sie nicht länger überlebensfähig sind. Aber dadurch, dass sie sich so schnell vermehren und ausbreiten, können sie häufig auf neue Brachflächen ausweichen, die in der Nachbarschaft entstanden sind.

Doch betrachten wir den begrenzten Lebensraum, um den es hier geht: Häufig sind nach einer gewissen Zeit sämtliche „Pionierarten" verschwunden und eine einzige Art hat sich als die dominante durchgesetzt. So ist es beispielsweise an der kalifornischen Felsküste. Auf einem blanken Stein siedeln erst kurzlebige Grünalgen, die Artenvielfalt steigt an, bis schließlich nach zwei bis drei Jahren die Art, die als eine der letzten erschienen ist, die Rotalge *Gigartina canaliculata*, bis zu 90% des Felsens einnimmt.

Gründerkontrollierte Lebensgemeinschaften

Es gibt jedoch nicht nur den harten Verdrängungswettbewerb der Sukzession. In einigen wenigen Lebensräumen können sich auch die „Gründer" halten, also jene Arten, die als erste auftauchen. In diesem Fall verfolgen sie keine kurzfristige „Unkraut-Strategie", sondern versuchen sich dauerhaft zu etablieren. Jede dieser Gründerarten hält ihren Platz besetzt, keine dominiert die anderen. Entsteht eine Lücke (z. B. weil ein Organismus stirbt), wird sie sofort von einer der Gründerarten geschlossen. Gemeinsam verteidigen sie ihren Lebensraum gegen Eindringlinge, die hier nicht Fuß fassen können. Die Ökologen nennen diese Konstellation „gründerkontrollierte Lebensgemeinschaften".

Allerdings sind solche Lebensräume nicht sehr verbreitet. Als ein oft zitiertes Beispiel gelten die extrem artenreichen Lebensgemeinschaften von Fischen in tropischen Riffen. Am Great Barrier Riff vor der Ostküste Australiens sollen schätzungsweise 2.500 verschiedene Arten leben, die friedlich miteinander koexistieren – obwohl sie um die gleiche Nahrung konkurrieren. Warum sich hier diese Vielfalt erhalten hat, können die Wissenschaftler nicht erklären. Keine der angestammten Arten lässt sich von ihrem Platz verdrängen, keiner gelingt es, die anderen zu dominieren.

Anregungen für das Business

Ob es sich um die „Besiedlung" eines neuen Marktsegments, die Erschließung einer neuen Technologie oder um den Aufbau einer neuen Abteilung handelt, in vielen Bereichen lässt sich eine ähnliche Entwicklung beobachten, wie wir sie hier als Sukzession beschrieben haben. Am Anfang dominiert eine kurzfristige Orientierung. Erst wenn sich die Verhältnisse stabilisieren, treten langfristig angelegte, aufwändigere Konzeptionen in den Vordergrund.

In einem Umfeld, das sich ständig ändert, folgen Sie der „Unkraut-Strategie"

In der jüngeren Vergangenheit war viel vom Markt die Rede, der sich „immer rasanter" verändert. Wenn das tatsächlich so ist, dann haben Organisationen, die sich langfristig orientieren, keine Chance. Denken Sie an ein Stück Erde, das ständig umgegraben wird. Hier können keine Pflanzen wachsen, die tiefe Wurzeln schlagen. Hier haben ausschließlich diejenigen Erfolg, die auf die Strategie des schnellen Gewinns setzen. Es lohnt gar nicht, sich mit der Konkurrenz zu befassen. Machen Sie Ihr Geschäft, schöpfen Sie Gewinn ab und orientieren Sie sich immer wieder neu. Legen Sie keine Vorräte an, das ist nur Ballast. Ebenso wenig lohnt es sich, viel Zeit zu investieren, um bestimmte Kompetenzen zu erwerben. Diese Kompetenzen können in einem extrem veränderlichen Umfeld schon morgen völlig veraltet und damit überflüssig sein.

Warten Sie ab, bis der Markt sich beruhigt hat

Allem Gerede vom ständigen Wandel zum Trotz kommen auch innovative „Boombranchen" irgendwann zur Ruhe. Dann sind nicht mehr die „intellektuellen Flachwurzler" gefragt, sondern diejenigen, die langfristig und strategisch denken. Wenn Sie die Zeit genutzt haben und behutsam in aller Unaufgeregtheit echte Kompetenz aufgebaut haben, dann wird Ihre Chance kommen – vorausgesetzt, dass Ihr „Lebensraum" nicht vorzeitig erneut umgepflügt wird.

Die „Strategie des späten Baumes" ist riskant

Mit der Gründlichkeit und der langfristigen Orientierung können Sie es auch übertreiben. Denken Sie daran, dass unser Leben von Umbrüchen geprägt ist. Sie sollten sich daher nicht zu sehr darauf verlassen, dass Ihre Stunde noch kommen wird. Versuchen Sie einen Mittelweg zu finden zwischen der hektischen „Unkraut-Strategie" und der allzu bedächtigen „Strategie des späten Baums".

Wenn Sie verdrängt werden, erschließen Sie sich einen neuen Markt

Auch das gehört zur „Unkraut-Strategie": Wenn Sie aus Ihrer Position, Ihrer Tätigkeit, Ihrem Kerngeschäft verdrängt werden, dann ist es leichter, andernorts Fuß zu fassen, wenn Sie noch nicht so tief „gewurzelt" haben. Wer sich stärker engagiert, Kompetenzen aufgebaut hat und langsam in seine Position hineingewachsen ist, für den ist es schwieriger, sich umzuorientieren.

Gibt es eine Chance für eine „gründerorientierte" Überlebensstrategie?
In Einzelfällen wird es möglich sein, auch als „Pionier" zu überleben – womöglich sogar in Gesellschaft anderer „Gründer". Dazu ist es nötig, sich von einer kurzfristigen „Unkrautstrategie" zu verabschieden, den „Lebensraum" dicht zu besetzen und zu verhindern, dass von außen neue übermächtige Wettbewerber in den Markt drängen. Eine solche Orientierung hat allerdings nur in ausgesprochenen „Nischen" eine Chance. Ansonsten werden die „Pioniere" früher oder später aus dem Markt gedrängt.

Die Entwicklungsgeschichte der Seescheide

Themen: Ressourcenmanagement, Wissensmanagement, Wandel

Es gibt sie in den unterschiedlichsten Farben und Formen, ihre Größe reicht von wenigen Millimetern bis zu dreißig Zentimetern, man findet sie in der Ostsee ebenso wie in der Karibik, vor Neufundland oder im südchinesischen Meer. Auch wenn sie in der Nahrungskette ziemlich weit unten steht, gehört die Seescheide zu den Erfolgsmodellen der Schöpfung. Und es gibt wohl wenige Organismen, die so konsequent dem Motto folgen: Simplify your life!

Denn das Leben einer Seescheide ist auf seinen blanken Kern herunter vereinfacht worden. Sie besteht im Wesentlichen aus einem Schlauch mit zwei Öffnungen. Durch die eine Öffnung saugt die Seescheide das Meerwasser ein, durch die andere pumpt sie es wieder hinaus. Im Innern des Schlauches sitzen viele kleine Wimpern, die das Plankton herausfiltern, von dem sich die Seescheide ernährt.

Sinneszellen oder Fortbewegungsorgane hat sie nicht und braucht sie nicht. Sie sitzt fest am Felsen und wird sanft von der Strömung bewegt. Ihre Nahrung kann sie einfach einschlürfen. Das einzige Thema, das noch geklärt werden muss, heißt Fortpflanzung. Seescheiden pflanzen sich geschlechtlich fort, was ihrer Vielfalt und Anpassungsfähigkeit zugute kommt. Doch eine Trennung zwischen Männchen und Weibchen wäre zu kompliziert. Daher sind Seescheiden beides. Da braucht die Natur nur einen Bauplan und muss nicht sicherstellen, dass immer genügend Weibchen und Männchen nebeneinander am Fels andocken. Damit sich die Seescheiden nicht selbst befruchten, wechseln sie ab, zeitweise produzieren sie Eier, zeitweise Samen, und den geben sie einfach ins Wasser ab. Damit sind im Wesentlichen alle Probleme gelöst.

Dabei erfüllen Seescheiden einen sehr wichtigen Zweck. Sie säubern das Wasser, gelten als „Kläranlagen der Ozeane" und zerlegen durch ihre Verdauung das Plankton in so kleine Teile, dass sie von Kleinstlebewesen am Boden aufgenommen werden können.

Unser nächster Verwandter unter den Wirbellosen

Der eigentliche Clou aber ist: In ihrem Larvenstadium sieht die Seescheide noch ganz anders aus. Da ist sie kein simpler Schlauch mit eingebautem Filtersystem, da besitzt sie Sinneszellen, einen Ruderschwanz und sogar ein Gehirn. Sie gleicht auf verblüffende Weise einem menschlichen Embryo, wenn auch in einem sehr frühen Stadium. Das ist kein Zufall, denn die Seescheide ist mit uns und allen Wirbeltieren verwandt. Den Ruderschwanz bildet die so genannte Chorda. Eine solche Chorda hatten wir auch einmal, aus ihr entwickelt sich die Wirbelsäule und das Rückenmark. Und am Ende der Chorda befindet sich eine Ausstülpung, die wir ebenfalls gemeinsam haben: das Gehirn.

Diese Organe benötigt die Larve der Seescheide, denn sie hat noch eine schwierige Aufgabe zu bewältigen. Sie muss durch das Meer schwimmen und sich einen geeigneten Platz suchen, an dem sie sich niederlassen kann, für den Rest ihres Lebens. So etwas geht nun einmal nicht ohne Sinnesorgane, Ruderschwanz und Gehirn. Doch wenn sie ihren Platz fürs Leben gefunden hat, sieht die Sache ganz anders aus: Die Muskeln, mit denen sie den Ruderschwanz bewegt hat, braucht sie nur noch zum Ansaugen von Wasser, Chorda, Sinneszellen und Gehirn sind jetzt vollkommen überflüssig und werden zurückgebildet. Ohne Übertreibung kann man sagen: Mangels weiterer fordernder Aufgaben frisst die Seescheide ihr Gehirn auf.

Anregungen für das Business

Fähigkeiten, die nicht gefordert werden, verkümmern
Es gilt für die Mitarbeiter, aber auch für die Unternehmen selbst: Haben sie sich in ihrer Nische eingerichtet und verbringen ihre Tage hauptsächlich mit Routineaufgaben, dann bauen sie ab. Sie sind immer weniger in der Lage, flexibel zu reagieren. Sie nehmen auch nicht mehr wahr, was um sie herum geschieht. Es bleibt für sie ja ohne Folgen. Und schließlich nimmt auch ihre Intelligenz ab, die sie befähigt, neue, komplexe Probleme zu bewältigen. Nicht so sehr die Intelligenz der einzelnen Personen, sondern die Intelligenz *im* Unternehmen und die Intelligenz *des* Unternehmens. Bekommen Mitarbeiter fordernde Aufgaben, können sie ihre Arbeit stärker gestalten und Einfluss nehmen, bleibt das Unternehmen geschmeidig und intelligent.

Durch Standardisierung und Optimierung zur „Seescheiden-Organisation"
Zunächst einmal ist es vernünftig und ökonomisch, Abläufe und Strukturen im Unternehmen zu vereinfachen und zu standardisieren. Geschieht das allerdings im Übermaß, läuft man Gefahr, das Unternehmen in eine „Seescheiden-Organisation" zu verwandeln, die auf eine dürftige Kernkompetenz zusammenschnurrt. Alles ist nur noch darauf ausgerichtet, diese eine Kernaufgabe optimal zu erfüllen. Was dem nicht unmittelbar dient, wird abgebaut. Auf diese Weise verwandelt sich eine bewegliche, halbwegs intelligente Organisation in einen hirnlosen Wasserschlürfer.

Erfolgreich heißt nicht intelligent
Die ganze Sache lässt sich natürlich auch ins Positive wenden. Immerhin ist die Seescheide alles in allem ja ein sehr erfolgreicher Organismus, der in seinem Biotop zudem eine wichtige Aufgabe erfüllt. Sie hat sich auf dem großen Markt der Lebewesen eine Nische erobert, die ihr eine Existenzform von beneidenswerter Schlichtheit ermöglicht. Sie kommt in ihrem Job ohne Gehirn aus. Ohne Augen und ohne Fortbewegungsorgane. Es mag einem nicht gefallen, aber weder in der Natur, noch im Business ist Intelligenz ein Selbstzweck.

Intelligenz richtig einsetzen

Für die Seescheide ist das Hirn nicht einfach überflüssig. Denn vergessen wir das Larvenstadium nicht. Für die anspruchsvollste Aufgabe in ihrem Leben, nämlich einen geeigneten Standort ausfindig zu machen, leistet sie sich eben dann doch ein Gehirn, obwohl sie in ihrem Kerngeschäft, dem Filtrieren von Wasser, ganz ohne Denkorgan auskommt. So müssen auch Unternehmen, deren Kerngeschäft vergleichsweise automatisiert abläuft, sicherstellen, dass sie in den kritischen Momenten der Umorientierung ausreichend Hirnressourcen zu Verfügung haben.

Evolution

„Nichts in der Biologie ergibt einen Sinn, außer im Lichte der Evolution", urteilte der Genetiker und Evolutionsbiologe Theodosius Dobzhansky schon 1937. Bereits damals gab es ambitionierte Versuche, den Evolutionsgedanken auf wirtschaftliche und gesellschaftliche Entwicklungen zu übertragen. Friedrich August Hayek entwickelte seine „Theorie der kulturellen Evolution" und Joseph Alois Schumpeter machte den Begriff der „schöpferischen Zerstörung" populär, der eigentlich auf Friedrich Nietzsche zurückgeht, von Schumpeter aber auf den wirtschaftlichen Wettbewerb übertragen wurde.

Zwischenzeitlich stark angefeindet steht das evolutionäre Denken mittlerweile wieder hoch im Kurs. Es hat sich in vielen Bereichen als außerordentlich fruchtbar erwiesen: In der Philosophie, in der Psychologie und auch in der Wirtschaftswissenschaft. Manche sehen schon einen „Paradigmenwechsel" heraufdämmern wie der Autor Eric D. Beinhocker, der die traditionellen Vorstellungen vom „Gleichgewicht" der Märkte für überholt hält und der in seinem Buch „Die Entstehung des Wohlstands" zu erklären versucht, „wie Evolution die Wirtschaft antreibt". Es gibt noch eine Reihe anderer Ansätze von „evolutionärer Ökonomie" oder „evolutionärem Management", die sich teilweise beträchtlich voneinander unterscheiden.

In diesem Kapitel soll daher nicht von diesen Ansätzen die Rede sein, sondern wir wenden uns gewissermaßen „zurück zur Natur" und stellen knapp die wichtigsten Grundgedanken der biologischen Evolutionstheorie vor, einschließlich der Artenbildung und der „Red Queen"-Hypothese. Außerdem streifen wir kurz das vergleichsweise neue Konzept der „Evo-Devo" und stellen zum Abschluss einige Überlegungen an, wie denn ein „evolutionäres Entscheidungsmanagement" aussehen könnte.

Die natürliche Auslese

Themen: Innovation, Wettbewerb, Unternehmensstrategie

Wer die Grundzüge der Evolution verstehen will, muss sich als erstes mit der Lehre von Charles Darwin beschäftigen. Seine Theorie der natürlichen Auslese gehört zu den unumstößlichen Fundamenten der Evolutionsbiologie; es gibt so gut wie keinen ernstzunehmenden Wissenschaftler, der sie grundsätzlich in Zweifel zieht.

Ein universeller Mechanismus

Aus dem Prinzip der natürlichen Auslese lässt sich weder ein „Recht des Stärkeren" ableiten, noch eine Verherrlichung des totalen Wettbewerbs oder eine Empfehlung, sich ständig zu wandeln. Vielmehr beschreibt es einen simplen, universellen Mechanismus und bezieht nicht Position für oder gegen das Existenzrecht bestimmter Lebensformen. „Es sieht fast so aus, als wäre das menschliche Gehirn spezifisch dafür eingerichtet, den Darwinismus misszuverstehen", schreibt nicht ohne Ironie der britische Evolutionsbiologe Richard Dawkins.

Worum geht es also? Fassen wir in aller Kürze die Grundprinzipien von Darwins Theorie zusammen:

- Für jeden Organismus gilt die Grundregel: Kopiere dich selbst. Das ist das Gesetz der Reproduktion. Ein völlig stupider Vorgang, in etwa so kreativ wie das, was ein Fotokopiergerät mit diesem Text macht, wenn sie ihn auf die dafür vorgesehen Glasplatte legen und die Start-Taste drücken.

- Der Kopiervorgang ist jedoch nicht perfekt. Hin und wieder kommt es zu kleinen Abweichungen, so genannten Mutationen. Meist erzeugen diese Mutationen Organismen, die nicht lebensfähig sind. Doch wenn es einem mutierten Organismus gelingt, sich fortzupflanzen, dann geht seine Abweichung auf seine Nachkommen über. Denken Sie an das Fotokopiergerät. Nach den ersten Kopien legen Sie das Buch beiseite und benutzen nunmehr die Kopien als Vorlage. Und dann vervielfältigen Sie die Kopien der Kopien. Und so weiter. Bemerken Sie irgendwo einen Fehler, werfen

Sie das Blatt weg. Oder Sie zucken nur mit den Achseln, legen das Blatt auf die Glasplatte und drücken wieder die Start-Taste.

- Für alle Kopien steht jedoch nicht genügend Platz zu Verfügung. Es muss ausgesiebt werden. Deshalb gibt es, als eine Art Filtermechanismus, den „Kampf ums Dasein". „Alle organischen Wesen", schreibt Darwin in seinem Hauptwerk *Die Entstehung der Arten*, „sind einem scharfen Wettbewerb ausgesetzt." Sie konkurrieren um Lebensraum, Nahrungsmittel, Ruheplätze und Fortpflanzungschancen. Bezogen auf die Fotokopien könnten wir sagen, dass immer wieder welche aussortiert werden und nicht alle die Chance haben, auf der Glasplatte des großen Geräts zu landen.

Im dritten Punkt geht es um den Kern der Theorie, die natürliche Selektion. Dabei ist es sehr wichtig, sich darüber klar zu werden, dass wir es mit einem völlig absichtslosen Prozess zu tun haben. Also niemand wählt hier aus, bestraft die „Schwachen" und belohnt die „Starken". Auch die „Starken" können aussterben, ja, vielleicht gerade sie. Zum Beispiel wenn sie ihre Stärke auf einen hohen Ressourcenverbrauch gründen, den sie nicht aufrechterhalten können. Und die „Schwachen" können so schwach sein, wie sie wollen, solange sie mit dem Leben davonkommen.

Der „Kampf ums Dasein": Sich durchsetzen und anpassen

Es geht einzig und allein darum, zu überleben und möglichst viele Kopien von sich zu erzeugen, die ebenfalls lebensfähig sind. Dies gelingt nur, indem man sich gegen die zahllosen anderen Organismen behauptet und sich auf seine Umwelt einstellt, sich „adaptiert", wie die Evolutionsbiologen sagen. Die Umwelt ist jedoch kein losgelöster Bereich, der bestimmte Anforderungen an den Organismus stellt. Die Umwelt besteht vielmehr aus lauter anderen Organismen, mit denen man kooperieren oder kämpfen kann, die man fressen kann oder vor denen man davonlaufen muss. Organismen, die sich hier behaupten, sind im „Kampf ums Dasein" erfolgreich. Diejenigen, die es nicht schaffen, fallen der „natürlichen Auslese" zum Opfer.

In diesem Sinn sorgt die natürliche Auslese dafür, dass nur diejenigen Organismen übrig bleiben, die relativ gut an ihre Umwelt angepasst sind. Das ist das ganze Geheimnis des „Surviving of the fittest": Nicht der „Stärkste" überlebt, sondern derjenige, der hinreichend angepasst ist, er muss nicht einmal am besten angepasst sein. Eine zu starke Anpassung kann sogar nachteilig sein, wenn sich die Lebensbedingungen wandeln und plötzlich andere Qualitäten gefragt sind. Auf der anderen Seite ist es ein evolutionäres Grundprinzip, dass sich winzige Wettbewerbsvorteile im Laufe der Zeit aufsummieren und dafür sorgen, dass diejenigen, die nicht mithalten können, immer stärker ins Hintertreffen geraten und schließlich verschwinden.

In diesem „Kampf ums Dasein" sind die Organismen allerdings mehr Objekte der Evolution und nicht deren Gestalter. Denn die Evolution wird nicht dadurch vorangetrieben, dass sich die Organismen immer besser auf ihre Umwelt einstellen und diese Fähigkeiten dann an ihre Nachkommen weitergeben. Das glaubte zwar vor 200 Jahren der französische Naturforscher Jean Baptiste Lamarck. Doch seine Theorie genießt in Wissenschaftskreisen ebensolches Ansehen wie die Behauptung, dass sich die Sonne um die Erde dreht. Auch wenn wir es gerne hätten, dass sich all das auf unsere Nachkommen überträgt, was wir gelernt haben, genau das ist nicht der Fall. Ihre Nachkommen werden nicht dadurch musikalischer, dass Sie Geige lernen. Was Sie vererben können, das ist allenfalls Ihr musikalisches Talent – unabhängig davon, ob Sie Konzertmeister bei den Wiener Philharmonikern sind oder Biochemiker.

Fortschritt durch Kopierfehler

Wodurch entsteht dann aber diese überbordende Vielfalt, die wir an der Natur so bewundern? Letztlich ist sie das Ergebnis von Kopierfehlern, von Mutationen, die an irgendeiner Stelle im Erbgut eine Veränderung bewirkt haben, die sich als günstig erwiesen hat und die sich dann in der gesamten Population ausbreitet. Verdanken wir also unsere Entwicklung dem Umstand, dass die Natur so schlampig kopiert? Dass sich immer wieder neue Fehler einschleichen, die in ihrer Summe vom Pantoffeltierchen zum Menschen geführt haben?

Hier müssen wir die Maßstäbe zurechtrücken: Bei der Fortpflanzung wird das Erbgut keineswegs schlampig übertragen, sondern mit beeindruckender Präzision. Zum Vergleich: Sie müssten viele tausend Mal die Bibel abschreiben und dürften nur einen einzigen Tippfehler machen. Beim Kopieren einer CD haben Sie eine wesentlich höhere „Mutationsrate". Diese Kopiergenauigkeit sorgt für die nötige Stabilität der Erbanlagen und bewirkt, dass günstige Gene nicht einfach verloren gehen. Das würde nämlich passieren, wenn sich die Kopien stärker unterscheiden würden. Tatsächlich tragen wir noch Gene in uns, von denen die Wissenschaftler annehmen, dass sie Milliarden Jahre lang nahezu unverändert geblieben sind und die wir mit den Pantoffeltierchen oder den Erbsenpflanzen gemeinsam haben. Organismen, denen dieses Gen fehlt, wären gar nicht lebensfähig. Wir haben also ein Interesse daran, dass sich dieses Gen nicht so häufig ändert.

Wir dürfen auch die zeitliche Dimension nicht vergessen. Es gibt seit mehr als dreieinhalb Milliarden Jahren Leben auf der Erde. Unter günstigen Bedingungen erzeugen Bakterien im 20-Minuten-Takt eine neue Generation, andere Wesen brauchen etwas länger. Auf jeden Fall ist ausreichend Zeit, um eine Fülle unterschiedlichster Wesen entstehen zu lassen und sie auf ihre Lebensfähigkeit zu testen.

In diesem Zusammenhang ist der Ausdruck Kopierfehler gar nicht so glücklich. Denn dadurch entsteht der Eindruck, es handle sich um eine Unzulänglichkeit. Ganz so als strebe die Natur an, identische Kopien zu erstellen und es gelinge ihr nicht. Das ist aber eine irreführende Vorstellung. Anstatt von Kopierfehlern sollten wir daher von Mutationen oder Varianten sprechen. Denn eben dies geschieht: Es werden laufend neue Varianten produziert, Organismen mit kleinen Abweichungen, von denen keineswegs sicher ist, dass sie besser zurechtkommen als ihre Vorfahren. Im Übrigen vermuten die Evolutionsbiologen, dass die Mutationsrate am Beginn des Lebens vor dreieinhalb Milliarden Jahren wesentlich höher lag. Ganz so, als hätte die Natur erst einmal ausgiebig experimentiert. Stabile, höhere Lebensformen konnten sich unter diesen Bedingungen nicht entwickeln. Aber in diesem wüsten Experimentalstadium wurden die Grundlagen geschaffen für alles, was dann folgte.

Die Erfolglosen verschwinden

Es ist also ganz einfach. Die natürliche Evolution funktioniert durch das Ineinandergreifen zweier Prozesse: Variation und Selektion. Die Natur bringt ständig eine Vielzahl von ähnlichen, aber verschiedenartigen Organismen hervor. Gleichzeitig sorgt sie dafür, dass alle erfolglosen Varianten wieder verschwinden. Das beeinflusst wiederum die weitere Entwicklung der Organismen. Bestimmte Lebensformen und Gene stehen eben nicht mehr zur Verfügung. Die neuen Varianten können nur aus den Organismen hervorgehen, die noch im Spiel sind. Genau das treibt die Entwicklung voran, dass nicht mehr alles möglich ist, sondern nur an erfolgreiche Überlebensversuche angeschlossen werden kann.

Anregungen für das Business

Das Prinzip der „natürlichen Auslese" lässt sich auf zahlreiche andere Bereiche übertragen, in denen Variation und Selektion ineinander greifen. Das ist etwa auf allen Märkten der Fall. Es konkurrieren die unterschiedlichsten Produkte und Dienstleistungen miteinander. Nur einige wenige können sich behaupten, sie werden kopiert und variiert – und schließlich vom Markt verdrängt, weil sich die Bedingungen geändert haben.

Betrachten Sie die folgenden fünf Regeln als Anregungen, mit denen Sie über so unterschiedliche Themen wie Ihre Produktpalette, Ihre Agenda, Ihre Personalplanung nachdenken können. Und denken Sie daran, dass dieser Abschnitt erst den Auftakt unseres Evolutionskapitels darstellt. Wesentliche Aspekte kommen erst in den folgenden Abschnitten zur Sprache.

Regel 1: Was sich in der Praxis nicht bewährt, wird ausgemustert.
So funktioniert die natürliche Selektion, die Praxis entscheidet und sonst nichts. Es spielt keine Rolle, wie ausgetüftelt ein Produkt oder wie hochqualifiziert ein externer Berater ist. Wenn das Produkt nicht gekauft wird oder der Berater nicht den erhofften Effekt erzielt, dann trennen Sie sich von ihm. Voraussetzung ist natürlich, dass weitere Alternativen zu Verfügung stehen, von denen Sie sich bessere Ergebnisse versprechen.

Regel 2: Wenn etwas gut läuft, sorge für seine maximale Unterstützung und Ausbreitung.
Organismen, die den „Kampf ums Dasein" bestehen, haben die Tendenz, sich so stark zu vermehren, bis sie an ihre natürlichen Grenzen stoßen. Das sorgt für eine schnelle Ausbreitung „erfolgreicher" Gene und Lebensformen und schafft eine breite Grundlage für künftige Erfolge. Ebenso können Sie einen maximalen Effekt erzielen, wenn Sie dafür sorgen, dass sich alles, was gut läuft, möglichst frei entfalten kann. Fördern Sie Produkte, Mitarbeiter, Ideen. Lassen Sie sie bis an ihre „natürliche Grenze" kommen.

Regel 3: Probiere immer etwas Neues aus, aber nie zu viel auf einmal.
Mutationen müssen sein, auch wenn die meisten von ihnen nicht von Erfolg gekrönt sind. Aber ohne Veränderungen hätten wir uns nie über das Stadium der Mikroben hinausentwickelt. Wenn Sie sich mit einem „Mikrobendasein" nicht zufrieden geben, müssen Sie also etwas riskieren und immer wieder etwas Neues ausprobieren. Dabei kommt es sehr stark darauf an, wo Sie tätig sind. Jeder Bereich hat seine optimale Änderungsrate. In der natürlichen Evolution vollziehen sich die Veränderungen vergleichsweise langsam, von Generation zu Generation wird fast alles beibehalten, Mutationen sind die Ausnahme. Es wäre jedoch fatal, daraus den Schluss zu ziehen, die Natur habe es mit Veränderungen nie besonders eilig und so sollte man es denn nun auch machen.

In einem Umfeld, das durch schnelle Veränderungen und starken Innovationsdruck gekennzeichnet ist, bleibt Ihnen keine andere Wahl, als sich auf diese hohe Änderungsrate einzustellen. Wie in der Natur wächst dann allerdings die Gefahr, dass auch nützliche Eigenschaften oder Einrichtungen verloren gehen und nicht mehr zurückzuholen sind.

Regel 4: Nutze die kleinen Wettbewerbsvorteile
In der Evolution sind es die kleinen unscheinbaren Wettbewerbsvorteile, die sich im Laufe der Zeit zu einem uneinholbaren Vorsprung summieren. Zunächst scheint es gar nicht aufzufallen, dass Sie in einem bestimmten Bereich besser sind als Ihr Konkurrent. Es fällt auch finanziell nicht besonders ins Gewicht. Doch Sie nutzen Ihren kleinen Vorteil, investieren in diesen Bereich und werden allmählich immer stärker. Erst wandern wenige Kunden zu Ihnen ab, dann mehr, schließlich drängen Sie Ihren Konkurrenten aus dem Markt.

Regel 5: Du kannst die Evolution nicht lenken.
Gerade wenn es gut für uns läuft, glauben wir, wir hätten die Sache durchschaut, wir wüssten, worauf es ankommt und könnten für die nächsten Jahrzehnte vorausplanen. Wir glauben, dass wir den Maßstab für den Erfolg definieren und dass die anderen unserem Beispiel folgen. Das erweist sich häufig als Irrtum. Plötzlich nimmt die Entwicklung einen ganz anderen Verlauf. Mit einem Mal sind andere Kompetenzen gefragt, vielleicht solche, die wir vor einiger Zeit aus guten Gründen vernachlässigt haben, um wichtigere Fähigkeiten auszubilden, die nun keine Rolle mehr spielen. Das Problem ist, dass wir gegen solche Überraschungen niemals gefeit sind. Es gibt keine „Strategie der Gewinner", die immer Erfolg bringt. Auch die Empfehlung, zwischen gegensätzlichen Strategien abzuwechseln, um dann auf jeden Fall auf der richtigen Seite zu sein, ist keine Lösung. Es führt kein Weg daran vorbei: Sie müssen die Entwicklung aufmerksam beobachten und sich, so weit es eben geht, auf die aktuellen Bedingungen einstellen.

Es lebe die Vielfalt - die Erfindung der Sexualität

Themen: Spezialisierung, Perfektionismus, Kompetenzen

Bis jetzt haben wir ja nur die Evolution betrachtet, wie sie sich auf der Ebene von vielen Pflanzen und Bakterien abspielt. Sie kopieren sich selbst und hoffen auf eine günstige Mutation. Sehr weit kommt man damit aber nicht, vor allem als höhere Lebensform, die nicht jeden Tag Hunderttausende Nachkommen in die Welt pumpen kann.

Doch sprechen wir zunächst von den Vorteilen der ungeschlechtlichen Fortpflanzung. An erster Stelle schlagen die konkurrenzlos niedrigen Kosten zu Buche. Kopieren ist weit weniger aufwändig als Kombinieren, das nach dem etwas verschwenderischen Prinzip funktioniert: „Aus zwei mach eins". Und wie steht es mit der Qualität? Stellen Sie sich vor, Sie würden sich fortpflanzen, indem Sie wie einige Pflanzen Ableger bilden. Diese Ableger wären Ihnen nahezu gleich. Das ist zunächst einmal positiv für Ihre Nachkommen. Denn sie können Ihre bewährten Eigenschaften unverändert übernehmen. Vielleicht gibt es auch die eine oder andere Schwäche, die Sie Ihren Nachkommen lieber ersparen würden, aber alles in allem ist die Bilanz mit Sicherheit positiv. Immerhin haben Sie ja bewiesen, dass Sie sich im Kampf ums Dasein erfolgreich behaupten können, allein durch die Tatsache, dass Sie noch am Leben sind.

Spezialisten brauchen stabile Verhältnisse

Gerade für einen außergewöhnlich gut adaptierten Organismus bedeutet die geschlechtliche Vermehrung erst einmal einen gravierenden Nachteil. Denn er wird Nachkommen haben, die schlechter adaptiert sind als er, es findet eine Angleichung nach unten statt. Und ausgewogene Kombinationen von Eigenschaften gehen in aller Regel verloren, die Karten der Erbmerkmale werden ja jeweils neu gemischt, mit ungewissem Ausgang. Dieser Nachteil wiegt besonders schwer in einem Lebensraum, der relativ stabil ist, in einer geschützten Nische sozusagen, die echte Spezialisten erfordert und die von großen Veränderungen verschont bleibt. Pflanzen, die sich an so eine Nische angepasst haben, vermehren sich denn auch ungeschlechtlich und bilden Knollen oder Ableger, die direkt neben der Mutterpflanze wachsen, also den gleichen Lebensraum besiedeln. Anders sieht die Sache aus bei Pflanzen, die ihre Samen weit streuen und in unbekannte Lebensräume vorstoßen. Sie vermehren sich geschlechtlich. Denn es ist besser, bei den Erbanlagen etwas abzuwechseln, wenn man nicht weiß, was auf einen zukommt. Das ist im Übrigen auch der Grund, warum sich die Seescheide (→ S. 216) geschlechtlich fortpflanzt.

Monokulturen leben gefährlich

Bei der ungeschlechtlichen Vermehrung gibt es nämlich einen Haken: Die Umweltbedingungen, unter denen ein gut adaptierter Organismus so erfolgreich ist, können sich ändern, sich vielleicht dramatisch verschlechtern. Ein Fressfeind taucht auf, ein Parasit oder ein Virus. Und dann steht mit einem Mal nicht nur die Überlebensfähigkeit eines Individuums auf dem Spiel, sondern sämtliche Nachkommen sind ebenfalls akut gefährdet. Diesen Effekt können Sie regelmäßig bei Nutzpflanzen beobachten, die alle auf ein bestimmtes Optimum hin gezüchtet wurden. Diese Monokulturen sind extrem anfällig gegen alle unvorhergesehenen Störungen wie Schädlinge, Pilzbefall und Parasiten. Ist die Abwehr einer Pflanze geknackt, sind alle anderen ebenfalls ungeschützt.

Die Lösung für dieses Problem heißt Variation. Die eigenen Nachkommen sollen einem zwar ähnlich sein, aber nicht gleich. Und auch untereinander ist es für die Nachkommen vorteilhafter, wenn jeder sich vom andern ein wenig unterscheidet. Deshalb hat die Natur die sexuelle Fortpflanzung erfunden. Die beteiligten Organismen mischen ihr Erbgut in immer neuen Kombinationen. Abgesehen vom Ausnahmefall der eineiigen Zwillinge gleicht kein Nachkomme dem andern.

Wie man schädliche Mutationen loswird

Unter den höheren Lebensformen, also Mehrzeller aufwärts, hat sich das Prinzip der Variation allgemein durchgesetzt. Und das ist kein Wunder, denn je komplizierter ein Organismus wird, umso eher lohnt sich der Aufwand der sexuellen Fortpflanzung. Ein Organismus verbessert sich ja nicht nur durch Mutationen, weit häufiger wirken sie sich schädlich aus. Und wenn der Organismus nicht gleich der natürlichen Selektion zum Opfer fällt, so bleiben die kleinen Fehler erst einmal in seinem Erbgut erhalten. Auf diese Weise summieren sich im Laufe der Zeit die schädlichen Mutationen, bis irgendwann der Organismus nicht mehr lebensfähig ist. Bei der geschlechtlichen Fortpflanzung verteilen sich die nachteiligen Erbanlagen auf viele Schultern und können im Laufe der Zeit diskret ausgesondert werden, ohne die gesamte Nachkommenschaft umzubringen.

Wenn Schwächen zu Stärken werden

Aber nicht jeder Fehler muss auch einer bleiben. Eigenschaften, die unter den aktuellen Umständen nachteilig sind, können in Zukunft für die Organismen vorteilhaft sein. Gut also, wenn in einem breit angelegten Genpool solche Erbmerkmale mitgeschleppt werden.

Größere Vielfalt erlaubt es den Organismen, unterschiedliche Lebensräume zu besiedeln, vor allem auch solche, die sich von Zeit zu Zeit unvorhersehbar verändern (an einen Lebensraum, der sich regelmäßig verändert, kann sich ein Organismus ja anpassen). Und weil höhere Organismen nun einmal häufiger in einer Umwelt zurechtkommen müssen, die sich stark und unvorhersehbar wandelt, bevorzugen sie die geschlechtliche Vermehrung.

Austausch wird belohnt

Wenn Organismen ihre Erbanlagen kombinieren, dann bedeutet das für ihre Nachkommen ja nicht nur das Risiko, dass günstige Gene verloren gehen können. Vielmehr haben sie auch die Chance, dass bei ihnen vorteilhafte Mutationen zusammenkommen, die sich sonst streng getrennt voneinander entwickelt hätten. Ein echter Synergie-Effekt, der dafür verantwortlich gemacht wird, dass bei Organismen, die sich geschlechtlich fortpflanzen, die Evolution wesentlich beschleunigt wird. Ja, die geschlechtliche Vermehrung macht es überhaupt erst möglich, dass wir von einzelnen Genen sprechen können, die sich ausbreiten, wenn sie vorteilhaft sind, oder verschwinden, wenn sie sich nachteilig auswirken. In ihrer Entwicklung profitieren die Organismen also von der geschlechtlichen Vermehrung, auch um den Preis, dass herausragende Talente eine Episode bleiben.

Partner gesucht

Einen wesentlichen Aspekt dürfen wir nicht vergessen: Organismen, die sich geschlechtlich vermehren, brauchen einen Fortpflanzungspartner. Damit kommt ein weiterer Filter ins Spiel. Es genügt nicht, den Kampf ums Dasein eine Weile zu bestehen und rechtzeitig an die Zellteilung zu denken, ein erfolgsorientierter Organismus muss vielmehr einen anderen finden, der sich mit ihm paart. Lassen wir die unterschiedlichen Interessen der Geschlechter hier einmal beiseite. Auf jeden Fall wird die natürliche Selektion (Kampf ums Dasein) durch die sexuelle ergänzt. Und das kann einigen, vornehmlich männlichen, Organismen die Überlebensbilanz verhageln. Denn die Fortpflanzungschancen sind im Tierreich oft sehr ungleich verteilt. Denken Sie nur an den Pfau (→ S. 142). Da gilt die Devise: „The winner takes it all."

Doch dieser harte Konkurrenzkampf hat seinen Grund: Für die Organismen geht es ja nicht nur darum, irgendeinen beliebigen Spender einer Ei- oder Samenzelle zu finden, der Partner soll den eigenen Genpool nach Möglichkeit verbessern. Deshalb verfolgen die Organismen zwei unterschiedliche Strategien: Sie versuchen herauszufinden, wer die „bestmöglichen Gene" hat (im Tierreich ist das meist die weibliche Strategie). Und sie versuchen sich selbst als Fortpflanzungspartner mit „bestmöglichen Genen" zu präsentieren (im Tierreich meist die männliche Methode). Wenn die sexuelle Selektion allerdings zu rigide ist, kann sie die Vorteile der Vielfalt schnell wieder zunichte machen. Die Schwachen brauchen eine Chance. Und wie wir gesehen haben (→ Tarnung und Täuschung, S. 173), verstehen sie die auch zu nutzen.

Anregungen für das Business

Organisationen müssen häufig in einer Umwelt zurechtkommen, die sich sehr stark wandelt. Nun reden wir nicht über „Fortpflanzung", aber Organisationen treffen Entscheidungen darüber, welche Aktivitäten sie verstärken, welche Mitarbeiter mit welchen Kompetenzen sie einstellen, welche Produkte sie anbieten und welche sie vom Markt nehmen. Insofern übernehmen sie ein wenig die Rolle der sexuellen Selektion, die bestimmte Fähigkeiten fördert und andere ausmustert.

Sorgen Sie für die nötige Vielfalt

In manchen Organisationen herrscht eine Einzeller-Kultur, eine geistige Monokultur. Wenn da etwas wächst, dann nur über „Zellteilung", also nach dem Prinzip „mehr desselben". Neue, abweichende Ideen werden im Keim erstickt, denn sie bringen die Organisation nur vom richtigen Kurs ab. Es geht darum, das, was man schon immer gemacht hat, in Zukunft besser zu machen. Solange die Nische stabil bleibt, in der sich die Organisation eingerichtet hat, ist das gewiss nicht die schlechteste Strategie. Doch sobald sich die Verhältnisse nur ein wenig ändern, kommt die spezialisierte Einzeller-Organisation in Schwierigkeiten. Daher ist es sinnvoll, Vielfalt zu fördern, Mitarbeiter mit unterschiedlichen Kompetenzen und Sichtweisen einzustellen, das Sortiment mit verschiedenen Produkten zu bestücken (und nicht nur mit dem aktuellen Bestseller). Natürlich ist es wichtig, sich dabei nicht zu verzetteln, Vielfalt muss immer wieder auf „Kernaktivitäten" konzentriert werden, doch macht eine Fülle unterschiedlicher Komponenten eine Organisation robuster und vitaler.

Verabschieden Sie sich nicht zu schnell von „nutzlosen Talenten"

Es liegt nahe, Fähigkeiten, die Sie aktuell nicht benötigen, abzubauen. Denn sie verursachen nur Kosten und verhindern, dass sich Ihre Organisation auf ihre Kernkompetenzen konzentrieren kann. Das ist natürlich nicht ganz falsch. Und doch können die nutzlosen Talente, die Sie heute über Bord werfen, morgen wieder wichtig werden. Das Problem ist nur, dass man das vorher nie so genau weiß und keine Organisation alle Fähigkeiten mitschleppen kann, die sie irgendwann einmal beherrscht hat. Es geht also nicht darum, möglichst viele Kompetenzen vorzuhalten, die heute niemand braucht, sondern um einen sorgsamen Umgang mit den vorhandenen Fähigkeiten, die man nicht allzu leichtfertig aufgeben sollte.

Frischen Sie hin und wieder Ihren „Genpool" auf
Stabilität ist für Organisationen gewiss nichts Negatives, doch dann und wann brauchen sie neue Ideen von außen, um gewissermaßen ihren „Genpool" aufzufrischen. Manche Organisationen sind sogar sehr stark darauf angewiesen, weil sie in einem Umfeld arbeiten, das sich sehr schnell wandelt. Sie müssen immer wieder frischen Wind in die Organisation hineinbringen. Und da gibt es viele Möglichkeiten:

- Suchen Sie das Gespräch mit „denen da draußen" (nicht nur mit Ihren Kunden und nicht nur darüber, ob sie wirklich zufrieden mit Ihren Produkten waren). Versuchen Sie herauszufinden, was sie denken, welche Einstellungen sie haben.

- Bilden Sie aus und lernen Sie von Ihren Praktikanten, „Azubis" und „Trainees". Nutzen Sie die Gelegenheit und lassen Sie sich schildern, wie jemand, der von außen kommt, Ihre Organisation von innen wahrnimmt.

- Beobachten Sie aktuelle Trends und lassen Sie Ihre Mitarbeiter darüber diskutieren. Laden Sie Referenten ein, die über aktuelle Themen sprechen.

Die Entstehung der Arten

Themen: Innovation, Standardisierung, Stabilität, Kreativität, Marketing, Franchise, Auslandsgeschäft, Lizensierung

Die Evolution ist nicht nur ein Quell verwirrender Vielfalt, Verzweigung und zunehmender Differenzierung, sondern in ihr wirken auch stabilisierende Tendenzen, die für eine gewisse Ordnung und Überschaubarkeit sorgen. Jeder Organismus gehört einer bestimmten Spezies an, die ihn mit vielen gleichartigen Organismen verbindet und von anderen trennt. Geschlechtliche

Fortpflanzung ist nur innerhalb derselben Art möglich. Doch wie haben sich die Arten überhaupt gebildet? Charles Darwin, der sein Hauptwerk immerhin „Die Entstehung der Arten" genannt hat, gibt darüber bemerkenswert wenig Auskunft. Und auch unter den Evolutionsbiologen unserer Zeit ist dieser Punkt noch heftig umstritten.

Die Theorie vom „unterbrochenen Gleichgewicht"

Der Harvard-Professor Stephen Jay Gould ist der Urheber der Theorie vom „unterbrochenen Gleichgewicht", die er zusammen mit seinem Kollegen Niles Eldredge vom American Museum of Natural History entwickelt hat. Gould und Eldredge behaupten, Arten würden sich nicht allmählich herausbilden, sich nicht im Laufe der Zeit kontinuierlich weiterentwickeln und schließlich in eine oder mehrere andere Arten übergehen. Vielmehr entstehen Arten relativ unvermittelt. Sind sie dann einmal vorhanden, verändern sie sich nicht mehr sehr stark. Ihre Merkmale bleiben relativ stabil. Bis zu einer Phase, in der plötzlich viele Veränderungen einsetzen, das „Gleichgewicht", in dem sich die Art befunden hatte, wird in dieser Phase „unterbrochen", es entsteht etwas Neues. Die Evolution verläuft also in Sprüngen und keineswegs so fließend wie nach traditionell darwinistischer Auffassung.

Dabei spielen Katastrophen eine wichtige Rolle. Denn immer wieder kommt es zu starken Veränderungen in der Umwelt, auf die sich viele Arten nicht einstellen können. Die Folge ist ein massenhaftes Aussterben von Arten. Dabei überleben nicht unbedingt diejenigen, die vorher zu den „Fittesten" gehört haben. „Es ist denkbar, dass die Gründe für das Überleben oder Aussterben bestimmter Gruppen nichts mit den Darwinschen Grundlagen des Erfolgs in normalen Zeiten zu tun haben", schreibt Gould. „Fische mögen noch so vollkommen an das Leben im Wasser angepasst sein – wenn die Seen austrocknen, kommen sie alle um." Die Überlebenden füllen die freigewordenen Lebensräume. In dieser Phase kommt es zur weiteren Artenbildung. Es entstehen die vielfältigsten Lebensformen, von denen die meisten aber wieder verschwinden.

Kambrische Explosionen

Vor etwa 570 Millionen Jahren, im Zeitalter des Kambriums tauchen zum ersten Mal vielzellige Tiere mit „harten Teilen" auf, also solchen die sich als Fossilien erhalten haben. Mit dem Kambrium beginnt sozusagen die dokumentierte Geschichte der Arten. Es wird vermutet, dass es vorher ein Massenaussterben gegeben hat. Das Bemerkenswerte aus Sicht von Gould und Eldredge ist jedoch die Tatsache, dass gleich zu Anfang des Zeitalters eine ungeheure Vielfalt von Organismen entstanden ist. Die Artenfülle ist förmlich explodiert, deshalb spricht man von der „kambrischen Explosion".

Erst danach greift so etwas wie die natürliche Auslese. Etliche Arten verschwinden für immer; nur einige wenige erfolgreiche Arten können sich halten und breiten sich aus. Es wirkt ein wenig so, als hätte die Evolution zu Beginn des Kambriums hemmungslos herumexperimentiert, etliche Varianten auf den Markt geworfen, um zu schauen, wie sie zurechtkommen. Nach kurzer Zeit wird das Artensortiment drastisch reduziert. Es bleiben nur die Sieger übrig.

Damit wird die herkömmliche Vorstellung auf den Kopf gestellt. Nach Gould ist es nicht so, dass die Vielfalt kontinuierlich zunimmt und sich eine Art in immer feinere, spezialisiertere Unterarten aufspaltet, die dann die ökologischen Nischen füllen. Vielmehr ist erst die maximale Vielfalt da. Und dann wird ausgesiebt.

Artbildung durch Abspaltung

Der Evolutionsbiologe Richard Dawkins setzt einen deutlich anderen Akzent. Demnach entsteht eine Art, indem sie sich von einer anderen trennt, was in der Regel heißt: räumlich trennt. Stellen Sie sich eine große Population von Tieren vor. Aus dieser Population gelangt eine kleine Gruppe zufällig in einen neuen Lebensraum. Von der Hauptpopulation ist sie abgeschnitten. Beide Gruppen können ihre Gene nicht mehr austauschen, sie entwickeln sich getrennt voneinander. Beschleunigt wird dieser Prozess durch die unterschiedlichen Lebensbedingungen, denen sie ausgesetzt sind und denen sie sich anpassen. Die natürliche Auslese verstärkt also ganz verschiedene Eigenschaften. Die Folge: Beide Teilgruppen werden immer unähnlicher. Nach einer gewissen Zeit sind sie in ihrer genetischen Ausstattung so verschieden, dass sie nicht mehr gekreuzt werden können. Wenn sie gerade noch in der Lage sind, gemeinsame Nachkommen zu haben, dann werden diese kränklich oder unfruchtbar sein wie der Maulesel. Es ist keine Überbrückung zwischen den Populationen mehr möglich, sie gehen in Zukunft getrennte Wege, sogar wenn man sie jetzt wieder zusammenbringen würde. Doch vermutlich würde es zu einem Verdrängungswettbewerb kommen, weil beide Gruppen dann doch noch zu ähnlich wären und um die gleichen Ressourcen konkurrieren würden.

Je kleiner die Gruppe ist, die sich abspaltet, und je spezifischer der Lebensraum, desto schneller entwickelt sich eine neue Art. In der Evolution ist also ein Mechanismus eingebaut, der dafür sorgt, dass sich eine Teilpopulation zügig an besondere Lebensbedingungen anpassen kann. Dabei entstehen die Arten gleitend, möchte man sagen. Es gibt keinen Artgründer und keinen eindeutigen Übergang. Die Organismen, aus denen eine neue Art entsteht, unterscheiden sich durch nichts von ihren Artgenossen. Dass von ihnen eine neue Art ausgeht, liegt nicht an ihnen und ihren Eigenschaften, sondern „hängt ausschließlich davon ab, was in den späteren Generationen" ihrer Nachkommen geschieht, schreibt der Philosoph Daniel Dennett.

Zusammenfassend lässt sich sagen, dass Gould und Dawkins jeweils unterschiedliche Schwerpunkte setzen. Dawkins betont den geordneten, ja gesetzmäßigen Ablauf der Artbildung, der sich gut an Darwins Theorie von der natürlichen Selektion anschließen lässt, während Gould die Diskontinuität und die Brüche hervorhebt. Beide Perspektiven haben ihre Berechtigung.

Anregungen für das Business

Betrachten wir zunächst Goulds Theorie vom „unterbrochenen Gleichgewicht". Es drängen sich gleich mehrere Parallelen auf. Ob bei der Entwicklung des gesamten Marktes, bei der Gestaltung der Organisation, im Marketing oder in der Produktentwicklung, immer wieder gibt es Phasen kreativer Unruhe, in denen alles Mögliche ausprobiert wird.

Erst experimentieren...
Zeiten des Umbruchs und der Unsicherheit müssen genutzt werden, denn nie wieder wird es so einfach sein, hemmungslos herumzuexperimentieren. Neue, verrückte, ja dilettantische Ideen erhalten ihre Chance und können im Klima allgemeiner Experimentierlust gedeihen und eine Zeitlang überleben. Denken Sie nur an die Frühphase des Privatfernsehens und die absonderlichen Sendeformate, die damals durch das Programm geisterten. Es war ganz so wie im frühen Kambrium, als eine Fülle von bizarren Organismen die Erde bevölkerte, von denen später nichts mehr übrig blieb. In so einer „kambrischen" Phase müssen Sie alle Ideenkeime in die Erde bringen und zusehen, welche abenteuerlichen Pflanzen daraus wachsen. Später werden Sie keine Gelegenheit mehr haben, Einfluss zu nehmen. Die Maßstäbe sind gesetzt und Sie können nicht mehr davon abweichen.

...dann standardisieren
Sie können nicht dabei stehen bleiben, immer neue originelle Einfälle in die Welt zu streuen. Sie müssen auswählen und nachbearbeiten. Sie müssen sozusagen geistig umschalten und sich vom spielerischen Umgang mit den Dingen verabschieden. Das liegt nicht jedem, der kreativ ist, und doch gehört es zur Kreativität dazu. In einer Organisation kann man dieses Problem dadurch entschärfen, dass man die Aufgaben verteilt: Die einen dürfen kreativ „herumspinnen", die anderen dürfen 95% davon in den Papierkorb werfen und die übrig gebliebenen 5% umändern. Denn das Ziel ist, den Wust an genialen Einfällen in ein Produkt oder einen neuen Standard zu verwandeln.

Kambrische Kreativität: Aus den wilden Tieren werden die „Cash-Cows"
In der „kambrischen" Phase sieht man es den Ideen, den Projekten und Prototypen oft noch nicht an, dass sie die Standards von morgen setzen werden. Gerade die Etablierten, die ihre „kambrischen Explosionen" lange hinter sich gelassen haben, tun die neuen Versuche als dilettantisch und unprofessionell ab. Doch das kann eine Fehleinschätzung sein. Zwar sind die „wilden Tiere" des Kambriums häufig tatsächlich etwas unausgereift, sozusagen mit heißer Nadel zusammengenäht. Doch bleibt es ja nicht dabei. Wenn sie nur lange genug überleben – was manchmal eine Sache des Zufalls ist –, dann adaptieren sie sich und bestimmen ihrerseits die Maßstäbe. Die wilden Tiere von einst verwandeln sich in höchst profitable Nutztiere, in die zahmen „Cash-Cows".

Lassen Sie gute Ideen sich adaptieren

Auch das darwinistische Modell von Dawkins hält einige Anregungen bereit. Zum Beispiel für die Vermarktung von Erfolgsprodukten. Demnach wäre es sinnvoll, wenn sich diese an ihre jeweilige Umwelt, also ihren Markt, adaptieren könnten. Sie lassen es also zu, dass sich in unterschiedlichen Teilmärkten Varietäten Ihres Ausgangsprodukts bilden. Ja, Sie unterstützen diese Tendenz noch, überlassen das Produkt bis zu einem gewissen Grad sich selbst und verzichten auf zentrale Kontrolle, denn nur so lässt sich erreichen, dass sich Ihr Produkt auf den jeweiligen Markt tatsächlich einstellt. Problematisch wird die Sache nur, wenn sich die Teilmärkte überlappen und die Varianten sich gegenseitig Konkurrenz machen. Dann – auch das zeigt das Modell – wird eine Varietät vermutlich auf der Strecke bleiben.

Verhindern Sie unerwünschte Artenbildung

Eine Organisation braucht einen gewissen Zusammenhalt, ein Mindestmaß an Kohärenz. Ab einer gewissen Größe lässt es sich jedoch nicht verhindern, dass die Mitarbeiter in erster Linie ihrer Abteilung oder ihrer Gruppe gegenüber loyal sind. Die ist überschaubar und mit ihr fühlen sich die Mitarbeiter häufig stärker verbunden. Das kann zu einem Problem werden, wenn sich diese Gruppe nicht mehr als Teil des Ganzen begreift, vorwiegend mit sich selbst beschäftigt ist und sich an ihre ganz eigene „Umwelt" adaptiert. Durch eine solche Abspaltung bildet sich ziemlich schnell eine eigene „Spezies" heraus, die ausschließlich ihre eigenen Interessen verfolgt, auch auf Kosten der „Gesamtpopulation", zu der sie sich immer weniger zugehörig fühlt. Eine solche „Artenbildung" können Sie verhindern, indem Sie die Angehörigen der Gruppe immer wieder in die „Gesamtpopulation" einbinden.

Wettlauf auf der Stelle – die „Red-Queen-Hypothese"

Themen: Konkurrenz, Wettbewerbsvorteil, Perfektionismus, Marktwirtschaft

In dem Buch „Alice hinter den Spiegeln" von Lewis Carroll begegnet die Titelheldin in einem Phantasieland einer roten Königin. Die packt Alice am Arm und gemeinsam laufen sie davon, so schnell sie können. „Schneller, schneller!" feuert die Königin sie immer wieder an, aber als sie vollkommen erschöpft stehen bleiben, merkt Alice, dass sie nicht von der Stelle gekommen sind. Alice wundert sich, doch die rote Königin erwidert: „In diesem Land musst du so schnell rennen, wie du kannst, um an der selben Stelle zu bleiben. Wenn du irgendwo hin möchtest, musst du doppelt so schnell laufen."

Diese Episode hat den amerikanischen Biologen Leigh Van Valen zu seiner „Red Queen"-Hypothese inspiriert, um den zunehmenden Konkurrenzdruck im darwinistischen „Kampf ums Dasein" zu beschreiben. In der Evolution herrschen demnach ähnliche Bedingungen wie im Land der roten Königin: Die Organismen müssen alle Anstrengungen darauf richten, ihre Fähigkeiten zu verbessern – nur um ihre Position zu halten. Lassen sie alles unverändert, fallen sie im evolutionären Wettbewerb zurück und sterben früher oder später aus. Stagnation ist für eine Spezies tödlich.

Verbessert sich einer, muss die Konkurrenz nachziehen

Van Valens Hypothese hat zunächst einiges für sich. In der Natur herrscht das Prinzip der Überproduktion. Was sich nicht bewährt, wird ausgesiebt. Günstige Eigenschaften führen hingegen zu einer höheren Ausbreitung. Das Leistungsniveau steigt. Damit verschlechtern sich aber die Lebensbedingungen der andern, der Rivalen, der Beutetiere oder der Jäger. Nehmen wir beispielsweise eine Population von Mäusen. In der ersten Generation werden alle Mäuse, die zu langsam laufen, weggefangen. Es bleiben nur die schnellen Mäuse übrig, die sich fortpflanzen können. In der zweiten Generation der Mäuse gibt es einen höheren Anteil von Mäusen, die schnell laufen können. Gut für die Mäuse, aber schlecht für die Katzen. Und auch schlecht für manche Vögel, die nun stärker von den Katzen bejagt werden. Weiterhin schlecht für die Raubvögel, die ebenfalls Mäuse jagen und auch kleine Vögel, von denen die Katzen weniger übrig lassen. Und schlecht für Ihre Vorratskammer, die nun stärker von einer Invasion flinker Mäuse bedroht ist. Alle haben Nachteile durch einen Vorteil der Mäuse.

Nun bleibt es natürlich nicht dabei. Die Katzen verbessern ihre Jagdtechnik, die Vögel treffen Vorkehrungen, dass sie sich nicht mehr so leicht von den Katzen überraschen lassen, die Raubvögel dehnen ihre Flüge weiter aus. Und Sie stellen eine Mausefalle in Ihrer Speisekammer auf. Ein denkbarer Effekt: Alles wird wieder so wie vorher. Alle sind „so schnell gerannt, wie sie konnten", haben ihre Fähigkeiten verbessert, doch an der Jagdausbeute hat sich nichts verändert. Bis die Mäuse noch schneller werden und das Spiel von neuem beginnt.

Vorsprung belebt das Geschäft

Nun könnte man meinen, dass unter dem Strich für einen Organismus nichts dabei herauskommt, wenn er sich auf diesen Wettlauf einlässt. Doch das stimmt nicht ganz. Und zwar aus zwei Gründen: Wenn er seine Fähigkeiten nicht verbessert, gerät er ins Hintertreffen, solange seine Konkurrenten auch nur ein wenig besser werden. Der einzige Ausweg wäre: Man schließt eine Vereinbarung, legt Fangquoten fest und das Leben kann so komfortabel bleiben, wie es war. Doch in der Natur kann niemand auf so eine freiwillige Selbstbeschränkung hoffen. Die eigenen Möglichkeiten werden vollständig ausgeschöpft. Können die Rivalen da nicht mithalten, werden sie verdrängt.

Der zweite Grund liegt darin, dass in so einer „Red Queen"-Konstellation keiner wirklich mehr bekommt, doch alle ihre Fähigkeiten verbessern. Sie treiben sich gegenseitig zu immer neuen Höchstleistungen an. Solange der Lebensraum geschlossen bleibt, ist das kein Vorteil. Doch wenn neue Rivalen, neue Beutetiere oder neue Jäger auftauchen, dann kann es überlebenswichtig sein, dass einem die Konkurrenz die Fähigkeiten auch abverlangt hat, die nötig sind, um sich zu behaupten.

Viele Wettläufe bremsen die Konkurrenz

Mit der „Red Queen"-Hypothese können wir tatsächlich einige wechselseitige Anpassungsleistungen plausibel machen, etwa wenn sich ein Beutetier tarnt und der Jäger seine Wahrnehmung verbessert oder wenn ein Parasit sich an den Wirtsorganismus anpasst, woraufhin dieser sein Verhalten ändert. Aber von einem unbeschränkten Wettbewerb, einem ewigen „Wettrüsten" kann dann doch nicht die Rede sein. Dazu sind die Anforderungen, die an einen Organismus gestellt werden, zu vielfältig und zu widersprüchlich. Ein Organismus muss sich ja nicht nur vor Parasiten schützen, er muss vor Raubieren davonlaufen, Ruheplätze erobern, sich um Nahrung kümmern, Konkurrenten ausstechen, seine Fortpflanzung regeln, die Nachkommen schützen und vieles mehr. All das sorgt dafür, dass die Bäume der Evolution nicht in den Himmel wachsen und sich zeitweilige „Red Queen"-Konstellationen auf einem bestimmten Niveau einpendeln.

Anregungen für das Business

Wenn Ihr Konkurrent sich verbessert, ist das zunächst einmal nachteilig für Sie. Sie müssen reagieren, nachziehen, ihn nach Möglichkeit überbieten. Doch damit drehen Sie weiter an der Wettbewerbsschraube. Denn nun sieht sich wieder die Konkurrenz gefordert, noch einen Schritt weiter zu gehen. Und was machen Sie dann?

Geben Sie sich nicht mit dem Erreichten zufrieden
Es gibt kaum einen größeren Ansporn für die Konkurrenz als Ihren Erfolg. Darum sollten Sie bei jedem Schritt nach vorn daran denken, dass Sie nicht stehen bleiben dürfen, sondern Ihre Anstrengungen verstärken müssen, wenn Sie in Zukunft nicht zurückfallen wollen. Denn in einem umkämpften Markt herrschen die Gesetze der „roten Königin": Wer seine Position halten will, muss so schnell laufen, wie es seine Kräfte hergeben. Will er vorankommen, muss er doppelt so schnell sein. Sie können es auch so betrachten: Die Reaktion Ihres Konkurrenten ist die Initialzündung für Ihre nächste Verbesserung.

Siegen Sie sich nicht zu Tode
Jede Verbesserung hat ihren Preis. Sie kostet Kraft und den Einsatz von Ressourcen. Natürlich gibt es Entwicklungssprünge, die völlig neuartige

Lösungen bringen. Doch auch die müssen erst einmal erarbeitet werden und sich amortisieren. Das ist in der Natur nicht anders als in der Ökonomie. Kein Organismus kann einfach schneller werden oder gar abheben, weil es die Konkurrenzsituation erfordert. Der Energiebedarf steigt und damit auch der Nahrungsbedarf. Doch auch wenn die Kostenfrage geklärt ist, bleibt noch ein weiteres Problem: Wie ein Organismus muss auch ein Unternehmen vielfältige Anforderungen erfüllen und nicht nur bessere Produkte anbieten als die Konkurrenz. Fixieren Sie sich nicht zu stark auf den Wettbewerb, sonst kann es Ihnen gehen wie dem eiszeitlichen Riesenhirsch, der ein Geweih von einer Spannweite von über drei Metern auf seinem Kopf trug. Er war jedem Konkurrenten überlegen, aber leider nicht überlebensfähig.

Wie die Vögel fliegen lernten

Themen: Neuanfang, Motivation, Konkurrenzdruck

In der Evolution wurde das Fliegen gleich mehrmals erfunden, jeweils unabhängig voneinander. Die ersten Organismen, die sich in die Luft erhoben, waren die Insekten. Vor 200 Millionen Jahren fingen sie an herumzuflattern, einige schlugen mit ihren Flügeln extrem schnell, weit schneller, als es ihre Muskeln zugelassen hätten, denn die Flügel waren an die schwingende Schale ihres Brustpanzers gekoppelt. 100 Millionen Jahre beherrschen sie den Luftraum, dann wurden sie von den Vögeln abgelöst.

Die Vögel begannen mit den ersten Flugversuchen zur Dinosaurierzeit. Und man vermutet, dass sie da selbst noch zu den Dinosauriern gehörten. Irgendwann soll ein kleiner Dinosaurier damit angefangen haben, sehr schnell zu laufen und sich dabei auf seinen Hinterbeinen aufzurichten, so wie es heute manche Eidechsen tun, wenn sie Beute jagen. Seine Vorderbeine waren mit langen faserigen Schuppen besetzt, den Vorläufern der Federn. Wenn er vor einem Fressfeind davonlief, dann konnte er sich mit ein wenig Geflatter ein Stück vom Erdboden erheben und war wenigstens eine Zeitlang außer Reichweite. Im Laufe der Evolution dehnte sich diese Zeitspanne immer weiter aus, bis die kleinen leichten Dinos dauerhaft oben blieben.

Vom Baumhüpfer zum Flieger

Es gibt aber noch eine alternative Erklärung. Demnach fing alles damit an, dass einige kleine Dinosaurier auf die Bäume kletterten. Sie wollten sich so vor ihren größeren erdgebundenen Fressfeinden in Sicherheit bringen und einen sicheren Platz für ihre Eiablage finden. Als nächstes lernten sie, sich immer flinker auf den Bäumen zu bewegen. Da ist es dann besonders nützlich und ressourcenschonend, wenn man nicht erst von jedem Baum hinabsteigen und auf den nächsten hinaufklettern muss, sondern von Ast zu Ast springen kann. Das haben die kleinen Dinos vermutlich getan. Die natürliche Auslese belohnte die Hüpferei, und so wurden ihre Sprünge immer länger und länger, bis sie gewissermaßen ohne Bäume auskamen. Das klingt etwas bizarr, doch sprechen viele Gründe dafür, dass diese Erklärung richtig ist. Denn auch heute gibt es baumbewohnende Eidechsen, die ihre Sprünge so stark verlängert haben, dass man eigentlich schon davon sprechen kann, dass sie fliegen.

Aus den Schuppen auf den Vorderbeinen bildeten sich nach und nach die Federn. Die kleinste Verlängerung der Schuppen wirkte sich günstig auf die Sprungweite aus. Also konnten sie immer weiter wachsen. In der Mitte bildete sich ein Kiel heraus mit zwei Ästen, aus denen feine Nebenäste herauswuchsen, die sich ineinander verhaken konnten. Außerdem wurden die Vögel immer leichter, ihre Knochen wurden hohl und der Saurierschwanz bildete sich zurück. Das sah dann einem Vogel schon ziemlich ähnlich.

Die Saurier sterben aus, die Vögel bleiben

Vor 65 Millionen Jahren kam es zum großen Massensterben. Über die Gründe wird noch immer spekuliert. Vielleicht lag es an einem Asteroiden, der in der Erde einschlug, was dazu führte, dass sich über Monate der Himmel verfinsterte. Auf jeden Fall verschwanden in dieser Zeit etliche Tierarten für immer von unserm Planeten, nicht nur die Dinosaurier. Auch von den Urvögeln überlebte nur ein kleiner Teil, nämlich die Vorfahren der Enten und Gänse, der Seetaucher, der Möwen und der so genannten Watvögel, die durch seichte Wasser waten und ihre Beute suchen. Doch diese Vögel zählten jetzt zu den großen Gewinnern. Sie hatten den Luftraum für sich, die riesigen Flugsaurier gab es nicht mehr und die Insekten waren keine ernsthafte Konkurrenz, sondern willkommene Beute.

Unter diesen günstigen Bedingungen breiteten sich die Vögel fast überall aus. Es gab reichlich Platz – nicht nur auf den Bäumen und in der Luft. Weil die räuberischen Dinosaurier verschwunden waren, drohte auch am Boden keine Gefahr mehr. Die Vögel konnten diesen Lebensraum wieder in Beschlag nehmen, und das taten sie auch. Einige kehrten auf den Erdboden zurück und entwickelten sich zu Schreitvögeln in der Art der Emus oder Vogelstrauße. Das Fliegen gaben die neuen Bodenbewohner schnell auf. Denn für ihre neue Lebensweise brauchten sie es nicht mehr.

Doch schon bald bekamen diese Vögel ernsthafte Konkurrenz. Ein unscheinbares spitzmausartiges Tier hatte das große Sterben ebenfalls überlebt. Es wurde größer und größer. Und seine harmlosen Mäusezähnchen entwickelten sich zu einem Furcht erregenden Gebiss. Gegen diese schrecklichen Raubtiere – Säugetiere, also unsere Verwandten – besaßen die friedlichen flugunfähigen Schreitvögel keine Chance. Fast alle starben aus. Es überlebten nur diejenigen Arten, die wie der Vogelstrauß sehr schnell laufen konnten. Oder die einen Lebensraum bewohnten, in dem es keine größeren räuberischen Säugetiere gab, wie in Neuguinea, Australien oder Neuseeland.

Die Zukunft liegt in der Luft

Vor allem Neuseeland entwickelte sich zu einem wahren Paradies für die flugunfähigen Vögel. Der beeindruckendste, der Moa, konnte über drei Meter groß werden und ist damit der größte jemals lebende Vogel. Nach der Ankunft der Säugetiere haben sich auch in Neuseeland die Reihen der bodenbewohnenden Vögel stark gelichtet. Keine Frage, die Zukunft der Vögel liegt in dem Lebensraum, den sie vor 100 Millionen Jahren erobert haben, in der Luft. Und doch zeigt das Beispiel Neuseelands, dass die Vögel keineswegs die natürliche Neigung haben, in den Himmel aufzusteigen, sondern dass sie immer dann auf den Boden zurückkehren, wenn sie dort sicher genug sind. Denn Fliegen verbraucht sehr viel Energie, etwa zehn Mal so viel wie die Fortbewegung auf dem Boden. Die Vögel würden es gerne etwas bequemer haben. Doch die Plätze auf dem Boden sind bis auf Weiteres besetzt.

Anregungen für das Business

Als die Urvögel begannen, für sich einen neuen Lebensraum zu erschließen, gab es keinerlei Anzeichen dafür, dass ihnen das gelingen könnte. Sie brachten weder die körperlichen Voraussetzungen mit, noch hatten sie irgendeine Vorstellung davon, wie man fliegt. Doch das Entscheidende war: Sie machten einen Anfang und entwickelten sich weiter. Sie sammelten ihre Erfahrungen, lernten dazu, perfektionierten Stück um Stück die eigenen Fähigkeiten. Von den bescheidenen Anfängen als Baumspringer ist bei den heutigen Luftakrobaten nichts mehr zu merken.

Wagen Sie einen Neuanfang
Vielleicht befinden Sie sich in einer ähnlichen Situation wie die kleinen Dinosaurier, die als erste die Bäume hochkletterten. Die Lage ist schwierig, die Konkurrenz erdrückend, es stellt sich womöglich die Überlebensfrage. Dann sollten Sie sich nicht länger quälen und von den großen Raubtieren peinigen lassen. Hoffen Sie nicht darauf, dass alles von allein besser wird. Die Devise heißt vielmehr: Rauf auf den Baum!

Bringen Sie sich in Sicherheit, sehen Sie sich nach einem neuen „Lebensraum" um. Wohin können Sie ausweichen? Gibt es irgendwelche Nischen zu entdecken? Ziehen Sie auch ungewöhnliche Möglichkeiten in Betracht, Sie müssen nicht unbedingt die kommende Boombranche entdecken. Es kommt erst einmal darauf an, vom Boden wegzukommen. Das ist ein bescheidener, aber vielversprechender Anfang.

Lassen Sie sich Flügel wachsen
Bleiben Sie nicht dabei stehen und fristen das karge Leben eines „Baumspringers", wenn Sie die Möglichkeit haben, den Himmel zu erobern. Chancen müssen Sie erkennen – und dann auch ausnutzen. Sie müssen sich gewissermaßen „Flügel wachsen" lassen und Dinge tun, an die Sie vorher niemals gedacht haben. Sie werden sich verändern, Sie werden in Ihre Aufgabe hineinwachsen. Dazu müssen Sie keine „Vision" haben, von der Sie sich bei jedem Ihrer Schritte leiten lassen. Als die Vorfahren der Vögel auf die Bäume kletterten, hatten sie auch keine Ahnung, was passieren würde.

Entwickeln Sie Ihre eigene Flugtechnik

Bevor die Vögel anfingen zu fliegen, gab es ja schon Organismen, die das Geschäft recht gut beherrschten, die Insekten. Doch war deren Art zu fliegen auf deren Körperbau und Lebensweise zugeschnitten. Lassen Sie sich daher bei Ihren eigenen Versuchen, den „Luftraum zu erobern", nicht von denen einengen, die vor Ihnen da herumschwirren und meinen, man müsste es genauso machen wie sie. Entwickeln Sie vielmehr Ihre eigene Art, die Ihnen besser entspricht.

Es ist gefährlich, Schlüsselkompetenzen aufzugeben

Vielleicht ergibt sich ja auch bei Ihnen die Möglichkeit, in Ihren alten angestammten Markt zurückzukehren. Weil die bedrohlichen Dinosaurier, die Ihnen früher das Leben schwer gemacht haben, ausgestorben sind. Eine verlockende Aussicht, gerade wenn der angestammte Markt sehr lukrativ ist und Sie nicht so viele Ressourcen aufwenden müssen wie beim „Fliegen", das Sie jetzt perfekt beherrschen. Und doch kann es verhängnisvoll sein, den Weg zurückzugehen und seine neuerworbene Schlüsselkompetenz, das „Fliegen", aufzugeben. Möglicherweise bekommen Sie nämlich neue Konkurrenz, von der Sie noch nichts ahnen und die Ihnen ähnlich zusetzt wie die Säugetiere den Schreitvögeln. Dann können Sie sich vielleicht nur noch am Vogelstrauß ein Beispiel nehmen – und so schnell wie möglich davonlaufen.

Evo-Devo — oder wie wenig uns vom Fadenwurm trennt

Themen: Komplexität, Hierarchie, Innovation

Die Entschlüsselung des menschlichen Genoms brachte eine gewisse Ernüchterung mit sich: Der Mensch bringt es gerade mal auf 28.000 Gene. Das ist nicht viel, wenn man bedenkt, dass der ein Millimeter große Fadenwurm C. elegans, der im Boden nach Bakterien gräbt, immerhin auf 19.000 Gene kommt, von denen mehr als die Hälfte unseren Genen gleicht. Höhere Komplexität, so war allgemein erwartet worden, müsste mit einer größeren Menge von Erbinformationen einhergehen. Darüber hinaus schien es verwunderlich, dass sich die ungeheure Vielfalt der Tier- und Pflanzenarten aus einer so überschaubaren Anzahl von Genen entwickelt hatte. So haben alle Wirbeltiere im Schnitt nur 25.000 Gene.

Eine mögliche Erklärung liefert eine Forschungsrichtung, die in den vergangenen Jahren auch außerhalb der Wissenschaft großes Interesse hervorrief: Evo-Devo (sprich: „i:wo-di:wo") verspricht nichts Geringeres als die dritte Revolution in der Biologie (nach Darwin und Gregor Mendel). Evo-Devo steht für „Evolution Development" und versucht die einst getrennten Zweige Evolutions- und Entwicklungsbiologie zusammenzuführen.

Baupläne der Natur

Die erste grundlegende Entdeckung von Evo-Devo betrifft die so genannten „Hox-Gene". Dabei handelt es sich um Kontrollgene, die das Basis-Design eines Lebewesens festlegen. Der eigentliche Clou aber ist, dass die Organismen, ob sie nun Arme, Flügel oder Flossen haben, fast identische Hox-Gene besitzen. Man kann sie sich wie eine allgemeine Anweisung vorstellen wie: An dieser Stelle ein Bein bauen. Oder: Hier gehört ein Auge hin. Ob das Bein dann als Hinterflosse gebaut wird, ob das Auge ein Menschen- oder ein Fliegenauge wird, das wird an anderer Stelle geregelt.

Nun sitzen Augen, Arme und Flossen bei unterschiedlichen Tieren durchaus nicht an derselben Stelle. Die Hox-Gene geben auch nur die Grundstruktur vor, eine Art Urmuster, das erstaunlicherweise bei allen höheren Tieren nahezu gleich ist. Was die Hox-Gene genau tun, das verdeutlichen die Experimente des Schweizer Entwicklungsbiologen Walter Gehring. An der Taufliege Drosophila melanogaster veränderte er die Hox-Gene. Es entstanden seltsame Schimären mit Köpfen, aus denen an der Stelle der Antennen Beine wuchsen.

Vielfalt durch Genschalter

Auf der Ebene der Hox-Gene sind wir also nicht nur mit dem Affen eng verwandt, sondern auch mit Fischen, Mäusen und Eidechsen. Wie kann dann aber diese immense Vielfalt in der Natur entstehen? Hier kommt die zweite grundlegende Entdeckung von Evo-Devo ins Spiel: Die Genschalter.

Ein Gen enthält bestimmte Erbinformationen, man könnte auch sagen: Anweisungen, bestimmte Proteine herzustellen. Diese Anweisungen müssen „gelesen" werden – und zwar von den Zellen, die das betreffende Programm „befolgen" sollen. Nun enthalten alle unsere Zellen die kompletten Erbinformationen und doch unterscheidet sich eine Hirnzelle von einer Darmzelle ganz gewaltig. Der Grund dafür: Nicht jedes Gen ist in jeder Zelle auch aktiv. Nur wenn das betreffende Gen in der betreffenden Zelle angeschaltet ist, werden die Anweisungen umgesetzt.

Es ist aber nicht nur entscheidend, *wo* ein bestimmtes Gen eingeschaltet wird, sondern auch *wann*. Ob in der frühen oder späten Embryonalphase, im Kindes- oder Erwachsenenalter, das Ergebnis kann jeweils höchst unterschiedlich ausfallen. Dabei steckt nicht etwa eine innere Uhr oder vielmehr ein innerer Wecker in der Zelle, der zu einem vorher festgelegten Zeitpunkt das Gen „einschaltet". Vielmehr sind es bestimmte Bedingungen, die eingetreten sein müssen. Etwa wenn ein bestimmter Reifungsprozess eingetreten ist. Aber auch bestimmte Umweltbedingungen können dafür sorgen, dass in bestimmten Zellen ein Genschalter aktiviert wird.

Bei den Genschaltern handelt es sich um die „nicht-codierenden" Bestandteile unseres Erbguts, die man früher als „junk-DNA" bezeichnete, als „Müll-DNS", weil sie ja keine Erbinformation enthalten. Damals wunderte man sich darüber, dass 95% unserer DNS aus „Datenmüll" bestand. Evo-Devo hat die vermeintliche „junk DNA" rehabilitiert. Denn erst das Zusammenspiel der unterschiedlichen Schalter ermöglicht die ungeheure Vielfalt unter den Lebewesen.

Als die Fische laufen lernten

Doch Evo-Devo geht noch einen entscheidenden Schritt weiter, womit wir zum dritten Punkt kommen, der am stärksten für Aufsehen sorgt. Demnach vollzieht sich die Evolution im Wesentlichen durch eine Veränderung an den Genschaltern – und nicht an den Genen selbst. Das klingt erst einmal nach Haarspalterei, doch hat es weit reichende Konsequenzen.

Erstens sind durch das Drehen an den Genschaltern innerhalb relativ kurzer Zeit größere Veränderungen möglich. Bei Tieren, aber auch bei Pflanzen entstehen oder verschwinden relativ komplexe körperliche Merkmale. Zum Beispiel bei den Stichlingen die charakteristischen Stacheln, bei den Pflanzen sollen die Blüten dadurch entstanden sein, dass die Genschalter entsprechend umgelegt wurden. Der zweite Aspekt ist noch bedeutsamer: Wenn sich Organismen in einer bestimmten Richtung entwickeln, so folgen sie einem Pfad, der gewissermaßen schon in ihnen angelegt ist.

Als spektakuläres Beispiel gilt ein fossiler Fisch mit dem Namen Tiktaalik, was in der Eskimosprache „großer Flachwasserfisch" bedeutet. Der Tiktaalik lebte im seichten Gewässer, hatte Kiemen und Lungen und markiert so etwas wie den Übergang vom Leben im Wasser zum Leben auf dem Land. Erstaunlicherweise hatte dieser Fisch, der sich doch meist im Wasser aufhielt, bereits so etwas wie Ellenbogen und Handgelenke, wie der Evolutionsbiologe Neil Shubin feststellte. Eigentlich hätte er die ja erst als Landbewohner bekommen dürfen, so Shubin, der sich mit Molekularbiologen zusammentat, um der Sache auf den Grund zu gehen. Er fand heraus, dass „die genetischen Werkzeuge, um Finger und Zehen auszubilden", schon lange vorhanden waren, bevor die ersten Quastenflosser an Land gingen. „Die Umweltbedingungen waren nicht so, dass diese Strukturen hätten nützlich sein können", meint Shubin. „Die Finger entstanden erst, als die geeigneten Umweltbedingungen vorhanden waren."

Anregungen für das Business

Nicht alle teilen die kühnen Schlussfolgerungen der Evo-Devo-Adepten. Dabei wird nicht die Existenz von Hox-Genen und genetischen Schaltern bestritten, vielmehr bezweifeln die Skeptiker, ob sie wirklich diese herausragende Rolle spielen. In ihren Augen ergänzt Evo-Devo allenfalls die bestehende Evolutionstheorie, als dass sie diese revolutioniert. Wie auch immer, anregend sind die Ideen allemal.

Schaffen Sie neue Möglichkeiten, indem Sie Bestehendes neu kombinieren
Die zentrale Botschaft von Evo-Devo lautet: Neues entsteht nicht so sehr dadurch, dass sich am Ausgangsmaterial etwas ändert oder etwas hinzugefügt

wird. Allein in der Kombination des Bestehenden liegen unendlich viele Möglichkeiten – zum Guten wie zum Schlechten. Das lässt sich übertragen auf die Organisation, die womöglich ganz neue Fähigkeiten entwickelt, wenn Menschen zusammenarbeiten, die das vorher nicht getan haben, wenn Abläufe geändert werden, wenn die Reihenfolge von Prozessen umgekehrt wird oder Aufgaben neu verteilt werden. Selbstverständlich liegt in einer neuen Kombination auch ein beträchtliches Risiko. Vor allem wenn sie völlig willkürlich geschieht, sind Ergebnisse zu erwarten, die der Taufliege Drosophila ähneln, aus deren Kopf die Beine herauswachsen. Aber schon behutsame Eingriffe in die Struktur der Organisation können weitreichende Veränderungen nach sich ziehen. Dabei versprechen sie besonderen Erfolg, wenn sie bewährten Mustern folgen und nicht einfach die bestehende Ordnung umwerfen.

Verändern Sie die Abläufe im Team
Sind Sie mit den Ergebnissen der Teamarbeit nicht zufrieden, können Sie darüber nachdenken, ob Sie im Sinne von Evo-Devo das Team nicht neu kombinieren: Einzelne Teammitglieder können beispielsweise erst später dazugeschaltet werden, andere leisten Vorarbeiten und klinken sich dann aus. Auch kann es die Arbeit beflügeln, wenn einzelne Teammitglieder für bestimmte Aufgaben getrennt oder zusammengebracht werden. Hier ist die Möglichkeit zu experimentieren natürlich sehr viel größer als in der Organisation.

Lassen Sie sich bei der Produktentwicklung von Evo-Devo anregen
Welche Möglichkeiten ergeben sich für Ihr Produkt oder Ihre Dienstleistung, wenn Sie das Bestehende neu kombinieren? Dabei können Sie sich auch von den Lösungen anderer Branchen anregen lassen. Lassen die sich für Sie adaptieren? Was können Sie beispielsweise als Finanzdienstleister von der Lebensmittelindustrie lernen? Was lässt sich von einem Telekommunikationsunternehmen von den Autoherstellern übernehmen? Worum es geht: Sie greifen auf Bekanntes zurück, stellen es in einen neuen Zusammenhang, nutzen es zu einem andern Zweck.

Ein verändertes Marktumfeld bringt neue Fähigkeiten hervor
Wenn sich der Markt verändert, ist das für ein Unternehmen häufig eine bedrohliche Situation. Wie für ein Lebewesen, dessen Umwelt sich verändert. Vielen gelingt es nicht, sich umzustellen. Sie sterben aus. Auf der anderen Seite bringen solche Veränderungen unerwartete Fähigkeiten zum Vorschein.

Womöglich können Sie Dinge vollbringen, von denen Sie keine Ahnung haben. Wie die urzeitlichen Fische im Wasser, die bereits alle Voraussetzungen für das Leben an Land mitbrachten. Sie mussten sich nur noch adaptieren, aber die Anlagen, völlig neue Fähigkeiten zu entwickeln, waren bereits vorhanden. Finger wachsen Ihnen erst, wenn Sie das Wasser verlassen. Und so schlummern auch in Ihnen und Ihrer Organisation Qualitäten, die nur darauf warten, zum Leben erweckt zu werden.

Evolutionäres Entscheidungsmanagement

Themen: Entscheiden, Intuition

Wie treffen Tiere und Pflanzen eigentlich ihre Entscheidungen? Vielleicht erscheint Ihnen diese Frage etwas seltsam, weil Sie der Ansicht sind, Tiere und erst recht Pflanzen seien gar nicht imstande, Entscheidungen zu treffen. Im Unterschied zu uns Menschen könnten sie nicht verschiedene Optionen gegeneinander abwägen, sondern sie folgten stur mehr oder weniger festen Verhaltensprogrammen. Nun ist dieser Einwand vollkommen berechtigt, wenn wir unter Entscheidungen treffen das vernunftgeleitete Abwägen von Handlungsoptionen verstehen wollen. Doch gibt es gute Gründe, genau das nicht zu tun: Wir Menschen treffen unsere Entscheidungen meist auch nicht, indem wir Handlungsoptionen rational gegeneinander abwägen. Und wenn wir es doch versuchen, dann sind wir oft gar nicht so gut darin, wie wir meinen.

Das Entscheidungsprogramm der Grabwespe

Betrachten wir das Verhalten der Grabwespe: Diese nahe Verwandte der Biene baut eine Brutkammer, die sie in den Sand gräbt. In jede Kammer legt sie ein Ei und schafft dann als Wegzehrung für den künftigen Nachwuchs eine Grille herbei, die sie vorher durch einen Stich gelähmt hat. Die Grille legt sie vor der Brutkammer ab, um noch den Innenausbau abzuschließen. Dann schafft sie die Grille hinein und macht die Brutkammer dicht.

Ein geordneter, ja geradezu wohldurchdachter Ablauf, wie aus einem Lehrbuch für Business Process Engineering für Insekten. Doch entfernt man die Grille ein wenig vom Nest, während die Mutterwespe mit dem Innenausbau beschäftigt ist, kommen wir diesem Ablauf etwas näher auf die Spur: Die Wespe stellt fest, dass die Grille fehlt, fängt an zu suchen, findet die Grille und legt sie erneut vor der Brutkammer ab. So weit, so schlüssig. Aber dann begibt sie sich wieder in die Kammer, um abermals den Innenausbau abzuschließen. Das hat sie ja bereits erledigt, doch sie hält strikt ihr Verhaltensprogramm ein. Und zwar immer und immer wieder, so oft man die Grille beiseite schiebt, wenn die Wespe in der Brutkammer werkelt. Lerneffekt null.

Die Wespe hat weder eine Erinnerung daran, dass sie mit der Brutkammer bereits fertig war, noch hat sie das Vermögen zu erkennen, dass die Sache bereits erledigt ist und sie nicht noch weiter graben muss. Was aber folgt daraus? Die Grabwespe könnte in einer Welt nicht überleben, in der Insektenforscher ihre Grille ständig vom Eingang der Brutkammer wegbugsieren. Da dieser Fall so gut wie nie eintritt, kommt sie ohne diese Fähigkeiten aus und ist ausreichend adaptiert.

Bleibt die Frage: Wo ist hier eine Entscheidung gefallen? Und wer hat sie getroffen? Antwort eins: An jedem Punkt, an dem die Wespe aus unserer Sicht hätte anders handeln können. Antwort zwei: Die natürliche Auslese hat dafür gesorgt, dass sich dieses Verhaltensprogramm so ausgebildet hat. Und zwar ohne dass die Wespe den geringsten Gedanken daran verschwenden muss, was jetzt zu tun ist.

Natürliche Entscheidungsprozesse im Beruf

Entscheidungsforscher wie Gary Klein oder Gerd Gigerenzer, Direktor am Max-Planck-Institut für Bildungsforschung, haben näher untersucht, wie im Beruf Entscheidungen getroffen werden, und zwar gute Entscheidungen, die sich im Nachhinein als richtig herausstellen. Als geeignete Studienobjekte gelten Mediziner, Drogenfahnder oder Feuerwehrleute. Innerhalb kürzester Zeit müssen sie Entscheidungen treffen und es lässt sich halbwegs zuverlässig überprüfen, ob sie damit richtig lagen. Bei Business-Entscheidungen ist das häufig strittiger.

Der eindeutige Befund: Gute Entscheider folgen ihrer Intuition, sie verlassen sich auf einfache Heuristiken, Daumenregeln und ihr Bauchgefühl. Gute Entscheider sind vor allem auch erfahrene Entscheider. Sie kennen ihr Metier sehr genau, haben durchaus Fehlentscheidungen und Rückschläge erlebt, aber sie wissen, worauf es ankommt. Sie haben einen anderen Blick für das Problem entwickelt, das sie entscheiden sollen. Der Punkt ist nur: Werden sie befragt, worauf sie ihre Entscheidung gründen, dann können sie das nicht sagen. „Ich hatte das im Gefühl" oder: „Ich wusste es einfach" sind typische Antworten. Und von den Feuerwehrleuten, die Gary Klein befragte und die einen schwierigen Einsatz gemeistert hatten, sagten manche, sie hätten gar nicht darüber nachgedacht, sondern einfach gehandelt. Sie haben ebenso wenig Optionen gegeneinander abgewogen wie die Grabwespe und waren damit äußerst erfolgreich.

Das implizite Wissen der Profis

Was die versierten Entscheider auszeichnet, ist das „implizite Wissen", Erfahrungswissen, das sie aber nicht in Worte fassen können. Nun kommen sie aber manchmal in die Verlegenheit, ihre Entscheidung begründen zu müssen. Und das ist oft nicht gut, wie Gerd Gigerenzer beobachtet hat. Denn entweder erzählen die Experten dann „Geschichten", mit denen sie ihre Bauchentscheidung verkaufen. Oder sie weichen auf eine Entscheidung aus, die sich „gut begründen" lässt, die aber deshalb nicht besser, sondern eher schlechter ist.

Wir bewegen uns hier auf gefährlichem Grund, denn wenn jemand seine Entscheidung nicht mehr begründen muss, sind der Willkür Tür und Tor geöffnet. Doch gibt es ein bewährtes Gegenmittel: Der Entscheider wird mit den Folgen seiner Entscheidung konfrontiert. Er bekommt ein deutliches Feedback und muss bei einer Fehlentscheidung die Konsequenzen tragen. Diese Rückmeldung ist überhaupt eine Grundvoraussetzung, damit sich „implizites Wissen" erst aufbauen kann. Wer nicht mitbekommt, welche Auswirkungen eine Entscheidung hat, bleibt ahnungslos.

Die Illusion der Planbarkeit

Weitreichende Entscheidungen müssen systematisch und gründlich getroffen werden, glauben viele, gerade im Business. Und es gibt durchaus stichhaltige Gründe, Entscheidungen zu diskutieren und die Sache systematisch anzugehen. Vernunft und Augenmaß sind gewiss nicht die schlechtesten Ratgeber. Und es kann in manchen Fällen sehr hilfreich sein, noch zusätzliche

Informationen in den Entscheidungsprozess einfließen zu lassen. Das Problem ist nur, dass wir bei diesem Vorgehen viel schneller den Boden unter den Füßen verlieren, als wir meinen.

Wir glauben, wir würden unsere Entscheidung verbessern, wenn wir noch einmal einen Experten einladen, der zu dem Problem Stellung nehmen soll. Tatsächlich ist das eine der wirksamsten Methoden, die Entscheidung zu verschlechtern. Nicht weil der Experte ahnungslose wäre, sondern weil er zusätzliche Informationen in den Entscheidungsprozess hineinbringt, die ebenfalls berücksichtigt werden sollen. Wir sind damit überfordert. Unser Gehirn ist nicht dafür gemacht. Wir fühlen uns zunehmend unsicherer in unserer Entscheidung und tun etwas, was die Lage weiter verschlimmert: Wir holen weitere Informationen ein, weil wir annehmen, die Entscheidung verbessert sich, wenn sie auf möglichst breiter Grundlage getroffen wird. Das ist aber nicht der Fall. Ein weiteres Mittel, Entscheidungen zu verschlechtern, sind traditionelle Entscheidungshilfen wie der Entscheidungsbaum oder die Nutzwertanalyse. Diese Methoden sind äußerst vernünftig, nur entsprechen sie nicht der Art, wie wir Entscheidungen treffen. Wir verlieren vollends die Orientierung, vertagen die Entscheidung oder entscheiden mit einer großen Portion Willkür. Und haben noch ein schlechtes Gefühl dabei.

Die „blinden Flecken" in unserem Denken

Nun führt uns auch gelegentlich unsere Intuition in die Irre. So fällt es uns schwer Risiken abzuschätzen, wir haben kein Gespür für Folgen, die mit zeitlicher Verzögerung einsetzen (obwohl die häufiger schwerer wiegen). Wir neigen dazu, die Ansichten von Menschen, die wir persönlich kennen, dramatisch zu überschätzen. Und vieles mehr. Für diese „blinden Flecken" in unserem Denken gibt es eine einfache Erklärung: Die Evolution.

Unsere Art zu denken und Entscheidungen zu treffen, hat sich allmählich herausgebildet. Wie Studien an der Universität Yale zeigen, machen Kapuzineraffen ganz ähnliche Fehler wie wir. So lassen sie sich in ihrem Bestreben, Verluste zu vermeiden, Gewinne entgehen, erklärt die Leiterin der Studie, die Psychologin Laurie dos Santos. Das deutet darauf hin, dass es sich um ein tief verwurzeltes Verhalten handelt, das zumindest unseren Vorfahren einen Überlebensvorteil verschaffte. Und so ist es auch mit den anderen

„Denkfehlern", die uns heute manchmal in die Irre führen. Unter den damaligen Verhältnissen, an die wir nach wie vor adaptiert sind, ergaben sie durchaus einen Sinn. Wir können uns auch heute nicht einfach davon verabschieden. Genauso wenig wie die Grabwespe ihr Entscheidungsprogramm aufgeben kann, sobald sie auf einen Insektenforscher trifft, der hartnäckig ihre Grille entfernt.

Die Evolution hat uns mit dem nötigen Rüstzeug ausgestattet, Entscheidungen schnell und effizient zu treffen, um zu überleben. Allerdings in einer Umwelt, die sich von unserer heutigen Lebenswelt unterscheidet. Doch haben wir keine Wahl, wir müssen uns damit arrangieren.

Schwarze Schwäne

Das ist aber nicht einfach. So gibt es immer wieder Ereignisse, die in unserer Welt ebenso unwahrscheinlich sind wie der stochernde Insektenforscher in der Welt der Grabwespe. Noch schlimmer ist, dass so ein Ereignis für uns häufig gewaltige Folgen hat und unsere gesamten Planungen über den Haufen wirft. Der Wahrscheinlichkeitsforscher Nassim Nicholas Taleb hat so ein Ereignis einen „schwarzen Schwan" genannt. Denn bis ins 17. Jahrhundert waren die Europäer fest davon überzeugt: Alle Schwäne sind weiß. Dann entdeckte man in Australien schwarze Schwäne. Was niemand für möglich gehalten hatte, war Realität. Taleb meint, dass solche „schwarzen Schwäne" uns immer wieder überraschen: Der atemberaubende Aufstieg von Google, die Terroranschläge vom 11. September, globale Finanzkrisen und der Aufstieg des Internet. Obwohl unzählige Experten die Entwicklung beobachten, hat keiner diese Ereignisse ernsthaft auf der Rechnung gehabt. Talebs Schlussfolgerung: Wir können uns auf die Prognosen nicht verlassen, die Welt, in der wir leben, ist viel zu komplex. Wir müssen uns darauf einstellen, immer wieder von „schwarzen Schwänen" überrascht zu werden.

Anregungen für das Business

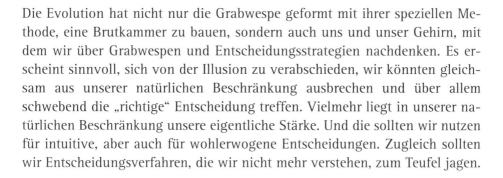

Die Evolution hat nicht nur die Grabwespe geformt mit ihrer speziellen Methode, eine Brutkammer zu bauen, sondern auch uns und unser Gehirn, mit dem wir über Grabwespen und Entscheidungsstrategien nachdenken. Es erscheint sinnvoll, sich von der Illusion zu verabschieden, wir könnten gleichsam aus unserer natürlichen Beschränkung ausbrechen und über allem schwebend die „richtige" Entscheidung treffen. Vielmehr liegt in unserer natürlichen Beschränkung unsere eigentliche Stärke. Und die sollten wir nutzen für intuitive, aber auch für wohlerwogene Entscheidungen. Zugleich sollten wir Entscheidungsverfahren, die wir nicht mehr verstehen, zum Teufel jagen.

Hören Sie auf Ihr Bauchgefühl
Auch wenn wir eine Entscheidung gründlich abwägen, am Ende muss ein gutes Gefühl stehen. Sonst stehen wir eigentlich gar nicht hinter der Entscheidung, sie ist uns fremd. Gefühle helfen uns, Optionen zu bewerten und gegeneinander abzuwägen. Und das in extrem kurzer Zeit. Noch bevor Sie über eine Alternative nachgedacht haben, hat sich bereits ein Gefühl eingestellt. Menschen, die diese Gefühle nicht mehr richtig empfinden können, sind entscheidungsunfähig, auch wenn sie rational alles durchdringen.

Reduzieren Sie die Informationen
Je mehr Informationen Sie in den Entscheidungsprozess einspeisen, umso schwieriger wird es, eine Entscheidung zu treffen. Experten, die „zu viel" wissen, sind ebenso in ihrer Entscheidung gehemmt wie Gremien, die möglichst viele Experten vorladen, um ihre Entscheidung auf eine möglichst breite Grundlage zu stellen.

Entscheiden Sie sequentiell
Versuchen Sie nicht alles im Voraus festzulegen. Planungen, bei denen bereits alles geregelt zu sein scheint, gehen in der Regel schief. Treffen Sie eine Entscheidung, warten Sie die Folgen ab und treffen Sie dann die nächste Entscheidung. Lassen Sie Raum, Planungen noch zu korrigieren.

Kümmern Sie sich um das Feedback

Je stärker wir mit den Folgen von Entscheidungen konfrontiert werden, umso eher können wir „implizites Wissen" aufbauen, das uns hilft, in Zukunft bessere Entscheidungen zu treffen. Das ist auch ein Argument dafür, Entscheidungen auf eine möglichst niedrige Hierarchieebene zu verlagern. Denn dort sind die Auswirkungen im Allgemeinen am stärksten zu spüren.

Riskieren Sie eine mutige Entscheidung

Sie können die Folgen einer Entscheidung niemals vollständig absehen, gerade im Business können Sie darüber vielfach nur Vermutungen anstellen. Entscheiden müssen Sie trotzdem. Und das können Sie auch. Trauen Sie sich zu, eine beherzte Entscheidung zu treffen. Dadurch schaffen Sie Fakten und setzten Sie eine Entwicklung in Gang, die weitere Entscheidungen erforderlich macht, von Ihnen, aber auch von anderen.

Schwarm-Intelligenz

In diesem abschließenden Kapitel geht es um Bienen, Termiten, Ameisen, Fische, Vögel und Herdentiere. Kurz gesagt, wir beschäftigen uns damit, was hinter dem Schlagwort „Schwarm-Intelligenz" steckt. Es sind mindestens zwei unterschiedliche Konzepte, die als Schwarm-Intelligenz durchgehen – je nachdem, welches Tierchen man sich zum Vorbild nimmt: Die sozialen Insekten, die gemeinsam mit atemberaubender Effizienz hochkomplexe Aufgaben meistern – ohne jede Planung und zentrale Steuerung. Oder aber die Tiere, die sich spontan zu einem Schwarm organisieren, um gemeinsam zu navigieren, wie die Vogel- und die Fischschwärme oder die riesigen Gnu- und Karibuherden (bei denen man eigentlich von „Herden-Intelligenz" sprechen müsste). Immerhin geht es in beiden Fällen um Selbstorganisation, um Koordination einer Vielzahl von Aktivitäten und um Nutzung kollektiver Intelligenz. Doch sind die sozialen Insekten das sehr viel umfassendere Vorbild. Sie geben Anregungen zu Fragen der Organisation, der Entscheidungsfindung und der Verteilung von Informationen. Demgegenüber dürften sich die Aktivitäten eines Fisch- oder Vogelschwarms besonders dazu eignen, standardisierte Aufgaben besser zu organisieren.

Kleine Schritte, klare Ziele – der Termitenmanager

Themen: Organisation, Führung, Strategie, Motivation, Entscheidung

Besondere Sympathie bringen wir ihnen gewiss nicht entgegen, den wimmelnden, krabbelnden Termiten, die Holz fressen, Tische, Stühle, Schränke durchlöchern und ganze Häuser zum Einsturz bringen. Aber so ist das nun einmal bei einer Tierart, die weder Knopfaugen besitzt (viele Termiten haben gar keine Augen), noch vom Aussterben bedroht ist, sondern zu den erfolgreichsten Lebensformen gezählt werden muss. Zusammen mit den Ameisen, mit denen sie gern in einen Topf geworfen werden, weil sie ebenfalls zu den staatenbildenden „sozialen Insekten" gehören. Daher ist es nicht verwunderlich, dass man Termiten auch die „weißen Ameisen" nennt. Dabei gehören sie zur Ordnung der „Schabenartigen", zu der auch die Kakerlake und die Gottesanbeterin zählen. Mit den Ameisen sind die Termiten stammesgeschichtlich in etwa so eng verwandt wie wir Menschen mit den Fledermäusen.

Die ersten Staatengründer der Naturgeschichte

Aber Termiten und Ameisen bilden beide nun einmal Staaten, die in ihrer komplexen Organisation durchaus vergleichbar sind. Evolutionsgeschichtlich betrachtet haben sich diese Insektenstaaten jedoch unabhängig voneinander entwickelt. Die Termiten sind es jedenfalls gewesen, die mit dem Staatengründen angefangen haben, vor 150 oder gar 200 Millionen Jahren. Zu einer Zeit, als unsere Vorfahren noch so groß wie Mäuse waren. Die Ameisen sollten erst gut 50 Millionen Jahre später auftauchen. Mit einigem Recht können wir also sagen, das erste soziale System, die erste Organisation der Naturgeschichte wurde von Termiten gegründet.

Im Laufe der Jahrmillionen wurde die Sache immer weiter verfeinert, dabei blieben die einzelnen Termiten recht einfach strukturierte Geschöpfe mit einer Minimalausstattung an informationsverarbeitender Masse, sprich: Gehirn. Umso erstaunlicher erscheint es vor diesem Hintergrund, wie komplex eine Termitenkolonie organisiert ist und welche Leistungen sie vollbringt.

Die Organisation der Termiten

Bei den Termiten unterscheiden wir vier „Kasten", die jeweils unterschiedliche Aufgaben erfüllen: Da gibt es zunächst das Königspaar, das die Kolonie begründet: Königin und König, die so genannten primären Geschlechtstiere, setzen den gesamten Termitenstaat in die Welt, haben also einige Millionen Nachkommen. Darüber hinaus stehen noch sekundäre Geschlechtstiere zur Verfügung, die zur Not Königin oder König ersetzen können oder die ab einem gewissen Alter in die dritte Kaste überwechseln, zu den geschlechtslosen Arbeiterinnen. Zusätzlich haben die Termiten noch eine „Soldatenkaste". Diese Tiere sind größer, stärker gepanzert und verfügen über besondere „Waffen": Kräftige Kiefer oder spezielle Stirndrüsen, aus denen sie betäubende Abwehrstoffe auf ihre Feinde spritzen. Zugleich wird dieses Sekret aber auch als eine Art Zement beim Bau der Nester benutzt.

Meisterwerke der Baukunst

Diese Nester gehören zu den ausgeklügeltsten Architekturleistungen, die wir kennen. Riesige, gut belüftete Bauten, in denen ein optimales Raumklima herrscht, mit konstanter Innentemperatur und Luftfeuchtigkeit. Die Termiten legen unzählige Gänge und Kammern an, graben Luftschächte, bohren Tunnel und Brunnen bis zum Grundwasser hinab. Allerdings vollbringen nicht alle Termiten solche Wunderwerke. Wir dürfen nicht vergessen, es gibt neunzehnhundert verschiedene Arten von Termiten und die legen höchst unterschiedliche Nester an: Die einen vergraben sich tief in der Erde, die anderen leben im Inneren alter Baumstämme, eine dritte Art hängt ihre Nester, die sie aus einem kartonähnlichen Holzstoff gefertigt haben, hoch in die Bäume. Am beeindruckendsten sind jedoch die tropischen Hügelnester, gigantische Gebilde, an denen die Termiten etliche Jahre bauen.

Eine Millionenstadt im Erdhügel

Dabei fängt alles ganz unspektakulär an, mit zwei Termiten. Das Königspaar sucht sich eine kleine Höhle in der Erde oder nagt sich ein Kämmerchen ins Holz. Einige Wochen später legt die Königin die ersten Eier in das weiter ausgebaute Nest. Es vergehen Monate, ehe die ersten Arbeiterinnen darangehen, den eigentlichen Bau zu errichten. Sie bewegen eher zufällig kleine Erdklümpchen hin und her, Holzteile kommen hinzu, sie sind nicht wählerisch, sondern greifen zu dem Material, das gerade verfügbar ist. Nach und nach entstehen kleine Erdhügel. An diesen Stellen verstärken sie ihre Bauaktivität. Die Erdhügel wachsen zu Türmchen heran. Dabei folgt die Verteilung der Türmchen keinem Muster. Wo sie entstehen und mit welchem Abstand zueinander, das scheint eine Sache des Zufalls zu sein. Die Türme werden immer höher gebaut, bis zu einer bestimmten Höhe, dann hören die Termiten wie auf stille Verabredung mit dem Bauen auf. Stehen zwei Türme nahe genug beieinander, werden sie durch einen runden Bogen miteinander verbunden.

So entsteht ein immer komplexeres, verschachteltes Gebilde, in dem Millionen Termiten leben und das immer stabil, gut belüftet und feuchtigkeitskontrolliert bleibt. Die Nester werden bis zu vier Meter hoch und können einen Durchmesser von dreißig Metern erreichen. Umgerechnet auf menschliche Maßstäbe entspricht das einem Bauwerk von mehreren tausend Metern Höhe und zehn, zwanzig Kilometern Breite, einem veritablen Turm zu Babel, dessen Spitze hoch in den Wolken verschwinden würde.

Die drei Geheimnisse des Termitenhügels

Insektenkundler, Biologen und Organisationstheoretiker haben sich gefragt: Wie schaffen die das nur? Wie gelingt es diesen höchst beschränkten Kreaturen, solche hochkomplexen Gebilde zustande zu bringen? Ehrlicherweise muss die Antwort lauten: So genau wissen wir das nicht. Es gibt keine Planung, kein Controlling und niemanden, der die Millionen von Aktivitäten, die zeitgleich stattfinden, irgendwie aufeinander abstimmt. Zwar scheint das Königspärchen für die Termiten der zentrale Bezugspunkt zu sein, die Königskammer befindet sich in der Mitte des Baus, und wenn ein Insektenforscher das königliche Pärchen ausgräbt und von den Seinen entfernt, dann wird kurz darauf die Bautätigkeit eingestellt. Und doch wäre es abwegig zu behaupten, die beiden würden die Aktivitäten der anderen irgendwie steuern oder „managen". Eine solche Aufgabe würde sie hoffnungslos überfordern.

Stattdessen spielen drei andere Faktoren eine Schlüsselrolle, die uns beim „Management der Natur" immer wieder begegnen:

- Das Prinzip der Selbstorganisation
- Die Verlagerung von Komplexität in die Umwelt
- Der unablässige Fluss von Informationen

Selbstorganisation im Termitenhügel

Die einzelne Termite hat keine Ahnung, was sie tut und warum sie es tut. Niemand im Termitenhügel hat einen Überblick, was geschieht und was als nächstes getan werden muss. Das ist auch gar nicht nötig. Denn der Bau entsteht aus Milliarden von einzelnen Aktivitäten, die regelhaft aufeinander folgen. Für sich genommen sind diese Aktivitäten sehr einfach, in der Summe sind sie erstaunlich komplex. Die „Intelligenz", die hier am Werk ist und das architektonische Wunderwerk in die Welt setzt, steckt nicht in den Köpfen einer Führungsschicht oder gar im Hirn irgendeiner Obertermite, sie steckt einzig und allein im System, das heißt im gesamten Termitenhügel. Das ist nicht ganz leicht zu verstehen, doch vielleicht hilft Ihnen der folgende Vergleich weiter: Die einzelne Nervenzelle in Ihrem Gehirn „weiß" auch nicht, welche komplizierten Gedanken Sie gerade denken, auch wenn die betreffende Nervenzelle gerade aktiv ist.

Verlagerung von Komplexität in die Umwelt

Wir haben es bereits angesprochen, Termiten sind höchst einfach strukturierte Wesen, „zelluläre Automaten", wie sie von Erforschern der Künstlichen Intelligenz auch genannt werden. Das scheint nicht zu der immensen Vielfalt und Komplexität der Bauten zu passen. Wenn die Termiten schon wie kleine Automaten sind, dann würde man erwarten, dass sie stereotyp immer wieder die gleiche Standardbehausung bauen. Genau das ist aber nicht der Fall, kein Termitenbau gleicht dem andern. Dies liegt aber nicht daran, dass die Termiten so ungemein flexibel wären, wie etwa ein menschlicher Baumeister, der bei der Gestaltung seiner Häuser hin und wieder etwas abwechselt. Im Gegenteil, bei ihren Aktivitäten haben die Termiten nicht den geringsten Ermessensspielraum, sie halten sich vielmehr stur an bestimmte Regeln. Nun sind diese Regeln jedoch hervorragend an die Umwelt angepasst. Sie sind weder zu strikt, noch zu diffus, sondern genau darauf abgestimmt, einen Teil der Lebenswelt in einen Termitenhügel zu verwandeln. Und so ergibt sich die Vielfalt und Komplexität der Bauten aus der Komplexität der Umwelt. Anders gesagt, wäre die Welt der Termiten so gleichförmig wie eine Reihenhaussiedlung, dann würden die Termitenbauten ebenfalls wie Reihenhäuser aussehen.

Der stille Strom der Information

Das System kann nur funktionieren, weil es ein ausgeklügeltes Kommunikationssystem gibt. Ganz haben wir es noch nicht durchschaut, aber was sich uns auf den ersten Blick als unübersichtliches Gewimmel von Insekten darstellt, das ist ein ununterbrochener Austausch von Informationen. Termiten nehmen ständig Informationen auf, verarbeiten sie und geben sie an ihre Artgenossen weiter. Dafür stehen ihnen vier Kanäle zu Verfügung: Sie verständigen sich über direkten Körperkontakt, vor allem mit den Fühlern, über sichtbare Signale, auch wenn bei manchen Arten Arbeiterinnen und/oder Soldaten blind sind, über Vibrationen, wobei sie mit Kopf und Beinen herumtrommeln, und über chemische Signale, Duftstoffe, die so genannten Pheromone, mit denen sie beispielsweise ihre Pfade markieren, auf Futterquellen hinweisen oder Alarm auslösen. Ein wichtiger Punkt dabei ist: Alle Signale haben eine relativ begrenzte Reichweite, sie sind anderen Tieren, der Konkurrenz sozusagen, nur schwer zugänglich. Termiten wollen unentdeckt bleiben. Deshalb verzichten sie auch auf akustische Signale, es könnte ja jemand mithören und auf sie aufmerksam werden. Alle Termiten sind vollständig taub.

Anregungen für das Business

Die emsig bauenden Insekten haben den Organisationstheoretiker Gareth Morgan dazu angeregt, einen originellen Management-Typus zu entwerfen. Er nennt ihn die „strategische Termite".

Das Zielmanagement eines „Termitenmanagers"
„Termitenmanager" haben eine klare Vorstellung davon, was sie erreichen wollen. Sie verfolgen ein ähnlich anspruchsvolles Ziel wie die Termiten mit dem Bau ihres Hügelnests. Doch wie dieses „Nest" im Einzelnen beschaffen sein wird, das wissen sie nicht. Mal abwarten, was kommt.

Einfach einmal anfangen!
„Termitenmanager" sind offen für Veränderungen und sehr pragmatisch orientiert. Keine großen Pläne aushecken, keine detaillierten Vorgaben und

„Meilensteine" festlegen, lasst uns einfach mal anfangen mit dem, was wir haben, und sehen, was geschieht. So könnte man ihre Einstellung charakterisieren. Sie betreiben eine Politik der kleinen Schritte. Ihren Erfolg bauen sie auf kumulierenden kleinen Gewinnen auf. Der große Sprung nach vorn ist ihre Sache nicht.

Offen für Neues
Ein Termitenmanager versucht Entwicklungen anzustoßen, seine Mitarbeiter ermuntert er zu eigenen Initiativen. Neue Ideen greift ein Termitenmanager gerne auf und überlegt, inwieweit sie sich für sein Ziel nutzen lassen – ähnlich wie eine Termite beherzt die nächstliegende Tannennadel schnappt, die zufällig auf ihrem Weg liegt, und in ihr Nest schleppt, wo das Fundstück an geeigneter Stelle eingebaut wird. Überhaupt ist ein Termitenmanager dem Zufall gegenüber sehr aufgeschlossen. Er empfindet ihn nicht als Bedrohung, sondern er versucht gewissermaßen damit zu arbeiten. Dabei verliert er sein Ziel niemals aus den Augen. Er hat auch durchaus Pläne, wie es zu erreichen ist, doch er klebt nicht an ihnen.

Termitenmanager halten sich im Hintergrund
Wie die Termite, so arbeitet auch der Termitenmanager bevorzugt „lautlos" und unauffällig im Verborgenen. Er vermeidet es nach Möglichkeit, Aufmerksamkeit auf sich zu lenken. Er ahnt, dass es seinen Erfolg gefährden könnte, wenn er zu früh die Blicke von andern auf sich zieht. Seine Devise ist: Unsichtbar bleiben und sich auf die Beweglichkeit der Gruppe verlassen.

Ein Termitenmanager sucht den Konsens
Den Kommunikationsstil spricht Morgan nicht eigens an, aber auch hier lässt sich leicht eine Verbindung herstellen. Termitenmanager setzen auf den direkten, unmittelbaren Kontakt. Sie suchen das persönliche Gespräch und sind an Rückmeldungen sehr interessiert. Sie holen die Meinung von anderen ein und sind bereit, den eigenen Standpunkt zu revidieren. Sie setzen auf Konsens.

Was gut läuft, wird verstärkt
Ähnlich wie beim Termitenbau die Türme genau dort entstehen, wo sich die ersten Erhebungen zeigen, so fördert der Termitenmanager alle Vorhaben, bei denen erste Erfolge sichtbar werden. Ebenso werden Maßnahmen, die erfolg-

reich verlaufen sind, wiederholt oder auch verstärkt, während Fehlschläge dazu führen, dass nach anderen Optionen gesucht wird.

Ein „Aktivitätswall" aus lauter kleinen Erfolgen
Der Termitenmanager baut seine Aktivitäten immer auf einer Vielzahl von Erfolgen auf. Er errichtet „Aktivitätswälle", um seine Tätigkeit zu schützen und die Energien seiner Mitarbeiter in die richtige Richtung zu lenken. Einen solchen „Aktivitätswall" müssen wir uns als eine Art Rahmen vorstellen, den der Manager setzt und der auch nicht so leicht verschoben werden kann. Ein „Aktivitätswall" strukturiert und stabilisiert die Arbeit in der „Termitenkolonie". Letztlich sorgen diese „Aktivitätswälle" dafür, dass die „Kolonie" ihrem Ziel immer näher kommt. Dabei gilt für den Termitenmanager wie für die real existierende Termitenkolonie, dass der Bau noch nicht vollständig abgeschlossen ist, solange er bewohnt wird, also noch Leben in ihm steckt.

Verborgene Ordnung – das Geheimnis der hundertsten Ameise

Themen: Selbstorganisation, Planung, Ordnung, Teamarbeit

Es gibt ungefähr zehntausend Billionen Ameisen auf der Welt. Auf jeden der sechs Milliarden Menschen kommen also mehr als 1,5 Millionen dieser fleißigen Krabbler. Wie jemand einmal ausgerechnet hat, wären sämtliche Ameisen ungefähr so schwer wie die gesamte Erdbevölkerung. Und auch sonst gibt es einen gewissen Gleichstand zwischen Mensch und Ameise: Beide leben nahezu überall auf der Erde, auf jedem Kontinent. Ameisenfreie Zonen sind fast ebenso selten wie die vom Menschen unberührte Natur. Der überwältigende evolutionäre Erfolg der Ameisen verdankt sich wie beim Menschen dem Prinzip der sozialen Kooperation.

Eine einzelne Ameise lernt nichts dazu

Bei so vielen Gemeinsamkeiten dürfen wir die Unterschiede nicht übersehn. Vielleicht der hervorstechendste: Sie können einer Ameise nicht das Geringste beibringen. Lassen Sie eine Ameise immer den gleichen Weg krabbeln.

Dabei kommt sie an eine Weggabelung. Sie kann sich nach links oder nach rechts wenden. Stets deponieren Sie Futter an der gleichen Stelle, sagen wir: kurz nach der linken Abzweigung. Sie lassen die Ameise hundert Mal krabbeln, Sie lassen die Ameise tausend Mal krabbeln oder zehntausend Mal, immer wenn sie an die Weggabelung kommt, trifft sie die gleiche Zufallswahl. Mal nach links, mal nach rechts. Egal, wie oft sie den Weg entlang krabbelt, die Chance, dass die Ameise auf etwas Essbares trifft, bleibt konstant bei 50:50. Was immer man Ihnen über die erstaunlichen Fähigkeiten dieser sozialen Insekten erzählt, dass sie Werkzeuge gebrauchen, unterirdische Pilzgärten anlegen, Blattläuse melken und als Haustiere halten – ein einzelne Ameise wirkt auf uns so dumm wie ein Stein.

Krabbelnde Hirnzellen

Und doch – wenn sie schon nichts von uns lernen wollen, wir Menschen können von den Ameisen allerhand erfahren. Zum Beispiel, dass es einen fundamentalen Unterschied gibt zwischen einer einzelnen Ameise und einer Handvoll davon. Der kanadische Biologe Brian Goodwin vergleicht die Einzelameise mit einer einzelnen Hirnzelle, die auf sich alleine gestellt ja auch relativ ahnungslos ist, im Verbund mit andern jedoch so erstaunliche Dinge zu leisten vermag wie diesen Text hier zu lesen und zu verstehen.

Der amerikanische Ameisenforscher Blaine Cole ging der Sache auf den Grund und beobachtete, wie verschiedene Exemplare der Gattung Leptothorax in einem Glasbehälter herumkrabbelten. Er zeichnete alle Bewegungen mit einer Videokamera auf und wertete die umfangreichen Daten per Computer aus. Das Ergebnis ist bemerkenswert: Eine Ameise bewegt sich nach einem chaotischen Muster. Kommt eine zweite hinzu, bewegen sich die beiden nicht anders. Sie krabbeln herum, halten irgendwann inne, verharren eine Zeitlang regungslos und setzen sich dann wieder in Bewegung. Man kann beim besten Willen nicht voraussagen, wann sie sich wie verhalten.

Rhythmus und Ringe

Als Cole nach und nach immer mehr Ameisen in den Behälter füllte, geschah mit einem Mal etwas Merkwürdiges. Ab einer bestimmten Dichte verfielen die Ameisen in ein regelmäßiges Verhaltensmuster. Ihre Krabbel- und

Ruhephasen folgen nun einem bestimmten Rhythmus. Je stärker die Dichte zunahm umso geordneter verhielten sich die Tiere – bis zu einer gewissen Grenze. Doch das ist noch nicht alles, auch die räumliche Aufteilung erschien plötzlich geordnet, in einem Muster von konzentrischen Ringen. Ein solches Muster findet sich auch in der Brutkammer der Königin, dem Zentrum jeder Ameisenkolonie. In der Mitte sitzt die Königin und um sie herum sind in konzentrischen Kreisen die Larven angeordnet.

Ob das nun Zufall ist oder auf ein universelles Organisationsprinzip bei den Ameisen hindeutet, wissen wir nicht. Worauf es ankommt, ist die Tatsache, dass aus einem ungeordneten Verhalten von Einzeltieren ab einer bestimmten Dichte Ordnung hervorgeht. Sie tritt unvermittelt auf, als hätte jemand einen Schalter umgelegt. Sie müssen sich das in etwa so vorstellen, dass in einem (relativ großen) Glasbehälter 99 Ameisen durcheinander krabbeln. Sie fügen noch eine Ameise hinzu – und es entsteht Ordnung. Die Anwesenheit der hundertsten Ameise führt dazu, dass sich nun ein Ordnungsmuster bildet.

Chaos schlägt in Ordnung um

Dieses Prinzip nennt man „Emergenz". Das Verhalten der Gruppe kann nicht aus dem Verhalten der einzelnen Bestandteile vorhergesagt werden. Das ist das eine. Das noch viel Erstaunlichere ist das unvermittelte Umschlagen von Chaos in eine geordnete Struktur. Die einzelne Ameise ist ein wirr umherlaufendes Insekt, dessen Verhalten wir gar nicht verstehen. Tausende von Ameisen verhalten sich planvoll, komplex, ja bis zu einem gewissen Grad auch rational.

Das widerspricht unserer intuitiven Auffassung, dass sich der einzelne nachvollziehbar und vernünftig verhält und das Chaos eher dann ausbricht, wenn zu viele zusammenkommen und sich eine ungeahnte Gruppendynamik Bahn bricht. Aber so ist das nun mal bei den komplexen adaptiven Systemen, wie es Ameisenhaufen und Unternehmen sind, sie stecken voller Überraschungen.

Anregungen für das Business

Schärfen Sie Ihre Aufmerksamkeit für kritische Schwellen
Führungskräfte haben es immer wieder mit Schwellenwerten zu tun. Sie verändern eine Kleinigkeit und sind plötzlich mit ganz unerwarteten Folgen konfrontiert. Sie nehmen einen Mitarbeiter ins Team, von dem Sie annehmen, dass er sich hervorragend einfügen wird, und erleben, dass sich die ganze Gruppe verändert, vielleicht sogar auseinander bricht. Daran muss nicht einmal der spezielle Mitarbeiter schuld sein, es ist die besondere Konstellation, die dazu geführt hat, dass das ganze Team eine Schwelle überschritten hat und nun keiner mehr zur Zusammenarbeit zu bewegen ist. Natürlich ist auch der umgekehrte Fall denkbar, dass ein einziger Mitarbeiter die schlummernden Energien einer ganzen Abteilung entfesselt, weil plötzlich ein anderes Klima herrscht. Keiner weiß so recht, wie es dazu gekommen ist.

Sorgen Sie für Ordnung, indem Sie die Unordnung erhöhen
Auch gibt es den paradoxen Effekt, dass Sie in einem System, das ziemlich durcheinander geraten ist, ausgerechnet dadurch für Ordnung sorgen, dass Sie immer mehr Unordnung hinzufügen. Denken Sie an die krabbelnden Ameisen, jede einzelne ein Sinnbild für Wirrwarr und Planlosigkeit. Fügen Sie gewissermaßen stetig eine neue chaotische Ameise hinzu, kann das System plötzlich in einen geordneten Zustand umschlagen. Kann, muss aber nicht. Aus der Komplexitätswissenschaft wissen wir, dass ein solches System entweder völlig auseinander bricht oder aber in einen Zustand höherer Ordnung übergeht.

Manche Probleme können Sie nicht von außen lösen
Unsere Ameisen erinnern Sie aber noch an einen weiteren wichtigen Aspekt. Die Tiere können sich austauschen, interagieren, sie bleiben sich vollkommen selbst überlassen, eine steuernde oder kontrollierende Instanz gibt es nicht. Das geordnete Zusammenwirken der Insekten entsteht von ganz allein, ohne ordnenden Eingriff von außen. Nun kann man sich als verantwortliche Führungskraft natürlich nicht entspannt zurücklehnen und einfach abwarten, was passiert. Dennoch sollte der Effekt der „hundertsten Ameise" Ihre Aufmerksamkeit dafür schärfen, dass sich manche Probleme gerade dadurch lösen, dass man nicht von außen eingreift, sondern allenfalls die fehlende „Ameise" hinzufügt.

Die Schwarm-Intelligenz der Heringe

Themen: Führung, Team, Selbstorganisation

Im Heringsschwarm gibt es keinen Leitfisch. Keine Hierarchien, keine festen Positionen, Hunderttausende, ja Millionen Fische schwimmen synchron nebeneinander her und prallen niemals aufeinander. Ein Schwarm bewegt sich wie einziger riesiger Organismus, alle Fische richten ihren Körper so aus, als würden sie von einer geheimnisvollen Kraft gesteuert. Wie Eisenspäne, die in ein magnetisches Feld geraten sind.

Die Kunst des Formationsschwimmens

Dabei ist das Ausmaß der Ordnung von der Situation abhängig. Bei der Futtersuche bilden die Fische lockere Gruppen, deren Mitglieder in verschiedene Richtungen schwärmen. Das hat seinen Grund. Denn je weiter die Münder der Fische voneinander entfernt sind, umso mehr Plankton können sie aufnehmen. Ziehen die Heringe hingegen fort, richten sie sich parallel zueinander aus, um in dieselbe Richtung zu schwimmen. Bei Gefahr schließen sie sich dichter zusammen. Außerdem geschieht etwas ganz und gar Rätselhaftes. Stößt ein Raubfisch auf die Heringe zu, so weicht der gesamte Schwarm aus. Mit einem einzigen Schlag der Schwanzflosse beschleunigt jeder Fisch innerhalb einer fünfzigstel Sekunde auf eine Geschwindigkeit von zehn bis zwanzig Körperlängen pro Sekunde – und der Schwarm explodiert förmlich in alle Richtungen wie eine Sylvesterrakete. Der ganze Vorgang dauert nur eine halbe Sekunde.

Es gibt noch ein zweites Ausweichmanöver, den so genannten „Springbrunneneffekt", mit dem sich kleine langsame Fische wie die Zwergheringe gegen einen schnellen Angreifer verteidigen. Der Schwarm teilt sich augenblicklich in zwei Hälften und schwimmt um den Angreifer herum. Hinter ihm schließen sich die Fische wieder zusammen. Wie der Meeresbiologe Brian L. Partridge berichtet, sind bei diesen blitzschnellen Manövern noch nie Zusammenstöße beobachtet worden.

Ein Superorganismus, den niemand überblickt

Was die Heringe da vollbringen, das können Sie erahnen, wenn Sie menschliche Synchronschwimmer zum Vergleich heranziehen. Unter Wasser fällt es uns extrem schwer, unser Verhalten aufeinander abzustimmen. Es erfordert hartes Training und ungeheure Präzision, auch nur zwei Schwimmer zu halbwegs koordinierten Bewegungen zu bringen. Bei den Heringen hingegen schwimmen schon bei den kleinsten Schwärmen etliche Hundert im Takt, gar nicht zu reden von den Riesenschwärmen mit Millionen Fischen, Superorganismen, die Sie von einem Hubschrauber aus beobachten können. Kein Hering kann diesen Superorganismus wahrnehmen, niemand hat den Überblick, schaut über den Tellerrand, der Horizont jedes einzelnen Fischs beschränkt sich auf seine unmittelbaren Nachbarn. Wie sind sie dann zu einem so komplexen, präzise abgestimmten Verhalten in der Lage? Verantwortlich dafür sind zwei Dinge: Das Prinzip der Selbstorganisation und ein spezielles Wahrnehmungsorgan.

Jeder orientiert sich an seinem Nachbarn

Zunächst zum Wahrnehmungsorgan: Es handelt sich um das Seitenlinienorgan, mit dem der Fisch Druckschwankungen registriert, die andere Fische durch die momentane Wasserverdrängung beim Schwimmen erzeugen. Dadurch weiß der Fisch genau, wie weit er von seinen Nachbarn entfernt ist und mit welcher Geschwindigkeit sie sich fortbewegen. Ohne diese Informationen könnte er sein Verhalten gar nicht so präzise an den andern ausrichten.

Drei simple Regeln zur Selbstorganisation

Aber die Informationen allein genügen nicht. Sie müssen mit einem bestimmten Verhalten verknüpft sein. Und hier kommt die Selbstorganisation ins Spiel. Fischschwärme schwimmen nicht in starr geordneten Formationen, wie man lange Zeit glaubte. Vielmehr ist die Struktur variabel. Sie ähnelt weniger einem Kristallgitter als einem atmenden Organismus. Wie Meeresbiologen herausgefunden haben, ergibt sich diese anpassungsfähige Struktur aus drei einfachen Verhaltensregeln der Fische. Jedes Tier beansprucht einen bestimmten „Freiraum" um sich herum. Es gibt einen gewissen Mindestabstand, der nicht unterschritten werden darf. Im Allgemeinen beträgt er ein Drittel der Körperlänge. Der durchschnittliche Abstand, den die Fische zueinander einnehmen, entspricht hingegen etwa einer Körperlänge. Der Meeresbiologe Partridge hat ihn den „bevorzugten" Abstand genannt, weil die Fische um diesen Wert herumpendeln. Bei Abweichungen gleichen sie den Abstand immer in Richtung des Durchschnittswerts aus. Außerdem passen sich die Fische ständig in Richtung und Geschwindigkeit ihren Nachbarn an. Es genügen also zunächst diese drei simplen Regeln:

- Unterschreite nie den Mindestabstand von einer Drittel Länge.
- Gleiche deinen Abstand immer so aus, dass du im Durchschnitt eine Länge von deinem Nachbarn entfernt bist.
- Orientiere dich in Richtung und Geschwindigkeit an deinen unmittelbaren Nachbarn.

Wenn man es genau nimmt, ergibt sich die dritte Regel aus den beiden ersten. Zur Verdeutlichung haben wir sie dennoch eigens aufgeführt, denn es gibt zwei Zusatzregeln, die Regel Nummer 3 zeitweise außer Kraft setzen.

- Wenn du Nahrung entdeckst, schwimme darauf zu.
- Wenn du Gefahr entdeckst, schwimme davon weg.

Das Besondere an der Schwarmintelligenz der Heringe besteht darin, dass im Prinzip jeder Hering die Steuerung des Schwarms übernehmen kann. Sobald er aus der vorgegebenen Ordnung ausbricht, ist das ein Signal für seine Schwarmgenossen, ihm zu folgen. Dann schießt er durch den Schwarm hindurch und beeinflusst dadurch das Verhalten der gesamten Gruppe. Im Regelfall ist es nicht ein einzelner Fisch, der die Führung übernimmt, sondern die Impulse kommen von vielen Tieren, die in einem Wechselspiel von Aktion und Reaktion den Schwarm bewegen.

Wenn „Outlaws" die Kontrolle übernehmen

Das System funktioniert verblüffend einfach und effektiv. In den Fünfziger Jahren wollte man der Sache genauer auf den Grund gehen und schaltete bei einem Hering eine Hirnregion aus, mit der die Fische ihr Verhalten auf das ihrer Schwarmgenossen abstimmen. Erschüttert stellten die Wissenschaftler fest, dass der ganze Schwarm diesem hirnverletzten Außenseiter folgte, der sich als einziger überhaupt nicht um seine Nachbarn und die Navigationsregeln 1 bis 3 kümmerte. Der populäre Verhaltensforscher Vitus B. Dröscher zog sogar eine Parallele zwischen dem „hirnrissigen Fisch" und „vernunftbeschränkten Führerpersönlichkeiten in Gesellschaften des Homo sapiens". Das ist sicher ungerecht. Immerhin steuert sich der Fischschwarm im Normalfall selbst und unterwirft sich gerade nicht einem „Führer". Fehlgeleitet wurde der Schwarm nur durch den Eingriff der Wissenschaftler.

Auch jede menschliche Organisation lebt davon, dass ihre Mitglieder bestimmten Regeln folgen. Diese Regeln müssen uns gar nicht bewusst sein; die Heringe kennen ihre Regeln ja auch nicht, sondern wenden sie nur an. Aber wenn jemand diesen Regeln nicht mehr folgt, dann kann das ganze System in Schwierigkeiten geraten. Häufig gibt es deshalb Zusatzregeln, die dafür sorgen, dass solche „Outlaws" aus dem Verkehr gezogen werden. Und vielleicht gibt es so etwas in der freien Wildbahn sogar bei den Heringen. Denn man hat noch nie davon gehört, dass ein Heringsschwarm außerhalb des Forschungslabors einem hirnverletzten Fisch gefolgt wäre.

Vögel und Karibus machen es genauso

Das Navigieren im Schwarm findet nicht nur Im Wasser statt, sondern auch zu Lande und in der Luft. Etliche Vögel schließen sich zu Schwärmen zusammen, die in Sekundenbruchteilen ihre Richtung ändern können. Dabei folgen sie ähnlichen Schwarmregeln wie die Fische und richten ihr Verhalten an ihren unmittelbaren Nachbarn aus. Aber auch manche Säugetiere wie die Gnus oder die nordamerikanischen Rentiere, die Karibus, überwinden große Distanzen, indem sie sich zu einer riesigen Herde von mehreren tausend Tieren zusammentun. Diese gigantischen Herden gleichen einem Schwarm, denn kein Tier überblickt hier auch nur annähernd die gesamte Gruppe. Der Biologe Karsten Heuer ist einer Karibuherde gefolgt und war regelrecht ergriffen, wie aus den vielen tausend Einzeltieren plötzlich ein Superorganismus Gestalt gewann: „Es lässt sich kaum in Worte fassen, aber eine Herde, die sich bewegt, hat Ähnlichkeit mit einer Wolke, die über die Landschaft hinweg zieht. Es war so, als ob jedes Tier genau wusste, was sein Nachbar gerade tat. Und der Nachbar seines Nachbarn. Und der Nachbar seines Nachbarn seines Nachbarn. Es gab kein vorausschauendes Handeln, keine Reaktion. Keine Ursache, keine Wirkung. Es geschah einfach."

Anregungen für das Business

Schwarmintelligenz im Beruf

Was ist das überhaupt im beruflichen Zusammenhang, ein „Schwarm"? Im Zusammenhang mit Fisch- und Vogelschwärmen können wir sagen, eine Gruppe von gleichgearteten Mitarbeitern, die gemeinsam eine klar umrissene Aufgabe erfüllen sollen, das ist ein „Schwarm". Es gibt keine Rangunterschiede, kein unterschiedliches Fachwissen, und in Hinblick auf die anstehende Aufgabe sind alle Mitarbeiter gleichartig.

Jeder kann mitmachen, der die Regeln kennt

Der Vorteil des Schwarms liegt darin, dass jeder, der die Regeln kennt, gleich mitmachen kann. Umgekehrt bricht der Schwarm nicht gleich zusammen, wenn zwei, drei Mitglieder für andere Aufgaben abgezogen werden. Unentbehrliche Leitfische gibt es nicht. Ein Schwarm ist ein lockerer Verbund und keine verschworene Gemeinschaft. Seine Mitglieder sind ohne weiteres austauschbar. Das klingt negativ, doch das ist es gar nicht, auch für die Mitglieder nicht. Denn bei einem Schwarm wird gerade nicht ein Gemeinschaftsgefühl aufgebaut (und dann möglicherweise enttäuscht). Es ist von vornherein klar, worum es geht. Feste Strukturen wie bei anderen Teams werden möglichst vermieden, besondere Loyalität zum eigenen Schwarm wird nicht verlangt, sie wäre sogar störend. Das alles bedeutet auch eine Entlastung für den einzelnen Schwarm-Mitarbeiter, der sich ganz seiner Aufgabe widmen kann und im Übrigen sehr wohl in andere Gruppen, Teams, Abteilungen fest eingebunden sein kann, wo es dann sehr stark auf seine Loyalität ankommt. Im Schwarm aber haben solche Bindungen nichts zu suchen.

Schwärme eignen sich für standardisierte Aufgaben

Das heißt dann aber auch, dass sich der Schwarm nur für bestimmte Aufgaben eignet. Er ist ganz gewiss keine Allzweckwaffe, sondern kann nur dort seine Vorteile ausspielen, wo die Abläufe so weit standardisiert sind, dass die Mitglieder ohne großen Abstimmungsbedarf zusammenarbeiten können.

- Zum Beispiel ließe sich ein Reinigungsservice als Schwarm gestalten, mit Teams von variabler Größe und Zusammensetzung. Und mit einem Set von Regeln, die es den Teams gestatten, das unterschiedliche Arbeitstempo der Reinigungskräfte auszugleichen.

- Der Mitarbeiterstab eines Freizeitparks könnte ebenfalls ein Schwarm sein, weil er mit einem wechselnden Besucherandrang zurechtkommen muss, zahlreiche Saisonkräfte umfasst und seine Aktivitäten aufeinander abstimmen muss.

- Ein Recherche-Team könnte seine Tätigkeit nach dem Muster des Heringsschwarms organisieren und eine Regel vereinbaren wie: „Wenn Sie vielversprechendes Material finden, benachrichtigen Sie den nächsten Mitarbeiter." Dieser Mitarbeiter wird dann ebenfalls auf diese Spur angesetzt. Wird auch er fündig, informiert er seinen „nächsten" Mitarbeiter. So ist es möglich, innerhalb kurzer Zeit den gesamten „Schwarm" zu einer ergiebigen Quelle zu lenken.

Darüber hinaus ist es vorteilhaft, wenn die Aufgabe zeitlich begrenzt ist und jedes Schwarmmitglied immer wieder mit neuen Kollegen zu tun bekommt. Sonst bilden sich ganz von allein Strukturen, die für Teamwork vielleicht vorteilhaft sind, aber nicht für die Arbeit im Schwarm.

Ein Schwarm ist nur so intelligent wie seine Regeln
Ein Team zusammenstellen, drei, vier einfache Regeln vereinbaren und dann die Sache laufen lassen. Das wäre die Idealvorstellung von einem sich selbst organisierenden „Schwarm". In der Praxis laufen die Dinge nicht so einfach, denn die „Intelligenz" des Schwarms steht und fällt mit der Qualität der geltenden Regeln. Und die lassen sich nicht aus dem Ärmel schütteln. Die Heringe haben immerhin einige Millionen Jahre gebraucht, um ihre „Schwarmregeln" auszubilden.

Schwarmregeln können Sie nicht am grünen Tisch planen
Wenn Sie auf die Selbstorganisation eines „Schwarms" setzen wollen, dann braucht die Sache etwas Zeit, um sich zu entwickeln. Auch wenn zunächst alles ganz einfach scheint. Sie können die Regeln nicht am grünen Tisch planen, Ihren Mitarbeitern mitteilen und sich dann entspannt zurücklehnen. Nebenbei bemerkt wäre das auch das Gegenteil von Selbstorganisation. Aber es spricht ein ganz einfacher Grund gegen dieses Vorgehen: Auch die simpelsten Regeln haben oftmals völlig überraschende Folgen. Das liegt in der Natur der Sache. Sie können einer Regel nicht ansehen, welche Folgen sie für das System hat. Das zeigt sich erst im praktischen Einsatz.

Testen Sie Regeln in einem Probelauf

Sie kommen also nicht darum herum: Sie müssen die Regeln ausprobieren. Legen Sie drei, vier Regeln versuchsweise fest und warten Sie ab, was geschieht. Oder lassen Sie die Gruppenmitglieder die Regeln selbst entwickeln, denen sie folgen wollen, um ihre Aufgabe zu erfüllen. Der entscheidende Punkt ist: Die Sache muss erst einmal ins Rollen kommen. Dann erst lässt sich beurteilen, wie tauglich die Regeln sind.

Kleben Sie nicht an den Regeln, auch wenn die ersten Ergebnisse gar nicht so schlecht sind. Seien Sie bereit, mit ihnen zu experimentieren. Ändern Sie Regeln verbindlich ab. Oder lassen Sie den „Schwarm" die Regeln selbst ändern. In diesem Fall müssen Sie aber dafür Sorge tragen, dass der „Schwarm" seine Aufgabe nicht aus den Augen verliert. Sonst kann es geschehen, dass sich Ihre Mitarbeiter vor lauter Selbstorganisation ganz anderen Dingen zuwenden.

Fünf Regeln für Schwarmregeln

Die Mitglieder eines Schwarms können noch so gut sein, wenn ihre Regeln nicht passen, hakt die ganze Sache. Daher lohnt es sich, bei der Aufstellung der Regeln sorgfältig vorzugehen und die folgenden Hinweise zu beherzigen.

- So wenig Regeln wie möglich. Aber so viele wie nötig.

- Jede Regel muss für die, die damit arbeiten, unmissverständlich sein.

- Jede Regeln muss konkret und handlungsleitend sein. Jeder muss wissen, wann er sie anwenden soll und was er zu tun hat.

- Die Regeln sollten nicht zu detailliert und zu starr sein. Ein gewisser Gestaltungsspielraum für die Ausführenden ist sinnvoll.

- Die Regeln müssen auf alle Situationen passen, in die der Schwarm geraten kann. Die lassen sich aber schlecht voraussehen. Sinnvoll ist daher eine „Notknopf-Regel", die es erlaubt, aus der Eigendynamik des Schwarms wieder auszusteigen.

Prüfen Sie: Was geschieht, wenn sich jemand nicht an die Regeln hält?
In den folgenden Abschnitten werden noch weitere Aspekte unterschiedlicher „Schwarmbildung" zur Sprache kommen. Was die Heringsschwärme betrifft, so können Sie aus dem grausigen Laborversuch mit dem „gehirnamputierten Fisch" eine nützliche Lehre ziehen. Achten Sie darauf, dass das gesamte System nicht kollabiert, wenn jemand sich nicht an die Regeln hält.

Dazu brauchen Sie eine Kontrollregel, die den Regelbrecher isoliert oder sogar aus dem „Schwarm" entfernt. Bei den Heringen hätte das etwa die Regel sein können: Wenn ein Mitglied drei Mal hintereinander die Führung übernommen hat, ohne dass Futter gefunden oder einer Gefahr ausgewichen wurde, ignoriere das Mitglied. Dabei sollten Sie allerdings auch daran denken, dass die Einführung solcher Regeln den Aufwand für das System beträchtlich erhöht.

Die Weisheit des Bienenstocks

Themen: Informationsmanagement, Kommunikation, Standortsuche, Präsentation

Wie die Ameisen und Termiten gehören die Bienen zu den staatenbildenden Insekten und sind damit ein beliebtes Studienobjekt für die Organisationsbionik. Im Unterschied zu den beiden krabbelnden Kerbtierarten, die viele als Ungeziefer abqualifizieren, vor allem wenn sie in der Speisekammer auftauchen, erfreuen sich die fliegenden Bienen allgemeiner Wertschätzung. Das liegt sicher auch daran, dass sie Spitzenprodukte herstellen wie Honig, Gelée royale und Wachs, die so gut sind, dass die Menschen sie nicht besser machen könnten und die Bienen deshalb als Nutztiere beschäftigen.

Im Innern des Bienenstocks herrscht Sauberkeit

Weniger bekannt ist, dass Bienen auch im Facility Management Erstaunliches leisten. In einem Bienenstock herrscht ein ständiges Kommen und Gehen. Ununterbrochen schwirren von draußen Arbeitsbienen herein mit Pollen und verunreinigten Füßen. Unter normalen Umständen müsste der Bienenstock innen völlig verdreckt sein, stattdessen herrschen äußerst hygienische

Zustände. Der Grund ist ein wahres Wundermittel, das die Bienen herstellen: Propolis, eine antibakterielle Substanz, mit der die Waben stabilisiert werden und die als eine Art Teppich vor dem Einflugloch ausgebreitet liegt, über den alle Bienen hinwegkrabbeln müssen, ein antibakterieller Fußabtreter sozusagen.

Das Geheimnis der Körpersprache

Am faszinierendsten ist jedoch die Verständigung unter den Bienen. Den Forschern ist es gelungen, ihre Signale relativ präzise zu entschlüsseln. Dies gilt vor allem für den so genannten „Schwänzeltanz", mit dem die Arbeitsbienen ihre Kolleginnen auf die genaue Lage von Nahrungsquellen hinweisen. Darüber hinaus kommunizieren Bienen auch noch über Gerüche. So wird etwa die Anwesenheit der Königin durch bestimmte Duftstoffe angezeigt. Die Arbeitsbienen verteilen diese Pheromone im Bienenstock, als wollten sie kundtun, dass die Führungsetage besetzt ist.

Honigbienen kennen ihr Sammelgebiet relativ gut. Sie durchforsten es immer wieder, auf der Suche nach Nahrung. Das Angebot an Pollen schwankt saisonal, so dass immer wieder Erkundungsflüge nötig sind. Ist eine Biene auf ein ergiebiges Gebiet gestoßen, begibt sie sich nach Hause, und zwar immer auf dem kürzesten Weg. Im Bienenstock befinden sich üblicherweise zahlreiche Kolleginnen, denen sie die genaue Lage durch ihren Tanz übermittelt.

Bienenfüßchen geben Feedback

Die Kolleginnen nehmen die Information auf. Für jede von ihnen gibt es zwei Reaktionsmöglichkeiten: Entweder brechen sie zu der verheißenen Nahrungsquelle auf, sammeln Pollen, kehren zum Bienenstock zurück und stimmen ihrerseits in den Schwänzeltanz mit ein. Oder sie rühren sich nicht vom Fleck. Dies ist immer dann der Fall, wenn noch genügend Nahrung vorhanden ist oder keine neue mehr eingelagert werden kann. Oder auch – und das ist der interessanteste Fall – wenn die Information unglaubwürdig ist!

Wie aber bringt man eine Biene dazu, eine unglaubwürdige Information an ihre Kollegin zu übermitteln? Bienen lügen nicht, schon gar nicht gegenüber ihren Schwestern. Also ist man auf einen äußerst raffinierten Trick verfallen.

Der Bienenforscher Jim Gould beobachtete ein Volk, das schon länger in der Nähe eines Sees wohnte. Er trainierte eine Gruppe von Sammlerinnen darauf, ein mit Nektar gefülltes Boot anzufliegen, das er am Ufer des Sees festgemacht hatte. Gould verhinderte, dass die Bienen zu ihrem Stock zurückkehren konnten, entfernte aber nach und nach das Boot vom Ufer. Als es sich mitten auf dem See befand, ließ er die Sammlerinnen nach Hause fliegen. Dort vollführten sie ihren Tanz. Aber keine der anwesenden Kolleginnen machte sich auf den Weg. Der Grund: Es ergab einfach keinen Sinn, dass es mitten auf dem See Nektar gab.

Spin off im Bienenstock

Aus einem erfolgreichen Bienenvolk können gewissermaßen als „spin-off" mehrere neue hervorgehen. Im Spätfrühling ist die Anzahl der Bienen so stark angewachsen, dass sich das Volk teilt. Als erstes verlässt die Königin mit der Hälfte der Arbeiterinnen den Stock. Denn in den Brutkammern wachsen bereits mehrere neue Königinnen heran. Bis die erste davon schlüpft, muss das Volk ohne Königin auskommen.

Was weiter geschieht, hängt davon ab, wie stark das verbliebene Bienenvolk ist, wenn die erste Jungkönigin geschlüpft ist. Gibt es nicht mehr so viele Arbeitsbienen, kann sich das Volk keine weitere Abwanderung leisten. Die Arbeiterinnen erlauben der Jungkönigin ihre Rivalinnen noch in ihren Zellen zu töten. Ansonsten schützen die Arbeiterinnen die Zellen und drängen die Jungkönigin mit einem zweiten Schwarm aus dem Stock. Dieser zweite Schwarm muss nicht wesentlich kleiner sein als der erste, denn es schlüpfen in dieser Zeit auch zahlreiche Arbeiterinnen. Auch die zweite, dritte und vierte Jungkönigin kann mit einem Schwarm verdrängt werden, solange das Volk groß genug ist. Am Ende bleibt eine Jungkönigin übrig. Die begibt sich auf den Hochzeitsflug, um sich mit Männchen aus benachbarten Bienenvölkern zu paaren.

Ein Schwarm auf Wohnungssuche

Die Bienen, die mit ihrer Königin ausgeschwärmt sind, haben unterdessen eine sehr anspruchsvolle Aufgabe zu bewältigen, die der Biologe Martin Lindauer gründlich erforscht hat. Sie müssen eine geeignete Behausung finden.

Von deren Qualität hängt es ab, ob das Bienenvolk durch den Winter kommt. Der Winter ist eine außerordentlich harte Überlebensprobe. Über Monate können keine Pollen und kein Nektar gesammelt werden. Erst bei einer Außentemperatur von 10°C können die Bienen überhaupt ausfliegen. In einer guten Behausung kann ein Bienenvolk mehrere Jahre überleben; in einer weniger geeigneten ist schon nach dem ersten Winter Schluss.

Die Kundschafterinnen auf Standortsuche

In dieser Situation treten die Kundschafterinnen auf den Plan. Dabei handelt es sich um die ältesten, erfahrensten Sammlerinnen, also um jene, die am besten mit der Umgebung vertraut sind. Jede von ihnen begibt sich unabhängig von den anderen auf die Suche. Hat eine Kundschafterin eine viel versprechende Unterkunft entdeckt, sagen wir ein Baumloch, so kehrt sie zu ihrem Schwarm zurück, der als Schwarmtraube irgendwo herumhängt und auf die ersten Vorschläge wartet.

Jede Kundschafterin führt einen Tanz vor, eine Art Präsentation des Standorts, den sie entdeckt hat. Manche dieser Tänze sind ausgesprochen enthusiastisch und ausdauernd, andere werden fast lustlos vorgetragen. Die mangelnde Begeisterungsfähigkeit hat ihren Grund jedoch nicht in den fehlenden „Verkäuferqualitäten" der betreffenden Biene, sondern spiegelt einigermaßen zuverlässig die Qualität der möglichen Behausung wider.

Abstimmungsprozesse unter Bienen

Trifft eine „müde" Tänzerin auf eine enthusiastischere Kollegin, so nimmt sie deren Hinweis gerne auf und begibt sich selbst zu dem betreffenden Standort. Wenn sie von dessen Qualität überzeugt ist, kehrt sie zurück und beginnt nun selbst für den Standort zu werben. Auf diese Weise ermitteln die Kundschafterinnen nach und nach den besten Standort. Diese Prozedur kann durchaus mehrere Tage dauern, was im Leben einer Biene eine ungeheure Zeitspanne ist. Das Bemerkenswerte an diesem „ausgetanzten" Abstimmungsprozess ist jedoch, dass sich niemand einmischt, bevor sich die Spezialistinnen geeinigt haben. Wichtig: Die Entscheidung fällt *nicht* im Zentrum, also dort, wo die große Traube hängt, sondern draußen vor Ort, wo die Bienen die verschiedenen Höhlen inspizieren. Hat sich nämlich vor so einer Unterkunft eine kritische Masse von Kundschafterbienen angesammelt, so ist das ein deutliches Signal: Die geeignete Unterkunft ist gefunden. Die Kundschafter kehren zur Traube zurück und geben das Zeichen zum Aufbruch.

Dabei folgen alle Kundschafterinnen einem relativ einheitlichen Bewertungsschema, wie der Bienenforscher Thomas Seeley in aufwändigen Experimenten herausgefunden hat. Es gibt klare Qualitätskriterien wie die Höhe des Fluglochs, das sich mindestens zwei Meter über dem Erdboden befinden sollte, oder den optimalen Rauminhalt der Behausung. Wie in einem Gremium anerkannter Fachleute, die sich nichts mehr beweisen müssen, zählt unter den Kundschafterinnen die Kraft des besseren Arguments. Die Kundschafterin, die den Nistplatz aufgespürt hat, wird auch in keiner Weise dafür belohnt. Letztlich zählt nur das eine: Dass das Bienenvolk über den Winter kommt. Ist der erste Winter überstanden, bestehen gute Chancen, dass auch die kommenden überstanden werden.

Anregungen für das Business

Halten Sie „den Laden sauber"
Die Bienen machen es vor: In einer Organisation, in der viel produktive Unruhe herrscht, muss auf Ordnung und Sauberkeit, im weitesten Sinn auf Hygiene größter Wert gelegt werden. Sonst versinkt die Organisation schnell im Chaos. Und zwar nicht im produktiven Chaos, sondern im puren Durcheinander.

Lassen Sie Ihre „Sammlerinnen" nur die Pollen, nicht die Keime ins Unternehmen bringen
Der Propolis-Teppich an der Schwelle zum Bienenstock kann Sie auch dazu anregen, eine ähnliche Schleuse vor Ihrer Organisation anzubringen, natürlich nur im übertragenen Sinn. Die „Keime" wären dann private Sorgen und Belastungen, die Ihren Mitarbeitern noch „an den Füßen kleben", wenn sie ihre Arbeit antreten. Ein Propolis-Teppich könnte dann eine Art Einstimmungsritual sein, das die Mitarbeiter dazu bringt, ihre privaten Sorgen hinter sich zu lassen und auf ihre Arbeit umzuschalten.

Sorgen Sie dafür, dass wichtige Informationen schnell in die Organisation gelangen

Je schneller und direkter Informationen ins Unternehmen gelangen, umso eher können die Mitarbeiter darauf reagieren. Dabei kommt es darauf an, geeignete Kriterien für die Relevanz und Glaubwürdigkeit der Informationen zu entwickeln. Arbeiten Sie mit zuverlässigen Informanten zusammen und sorgen Sie dafür, dass Informationen von außen (Marktinformationen, Kundenwünsche und Beschwerden) im Unternehmen zügig weiterverarbeitet werden.

Prüfen Sie Informationen nach, ehe Sie sie weiterverbreiten

Eine Biene stimmt nicht einfach so in den Schwänzeltanz mit ein; sie begibt sich selbst an den bezeichneten Ort. Erst wenn sie wirklich fündig wird, trägt sie die Information an ihre Artgenossinnen weiter. Das geschieht nicht etwa aus Misstrauen, sondern weil die Information bereits veraltet sein kann, wenn die Biene am Sammelort eintrifft. Die getanzten Informationen haben daher eine hohe Qualität. Sie sind verlässlich, stammen immer aus „erster Hand" und sie sind aktuell. Allerdings ist dieses Verfahren recht aufwändig. Es lohnt sich nur bei Informationen, die einen ähnlich hohen Stellenwert haben wie die Lage der Sammelplätze für die Bienen.

Wissensmanagement à la Bienenschwarm

Neue Methoden, hilfreiche Kniffs oder auch wichtige Hinweise können sich in einer Organisation auf ähnliche Weise verbreiten. Jemand entdeckt eine neue Lösung oder macht eine Erfahrung, die für die anderen nützlich sein könnte. Er macht sie seinen Kollegen zugänglich, z.B. im Firmenintranet. Die andern können die Information aufgreifen oder es bleiben lassen, weil sie wie bei den Bienen irrelevant oder nicht glaubwürdig ist. Ansonsten können sie die Methode übernehmen bzw. die Information nachprüfen. Ihre Erfahrungen veröffentlichen sie dann wiederum im Intranet. Auf diese Weise kann man besonders relevante und bewährte Hinweise schnell identifizieren. Sie werden sich rasch im „Schwarm" ausbreiten.

Je weitreichender die Entscheidung ist, desto aufwändiger darf das Verfahren sein

Ein verbreiteter Managementfehler, der sehr viel Geld kostet und schon etliche Unternehmen in die Pleite geführt hat: Eine Entscheidung, von der sehr viel abhängt, wird überstürzt getroffen, ohne kompetente Fachleute zu konsultieren und ohne Abstimmung mit den Beteiligten. Dabei verbessert sich die Entscheidung nicht zwangsläufig mit der Erhöhung des Aufwandes. In manchen Organisationen beraten hochbesetzte Expertengremien jahrelang, ohne zu einer guten Entscheidung zu gelangen. Die Entscheidungskriterien sind nicht klar, die Zuständigkeiten ebenso wenig, und am Ende trifft dann jemand aus dem oberen Management ohne viel Federlesens die Entscheidung. Die Bienen treiben bei ihrer Suche nach einer geeigneten Unterkunft einen ungeheuren Aufwand. Doch ist der gerechtfertigt, denn es geht um sehr viel. Und der Entscheidungsprozess ist klar strukturiert und außerordentlich durchdacht.

Nutzen Sie das Entscheidungsmanagement der Bienen

Der Bienenforscher Thomas Seeley war von der Methode der Entscheidungsfindung so beeindruckt, dass er sie gleich übernommen hat, um die Meetings an der Universität Cornell effizienter zu gestalten. Dort war Seeley nämlich Dekan. Seine drei „Bienenregeln" lauten:

1. Sorge für Vielfalt der Optionen
2. Ermutige den freien Wettbewerb von Ideen
3. Verwende ein wirksames Auswahlverfahren.

Ganz bewusst versucht es Seeley zu vermeiden, mit einer vorgefassten Meinung in ein Meeting zu gehen, um dann nur noch Bestätigungen zu hören. Vielmehr fordert er die andern auf, die unterschiedlichsten Möglichkeiten in Erwägung zu ziehen, Ideen mal weiter auszuspinnen, und am Ende gibt es eine geheime Abstimmung über die Vorschläge. Seeley empfiehlt, einer Gruppe Zeit zu geben, damit die besten Ideen entstehen, ausreifen und sich durchsetzen können.

Heuschrecken — die „lebenden Teppiche des Teufels"

Themen: Selbstorganisation, Sicherheit

Das Kapitel über Schwarm-Intelligenz wäre nicht vollständig, würden wir nicht zumindest ein paar Worte über einen Schwarm der besonderen Sorte verlieren: Die Heuschrecken, deren zerstörerische Wirkung alles in den Schatten stellt, was andere Ungeheuer anrichten. In Afrika nennt man sie nicht ohne Grund die „lebenden Teppiche des Teufels".

Taucht ein Heuschreckenschwarm auf, verdunkelt sich augenblicklich der Himmel. Das Licht wird fahl und diffus. Man hört ein Surren und Knistern. Und dann entlädt sich die braune Wolke aus Insektenkörpern. Innerhalb kürzester Zeit fressen die Millionen, ja Milliarden von Tieren die Landschaft kahl. Sie verschonen keine einzige Pflanze und lassen nur eine grünliche Spur zurück, ihre Ausscheidungen. Bis zu 20 Stunden kann so ein Schwarm ununterbrochen fliegen, er legt tausende von Kilometern zurück und nimmt dabei selbst Ausmaße an, die sich nur noch in Kilometern messen lassen. Bis zu 100.000 Tonnen Nahrung kann so ein Schwarm vertilgen. Jeden Tag.

Bevor sie sich in diese todbringenden Wolken verwandeln, sind die Heuschrecken harmlose und friedliche Einzelgänger. Ihre Larve durchläuft fünf Stadien, ehe sie zur Heuschrecke wird. Und auch dann leben die Tiere erst einmal für sich. Gruppen- oder Schwarmverhalten kann man bei ihnen nicht beobachten. Sie sind vollkommen damit beschäftigt, unter den harten Lebensbedingungen in der Wüste durchzukommen. Die Sache ändert sich schlagartig, wenn der Regen kommt. Dann blüht die Vegetation auf. Die Heuschrecken finden mehr Nahrung, legen mehr Eier, aus denen immer mehr Heuschrecken schlüpfen, zumal ihre Eier Feuchtigkeit brauchen. Irgendwann haben sie das Grün aufgezehrt. Was zurückbleibt, ist eine Menge hungriger Heuschrecken, die sich nun mehr und mehr zusammendrängen, sich abtasten und aufeinander einstimmen. Erst jetzt bilden sie einen Schwarm, der sich allmählich in die Luft erhebt, ein Riesenkörper, der aufbricht, um alles zu vernichten, was sich ihm in den Weg stellt.

Anregungen für das Business

Sich an den Heuschrecken ein Beispiel zu nehme, wäre angesichts der Verwüstungen, die diese Tiere anrichten, äußerst verwegen. Jedoch als Katastrophenphänomen, das von Zeit zu Zeit über uns hereinbricht, sind die Heuschrecken dann doch wieder interessant. Was sie so gefährlich macht, das ist ihre Unberechenbarkeit. Sie vermehren sich unregelmäßig, ändern schlagartig ihr Verhalten. Aus dem genügsamen Einzelgänger, der vier Tage ohne Nahrung auskommt, wird im Schwarm eine elementare Kraft der Zerstörung. Auch das fällt übrigens unter das Kapitel Selbstorganisation. Mit der ökonomischen Logik, mit der jedes Raubtier zu Werke geht, kommt man diesem Phänomen nicht bei. Heuschrecken vernichten jede Lebensgrundlage, auch ihre eigene, und hinterlassen eine Wüste. Die Welle der Zerstörung läuft erst aus, wenn es nichts mehr zu zerstören gibt. Insoweit ist das Wirken der Heuschrecken ein Beispiel dafür, dass es destruktive Kräfte jenseits des ökonomischen Kalküls gibt, mit denen man immer wieder zu rechnen hat. Schützen kann man sich kaum gegen sie. Denn es ist Teil ihres Programms, völlig unvermittelt über uns hereinzubrechen.

Die Spur der Düfte — wie Ameisen ihre Straßen anlegen

Themen: Strategie, Selbstorganisation, Logistik, Best practices, Wissensmanagement, Lean-Management

Es handelt sich geradezu um das Paradebeispiel für Schwarm-Intelligenz, wie sie der Strategieberater Eric Bonabeau populär gemacht hat: Ameisen wimmeln scheinbar ungeordnet umher und doch gelingt es ihnen, den kürzesten Weg zu einer Nahrungsquelle zu finden und in atemberaubender Geschwindigkeit eine Ameisenstraße dorthin anzulegen. Die Wissenschaftler haben versucht, diese verblüffende Fähigkeit zu erklären, und sind dabei auf einen relativ einfachen Mechanismus gestoßen.

Auf der Futtersuche sondert jede Ameise körpereigene Duftstoffe ab, während sie vor sich hinkrabbelt, die Pheromone. Stößt sie nun auf eine Nahrungsquelle, so ergreift sie so viel sie tragen kann, und krabbelt wieder zurück zu ihrem Nest. Dabei folgt sie ihrer eigenen Duftspur und hinterlässt weiterhin ihre Pheromone. Gelangt sie zum Nest, so hat sich ihre Duftspur verdoppelt. Die Spur von Ameisen hingegen, die noch nicht fündig geworden sind, wird immer schwächer, da sich ihre Duftspuren verflüchtigen.

Nun orientieren sich die übrigen Ameisen an den Duftspuren. Wo es intensiv nach dem Pheromon für Futtersuche riecht, dort krabbeln sie hin – und hinterlassen ihrerseits eine Duftspur, die weitere Ameisen anlockt. Auf diese Art und Weise gelangen immer mehr Krabbler auf die Erfolgsspur. Denjenigen, die unnötig lange unterwegs sind, folgt niemand mehr. Das Vorgehen lässt sich in drei Phasen zusammenfassen:

- Phase 1:
  Erkundung aller Möglichkeiten. Ausschwärmen in alle Richtungen
- Phase 2:
  Rückmeldung im Erfolgsfall. Zurückführen auf den Ausgangspunkt
- Phase 3:
  Verstärkung kurzer, erfolgreicher Pfade, Abschwächung langer Pfade

Ganz im Sinne der Schwarm-Intelligenz ergibt sich die beste Lösung aus dem Handeln der gesamten Kolonie. Eine einzelne Ameise wäre zu diesem „intelligenten" Verhalten gar nicht in der Lage.

Das Navigationssystem der Wüstenameisen

So einfach und zwingend die Logik der Nahrungssuche auch zu sein scheint, wenn die Wüstenameise diesem Muster folgen würde, wäre sie innerhalb weniger Stunden tot. Sie kann nämlich höchstens zweieinhalb Stunden in der Sonnenglut überleben. Da wäre es höchst riskant, einfach so drauflos zu krabbeln, auf dass sich allmählich der beste Pfad herausbildet. Wie der Biologe Rüdiger Wehner beobachtet hat, krabbelt die Wüstenameise aus ihrem pfenniggroßen Loch, schlägt zur Futtersuche einen chaotisch anmutenden Zickzack-Kurs ein, legt mehrere hundert Meter zurück und wenn sie auf etwas Essbares gestoßen ist, dann folgt sie nicht etwa ihrer Pheromonspur (die in der Wüstensonne ohnehin längst verdunstet ist). Vielmehr läuft sie auf schnurgeradem Weg nach Hause.

Wie bringt sie das fertig? In der Landschaft gibt es nicht die kleinste Wegmarke, sondern nur Sand. Wie die Forscher herausgefunden haben, orientiert sich die Wüstenameise ausschließlich am Stand der Sonne. Wenn sie ihren Bau verlässt, erfasst sie anhand des Sonnenstands ihre Position. Jede Bewegung, die sie vollführt, wird sozusagen aufgezeichnet und in eine Art von kognitiver Landkarte eingetragen. Auf diese Weise kann sie den kürzesten Weg zum Nest ausrechnen und geradezu blind die betreffende Richtung einschlagen. Für die Umwelt der Wüstenameise ist dieses Navigationssystem nahezu perfekt. Ansonsten hat es schon seine Nachteile: Nehmen sie eine Ameise kurz hoch und setzen Sie sie einige Meter wieder ab, so findet sie sich nicht mehr zurecht. Die Wüstenameise braucht, wie der Neurowissenschaftler Marc D. Hauser schreibt, „die direkte Auseinandersetzung mit ihrer Route, um die relevanten Informationen über Ortswechsel, Geschwindigkeit, Entfernung und Zeit aufzunehmen".

Anregungen für das Business

Die Ameisenkolonie, die den kürzesten Weg findet, indem ihre Mitglieder nach „Lösungen stöbern" und „Spuren hinterlassen", illustriert vielleicht am besten, was Eric Bonabeau unter der „Schwarm-Intelligenz" versteht. Im Kern zeichnet sich sein Schwarm durch drei Eigenschaften aus:

- Flexibilität: Der Schwarm kann sich einem veränderlichen Umfeld schnell anpassen. Die Ameisenkolonie findet den kürzesten Weg zur Nahrungsquelle auch dann noch, wenn sie verschoben wird.

- Robustheit: Selbst wenn einige Mitglieder des Schwarms ausfallen, kann er seine Aufgabe fortsetzen. Die Ameisenkolonie bleibt intakt, auch wenn sie eine Anzahl von Arbeiterinnen entfernen.

- Selbstorganisation: Der Schwarm erhält während seiner Arbeit keine Anweisungen. Es gibt niemanden, der die Ameisen laufend instruiert oder sie überwacht. Die Lösung ergibt sich von selbst.

Diese drei Kernelemente haben mehr den Charakter von Orientierungsmarken, denn ein solcher Schwarm lässt sich nicht ohne weiteres in die Welt setzen. Und schon gar nicht kann man ihn am grünen Tisch konzipieren und dann seine Mitarbeiter damit beauftragen, die Sache mal „umzusetzen". Schwärme sind in der Natur das Ergebnis eines langen Evolutionsprozesses, entstanden durch Anpassungen an eine ganz spezifische Umwelt und an ganz spezifische Aufgaben. Insoweit kann auch ein „menschlicher Schwarm" gar nicht anders entstehen als in einem Prozess von Anpassung und Auslese. Das heißt, Sie müssen verschiedene Formen ausprobieren und bis zu einem gewissen Grade die Leute einfach „machen lassen".

Wie „robust" ist Ihre Organisation?
Flexibilität und Selbstorganisation sind für viele Führungskräfte relativ vertraute Leitvorstellungen. Weniger prominent ist hingegen die Idee der „Robustheit". Zu Unrecht, denn sie ist für jede Form von Schwarm-Intelligenz zwingende Voraussetzung.

Die Schwärme in der Natur sind deshalb so flexibel und wenig störungsanfällig, weil viele Positionen doppelt und dreifach besetzt sind, weil Aufgaben ohne Probleme verschoben werden können und weil es einfach immer freie Kapazitäten gibt. Das organisatorische Wunderwerk der Nahrungssuche der Bienen ist nur möglich, weil immer etliche Bienen gar nichts tun, sich ausruhen oder patrouillieren, das heißt, im Stock herumlaufen, als suchten sie nach Arbeit.

Doch in vielen Organisationen findet eine Entwicklung in die entgegengesetzte Richtung statt: Die Personaldecke wird immer dünner, und wer noch zur Stammbelegschaft zählt, der ist derart unverzichtbar, dass die Organisation sofort ins Schlingern gerät, wenn einer kurzzeitig ausfällt. Dafür mag es zwingende ökonomische Gründe geben, nur mit „Robustheit" hat das gewiss nichts zu tun.

Sorgen Sie dafür, dass erfolgreiche Lösungen „Spuren" hinterlassen
Eine Organisation wird erfolgreicher agieren, wenn ihre Mitarbeiter bei dem, was sie leisten, für alle anderen „Spuren" hinterlassen. Sogar Lösungen, die auf den ersten Blick nicht optimal erscheinen, können hilfreich sein. Und zwar aus zwei Gründen: Entweder stellt sich heraus, dass es für das gleiche Problem eine bessere Lösung, eine Abkürzung gibt. Oder aber die Aufgabe wird von der Organisation einfach unterschätzt. Es ist wesentlich mühsamer zu einem Ergebnis zu kommen. Auch das sollten die Mitarbeiter wissen.

Lassen Sie alte Spuren „verdampfen"

Wenn Sie Ihre Best Pracitices dokumentieren, dann können Sie sich noch in anderer Weise von den Duftspuren der Ameisen anregen lassen. Sie entdecken den kürzesten Weg zur Nahrungsquelle nämlich nur, wcnn veraltete Duftmarken verdampfen. Gerade in einem Umfeld, das sich stark wandelt, sollten Sie nicht unbegrenzt die alten Orientierungsmarken mitschleppen und sich auf die falsche Fährte locken lassen. Sie können das Problem lösen, indem Sie entweder alle dokumentierten Praktiken nach einer vorher festgelegten Zeit löschen. Oder besser noch: Versehen Sie alle „Spuren" mit einem Datum. Dann lässt sich eher einschätzen, ob der Lösungsweg noch aktuell ist.

Mitarbeiter müssen zu Beginn in alle Richtungen ausschwärmen

Zu Anfang schwärmen die Ameisen in alle Richtungen aus. Es geht also darum, zu Anfang einen möglichst großen Raum zu erfassen und nach Lösungen zu durchstöbern. Erst während der Suche werden die Mitarbeiter allmählich auf eine vielversprechende Lösung hingelenkt. Aber: Achten Sie darauf, dass dies nicht zu rasch geschieht. Vielleicht ist ein Mitarbeiter ja einer noch viel besseren Lösung auf der Spur.

Nichts ersetzt die eigene Erfahrung

Das Navigationssystem der Wüstenameise ist völlig anders aufgebaut. Sie braucht keinen Schwarm, um den richtigen Weg zu finden; sie erwirbt das Wissen über ihre Umgebung, indem sie sich nach der Sonne richtet und im Übrigen jede ihrer Bewegungen berücksichtigt.

Ein ähnliches Modell finden wir auch bei der Bearbeitung komplexer Probleme durch hochqualifizierte Mitarbeiter. Häufig müssen sie sich ebenfalls in einer konturlosen Umgebung zurechtfinden, die wenig Anhaltspunkte dafür bietet, wo die Lösung zu finden ist. Das Problem strukturiert sich erst durch seine Bearbeitung. Der Mitarbeiter sammelt mehr und mehr Erfahrung, er erwirbt Wissen über seinen Gegenstand, das er nicht so ohne weiteres an andere weitergeben kann. Denn dieses Wissen hat er durch seine „Bewegungen" erworben, die er in einem vorgegebenen Rahmen richtig zu deuten versteht. Sein Wissen kann er den anderen „Wüstenameisen" nicht so ohne weiteres mitteilen. Das wäre so ähnlich, wie wenn man eine Wüstenameise der Nahrungsquelle ein paar Schritte entgegen trägt. Sie kann mit der Information nichts anfangen und findet sich nicht mehr zurecht.

Epilog

Auf den vorangegangenen Seiten sind Ihnen Spinnen und Adler begegnet, Heringsschwärme und Wolfsrudel, Quallen und Delfine, Bakterien, Leuchtkäfer, Graumulle, Paviane und viele andere mehr oder weniger angenehme Wesen. Sie haben das Konzept der Schwarmintelligenz kennen gelernt und einiges über die Evolution erfahren. Angesichts dieser schlaraffischen Vielfalt haben Sie sich vielleicht die Frage gestellt, ob es nicht einige plakative Kernaussagen gibt, die man sozusagen als Essenz des Ganzen nach Hause tragen kann.

Offen gesagt widerspricht das eigentlich der Grundidee dieses Buchs, nämlich im Sinne der Bionik möglichst viele, breit gestreute Anregungen zu geben, die Sie aufgreifen können. Von dieser Idee soll auch gar nicht abgerückt werden. In der Vielfalt liegt eine Kraft ganz eigener Art. Was wäre dafür ein besseres Beispiel als die Natur selbst. Und doch sollen am Ende noch einmal zehn Thesen zusammengetragen werden. Wenn Sie gleich das Buch zu Ende gelesen haben und anderen die Lektüre empfehlen, müssen Sie auf die Frage gefasst sein: „Was stand denn drin?" Oder etwas ungeduldiger: „Was ist die Kernaussage?" Nun, hier sind zehn davon, über die Sie hoffentlich in ein angeregtes Gespräch kommen:

1. Die Natur kennt keinen Perfektionismus. Alle Organismen sind mehr oder minder gelungene Kompromisslösungen, austariert zwischen widerstreitenden Anforderungen wie etwa Schnelligkeit und Stärke.

2. Die Natur setzt auf Vielfalt und wehrt sich gegen Standardisierung. Kein Organismus gleicht vollkommen dem andern. Auf diese Weise können die unterschiedlichsten Eigenschaften und Fähigkeiten bewahrt werden.

3. Es gibt nicht die eine „Strategie der Sieger". Vielmehr existiert eine ungeheure Fülle an Möglichkeiten zurechtzukommen. Jeder Organismus ist gefordert, seine eigene Überlebensstrategie zu entwickeln – angepasst an seine Möglichkeiten und seinen Lebensraum.

4. Substanzielle Weiterentwicklung gibt es nur in Verbindung mit unzähligen Fehlschlägen. Daher können nur Systeme immer wieder Neues hervorbringen, die es zulassen, dass die meisten Versuche scheitern.

5. Es gibt kein naturgegebenes „Recht des Stärkeren". Raubtiere sind nicht die erfolgreichere Lebensform im Vergleich zu ihren Beutetieren. Nicht zufällig gibt es weit mehr Singvögel als Raubvögel.

6. In der Natur herrscht nicht nur das Prinzip der Konkurrenz, sondern ebenso das Prinzip der Kooperation. Sehr erfolgreiche Lebensformen wie die sozialen Insekten sind gerade dadurch konkurrenzfähig, dass sie hervorragend kooperieren.

7. In Phasen des Wandels sind die Generalisten im Vorteil, die über ein breites Spektrum von Fähigkeiten verfügen und sich schnell adaptieren können. Von stabilen Lebensverhältnissen profitieren die Spezialisten.

8. In der Natur gibt es keine zentrale Macht- und Kontrollinstanz. Jeder Versuch, natürliche Systeme von dieser Position zu steuern, ist von vornherein zum Scheitern verurteilt. Die Organismen reagieren nach ihren eigenen Regeln und kümmern sich nicht um die guten Absichten desjenigen, der sie beeinflussen will.

9. In der Natur verkehrt sich eine Entwicklung oftmals in ihr Gegenteil. Allzu erfolgreiche „Betrüger" richten sich langfristig ebenso zugrunde wie allzu erfolgreiche Jäger oder allzu „rücksichtslose" Parasiten. Auf der anderen Seite braucht ein Organismus Krisen, Belastungen, Rückschläge, um immer wieder neu zu erstarken.

10. In der Natur kommt es letztlich nicht darauf an, maximale „Rendite" zu erwirtschaften, über möglichst viele Ressourcen zu verfügen, Konkurrenten auszuschalten oder für die maximale Verbreitung der eigenen Lebensform zu sorgen. Der einzige Wert, auf den es ankommt, das ist ganz schlicht gesagt das Leben. Hier und Jetzt.

Über den Autor

Dr. Matthias Nöllke schreibt Bücher, hält Vorträge und arbeitet für den Bayerischen Rundfunk. Er ist Autor zahlreicher Hörunkfunksendungen mit einem besonderen Zugang zum Thema („Machtspiele", „Menschenaffen. Wie die Tiere sprechen lernten", „Einstürzende Sandhaufen. Die einfachen Gesetze der Katastrophen", „Von den Bienen und den Schmetterlingen. Was Sie schon immer über Unternehmensführung wissen wollten", „Die einzige Art Nüsse zu knacken. Die Kultur der Tiere", „Über Intelligenz. Warum wir alle so klug sein wollen" u.v.m.). Im Haufe Verlag sind von ihm unter anderem die Bücher erschienen: „So managt die Natur", „Management. Was Führungskräfte wissen müssen" und „Machtspiele".

Literatur

Angier, Natalie: Schön scheußlich. Neue Ansichten von der Natur – von brutalen Delfinen, zärtlichen Schaben und hinterhältigen Orchideen, München 2001.

Attenborough, David: Das geheime Leben der Vögel, Bern/München/Wien 1999.

Barash, David P.: Natural Selections. Selfish Altruitsts, Honest Liars and Other Realities of Evolution, New York 2008.

Beinhocker, Eric D.: Die Entstehung des Wohlstands. Wie die Evolution die Wirtschaft antreibt, Landsberg am Lech 2007.

Bezzel, Einhard: Paschas, Paare, Partnerschaften. Strategien der Geschlechter im Tierreich, München 1993.

Bonabeau, Eric/Dorigo, Marco/Theraulaz, Guy: Swarm Intelligence: From Natural to Artificial Systems, Oxford 1999.

Budiansky, Stephen: Wenn ein Löwe sprechen könnte. Die Intelligenz der Tiere, Reinbek 2003.

Campbell, Jeremy: Die Lust an der Lüge. Eine Geschichte der Unwahrheit, Bergisch Galdbach 2003.

Cheney, Dorothy/Seyfarth, Robert M.: Baboon Metaphysics. The Evolution of a Social Mind, Chicago und London 2007.

Cruse, Holk/Dean, Jeffrey/Ritter, Helge: Die Entdeckung der Intelligenz, oder: Können Ameisen denken? München 2001.

Dawkins, Richard: Der entzauberte Regenborgen. Wissenschaft, Aberglaube und die Kraft der Phantasie, Reinbek 2002.

Dekkers, Midas: Das Gnu und du. Tierische Geschichten, München 2002.

Dennett, Daniel: Darwins gefährliches Erbe, Hamburg 1997.

Dröscher, Vitus B.: Überlebensformel. Wie Tiere Umweltgefahren meistern, München 1981.

Dröscher, Vitus B.: Weiße Löwen müssen sterben. Spielregeln der Macht im Tierreich, Hamburg 1989.

David B. Dusenbery: Verborgene Welten. Verhalten und Ökologie von Mikroorganismen, Heidelberg, Berlin 1998.

Gigerenzer, Gerd: Bauchentscheidungen. Die Intelligenz des Unbewussten und die Macht der Intuition, München 2007.

Goodwin, Brian: Der Leopard, der seine Flecken verliert. Evolution und Komplexität, München 1997.

Gould, Stephen Jay: Der Daumen des Panda. Betrachtungen zur Naturgeschichte, Frankfurt 1989.

Hauser, Marc D.: Wilde Intelligenz. Was Tiere wirklich denken, München 2001.

Hess, Jörg: Luthers Kaninchen und des Teufels wilde Horden, Zoologische Miniaturen (3 Bde) Basel 2005.

Lunau, Klaus: Warnen, Tarnen, Täuschen. Mimikry und andere Überlebensstrategien in der Natur, Darmstadt 2002.

McGowan, Christopher: Töten, um zu leben. Jäger und Gejagte in der Natur, München 1998.

Milinski, Manfred/Rockenbach, Bettina: "Spying on Others Evolves", in: Science 317, 2007, Seite 464-465.

Modrow, Susanne: Viren. Grundlagen, Krankheiten, Therapien, München 2001.

Morgan, Gareth: Löwe, Qualle, Pinguin – Imaginieren als Kunst der Veränderung, Stuttgart 1998.

Ormerod, Paul: Why Most Things Fail. Evolution, Extinction and Economics, New York 2005.

Radinger, Elli: Die Wölfe von Yellowstone, Worpswede 2004.

Rasa, Anne: Die perfekte Familie. Leben und Sozialverhalten der afrikanischen Zwergmungos, Stuttgart 1984.

Sapolsky, Robert: Monkeyluv - and other essays on our lives as animals, New York 2005.

Schuster, Gerd/Smits, Willie/Ullal, Jay: Die Denker des Dschungels. Der große Orangutan-Report, Königswinter 2007.

Seeley, Thomas D.: Honigbienen. Im Mikrokosmos des Bienenstocks, Basel 1997.

Sigmund, Karl: Spielpläne. Zufall, Chaos und die Strategien der Evolution, Hamburg 1995.

Taleb, Nassim Nicholas: The Black Swan. The Impact of the Highly Improbable, New York 2007 (deutsch: Der Schwarze Schwan. Die Macht höchst unwahrscheinlicher Ereignisse, München 2008).

Townsend, Colin R./Harper, John L./Begon, Michael: Ökologie, Berlin/Heidelberg 2003.

Voss, Johannes: Die Führungsstrategien des Alphawolfs, Ideenpool für Manager, München 2007.

de Waal, Frans: Der Affe in uns. Warum wir so sind, wie wir sind, München/Wien 2006.

de Waal, Frans: Wilde Diplomaten. Versöhnung und Entspannungspolitik bei Affen und Menschen, München 1991.

Wickler, Wolfang/Seibt, Uta: männlich weiblich. Ein Naturgesetz und seine Folgen, München 1990.

Winnacker, Ernst-Ludwig: Viren. Die heimlichen Herrscher. Wie Grippe, Aids und Hepatitis unsere Welt bedrohen, Frankfurt am Main 1999.

Zahavi, Amotz und Avishag: Signale der Verständigung. Das Handicap-Prinzip, Frankfurt am Main und Leipzig 1998.

Zimen, Erik: Der Wolf, Stuttgart 2003.

Zimmer, Carl: Parasitus Rex. Die bizarre Welt der gefährlichsten Kreaturen der Natur, Frankfurt am Main 2001.

Verzeichnis der Themen

A
Aggression 73
Altruismus 33, 163
Arbeitsteilung 126
Auslandsgeschäft 232

B
Best practices 202, 283
Betriebsklima 121
Bündnisse 77

C
Change Management 205, 212
Crossmarketing 98

D
Delegieren 16
Durchsetzungsfähigkeit 16

E
Effektivität 186
Egoismus 126
Einfachheit 186
Entscheiden 41, 250
Entscheidung 250
Erfahrung 37
Erfolg 102
Erscheinungsbild 45
Eventmarketing 141, 157

F
Fairness 49
Flexibilität 128
Franchise 232
Führung 258, 268
Führungspersönlichkeit 16
Führungsstärke 69
Führungsstil 20
Fürsorgepflicht 28, 33

H
Hartnäckigkeit 77
Hierachie 56, 69, 73, 117, 121, 128, 245

I
Image 150, 173
Informationsmanagement 45, 166, 275
Innovation 41, 88, 202, 212, 221, 232, 245
interkulturelle Kommunikation 98
Internet 166
Intuition 250

K
Karriere 49, 69, 77, 88, 117, 141, 196
Kommunikation 63, 94, 98, 275
Kompetenzen 227
Komplexität 245
Konflikt 20, 56, 63, 69, 73, 82, 86, 196
Konkurrenz 88, 157, 182, 212, 238
Konkurrenzdruck 241
Kontrolle 192
Kooperation 98, 102, 107, 112, 121, 190, 192
Kreativität 202, 232
Kundenakquise 154
Kundenservice 157

L
Leadership 20, 28, 33, 45
Lean-Management 283
Lizensierung 232
Logistik 283

M
Macht 16, 69, 192
Machtspiele 28
Markenprodukte 173
Marketing 141, 154, 232
Marktentwicklung 212
Marktwirtschaft 238
Me-too-Produkte 173

Mitarbeiter 121
Mitarbeiterführung 107
Mitarbeiter-Rentabilität 126
Mobbing 82
Motivation 241, 258

N
Nachfolge 37
Networking 41
Neuanfang 241
Neuorientierung 205

O
Online-Marketing 166
Ordnung 264
Organisation 126, 132, 258
Outsourcing 132, 178
Overengineering 178

P
Perfektionismus 205, 227, 238
Personalrekrutierung 154
Planung 264
Präsentation 275
Prestige 33, 112, 163
Prinzip der Maximierung 103
Produktpiraterie 173
Produktpräsentation 178

R
Ressourcenmanagement 103, 209, 216
Ritual 56, 157
Routine 205

S
Schwarmintelligenz 190
Selbstbewusstsein 196
Selbstorganisation 128, 264, 268, 282, 283
Service 163
Sicherheit 166, 282
soziale Absicherung 121
Spenden 33
Spezialisierung 227
Spezialisten 141
Sponsoring 141
Stabilität 205, 232
Standardisierung 232
Standortanalyse 154
Standortsuche 275
Statuskämpfe 69
Statussymbol 49, 192
Stellvertreter 20, 37
Strategie 132, 182, 258, 283
strategische Allianz 94, 98
Stress 69, 82, 86

T
Täuschung 178, 182, 190, 192
Team 268
Teamarbeit 94, 103, 112, 264
Teambildung 69, 82

U
Unternehmensethik 121, 132
Unternehmenskultur 128
Unternehmensstrategie 212, 221

V
Vertrauen 98, 107, 112
Vorsorge 103

W
Wachstum 209
Wandel 88, 216
Werbung 150, 157, 178
Wettbewerb 49, 196, 221
Wettbewerbsvorteil 238
Wissensmanagement 37, 216, 283

Z
Zielgruppenmanagement 154
Zielmanagement 103
Zusammenhalt 121

Stichwortverzeichnis

A

Ableger 227
Absterbephase 210
Adler 45, 46
Adlerblick 46
Affen 113, 202
Affenhorde 56, 77
Affentaktik 77
Aggression 39, 73, 74
Alphamännchen 35, 78, 79
Alphaposition 77, 79
Alphatiere 80, 81
Altruismus 33, 163
Ameisen 257, 264, 265, 266, 283, 284
Ameisenkolonie 266
Ameisenstraße 283
Ameisenwürger 190
Amöbe 128, 129, 130, 132
Amöbenorganisation 130, 131
Amöbenpilz 129
Amöbenschnecke 129
Angriffe 61
Antivirenprogramm 167
Arbeitsbienen 276
Arbeitsteilung 126
Arenabalzvögel 142

Arten 232
  Entstehung 232
Attacken 74
Auerhähne 157
Ausgleich 88
Auslandsgeschäft 232
Auslese 221, 222, 225
Autonomie 133
autoritärer Führungsstil 195

B

Bakterien 166, 209, 211, 227, 245
Bakterienkultur 209, 210, 211
Balzarena 142, 145
Balztanz 157, 158, 160
Bandwurm 135, 138
Barash, Barash 73
Bärenmakaken 60
Bates, Henty 173
Bauchgefühl 255
Baumfrosch 173
Beimännchen 194
Beinhocker, Eric D. 220
Belastbarkeit 53
Bennett, Nigel 126
Beschwichtigungs-signale 63
Best practices 202, 283
Betamännchen 20, 22, 123

Beta-Wolf 27
Betriebsamöben 131
Betriebsklima 61, 121, 125
Betrüger 184
Bewährungsprobe 80
Bewegung 88
Bienen 150, 176, 257, 275, 276, 278
Bienenschwarm 280
Bienenstock 275, 276
Bienenvolk 277
Bionik 10, 288
Birkhuhn 46, 158
Blattläuse 265
Blauer Pfau 141
Blick für das Ganze 47
Bluff 198, 200
Blumen 150, 151, 153
Blütenpracht 150
Bonabeau, Eric 283, 285
Bonobos 60
Boombranchen 215
Botschaft 170, 172
Boxer 66
Brachland 213
Bradypodidae 88
Bshary, Redouan 164
Büffel 41
Bündnisse 77
Buntbarsche 67
Buy-Button 149

C

Caldwell, Roy 197
Campbell, Jeremy 173
Carroll, Lewis 238
Change Management 205, 212
Chartres, Bernhard von 205
Cheney, Dorothy 42
Cleome monophylla 151
Cole, Blaine 265
Computernetzwerk 138
Crossmarketing 98

D

Damhirschen 65
Darwin, Charles 98, 141, 221, 222, 235, 246
Darwinfink 98, 99
Dawkins, Richard 221, 234
de Waal, Frans 59, 77
Deeskalieren 52
Dekkers, Midas 89
Delegieren 16
Delfine 94, 95, 96
Delfinsprache 94
Delfinstrategie 94
Dennett, Daniel 235
Detailkenntnis 48
Dienstleister 163
Dinosaurier 241, 243
Diplomaten 77
Diskontinuität 235
Dobzhansky, Theodosius 220
Dominanz 38, 71
Drohduelle 64, 65
Drohgebärden 64
Drohlaute 63
Drohsignal 63, 64, 65, 66
Zuverlässigkeit 65
Drohung 64, 67
Dröscher, Vitus B. 271
Drosophila melanogaster 246
Duell 75
Durchsetzungsfähigkeit 16

E

Effektivität 186
Egoismus 126
Ehrenkodex 124
Ehrgefühl 126
Eigenverantwortung 131
Eindringling 64
Einfachheit 186
einschüchtern 68
Einzeller 128, 133
Eldredge, Niles 233
Elefant 37, 41
Elefantenkuh 38
Emergenz 266
Entscheiden 41, 250
Entscheider 43
Entscheidung 22, 258
Entscheidungsmanagement 250, 281
Entscheidungsverfahren 255
Entschleunigung 91
Entstehung der Arten 232
Erbgut 224
Erfahrung 37, 40
Erfolg 103
Erfolgsbedarf 106
Erfolgserlebnisse 76
Erscheinungsbild 45, 48
Eventmarketing 141, 157
Evo-Devo 220, 245, 246, 247, 248, 249
Evolution 136, 144, 220, 225, 227, 232, 241
exponentielle Phase 209

F

Fadenwurm 245
Fady, Jean-Claude 83
Fairness 49
Falter 150
Faultier 88, 89
Faultier-Strategie 88, 91
Feedback 256
feindliche Übernahme 135
Fink 98, 102
Finkenschwarm 98
Firmenphilosophie 128

Fische 63, 247, 257
Fisher, Ronald Aylmer 142
Fledermäuse 107, 108
Flexibilität 128, 131, 285
Fließgleichgewicht 210
Fortpflanzung 140, 150, 183, 224, 231
Fortpflanzungspartner 49
Franchise 232
Fritzsche, Peter 126
Führung 38, 258, 268
Führungspersönlichkeit 16, 39
Führungsspitze 44
Führungsstärke 69
Führungsstil 20, 195
Fürsorgepflicht 28, 33

G

Galapagos 98
Gämsen 46
Gefangenschaft 25
Gefolgschaft 49
Gegenseitigkeit 111
Geierschildkröte 178
Gene 230, 245
Genom 245
Genpool 232
Genschalter 246, 247, 248
Geweih 49, 51, 53
Giftdrüsen 49

Gigartina canaliculata 214
Gigerenzer, Gerd 251
Gili, Josip-Maria 186
Gleichgewicht unterbrochenes 233
Glückshormon 75
Glühwürmchen 182, 184, 185
Goldfische 104
Goldschwingen-Nektarvogel 151
Goodwin, Brian 129, 265
Gorilla 29, 57, 66
Gottesanbeterin 258
Gould, Jim 277
Gould, Stephen Jay 233
Grabwespe 250, 255
Gräser 212
Graudrossling 33
Graumulle 126, 128
Great Barrier Riff 214
Grenzen 53
Grimasse 80
groomen 56, 59
Gründerzelle 129

H

Hackordnung 117, 119, 120
Hahn 63, 117, 118
Hahnenkämpfe 63
Haie 104

Handicap-Prinzip 143, 144
Handicap-Signal 145
Harem 193
Hartnäckigkeit 77, 81
Haubenadler 90
Haubentaucher 157, 160
Häuptlinge 45
Hauser Marc D. 207
Hayek, Friedrich August 220
Herdentiere 257
Heringe 268, 269, 270
Heringsschwarm 190, 268
Herrmann, Esther 203
Herrschaftssymbol 45
Hess, Jörg 163
Heuschrecken 282, 283
Heuschreckenkrebs 196, 197, 198, 200
Heuschreckenschwarm 282
Hierachie 41
Hierarchie 34, 56, 69, 73, 117, 118, 121, 125, 128, 192, 245, 268
Hierarchiebildung 72
Hilfsbereitschaft 33
Hirsch 49
Hirschgeweih 49, 55
Hormonhaushalt 75

Hornissen 176
Hox-Gene 246, 248
Hühner 117, 118
Hühnerhof 117, 119, 120
Hummeln 150, 176
Hund 63, 66, 113
Hyänen 41, 74, 86, 87
Hyla calcarata 173

I
Image 150, 173
Imagepflege 141
Immunabwehr 167, 169
Immunsystem 134, 135, 167, 169
implizites Wissen 252
Information 262
Informationsmanagement 45, 166, 275
Initiator 43, 44
Innovation 41, 88, 201, 202, 204, 212, 221, 232, 245
Insekten 176
interkulturelle Kommunikation 98
Internet 166
Intuition 250

J
Jagdreviere 49
Jaguare 90
Johnson, Spencer 206
Junghirsche 53

K
Kakerlake 258
kambrische Explosion 234, 236
Kambriums 234
Karibuherde 271
Karibus 271
Karriere 49, 69, 77, 88, 117, 141, 196
Karrieristen 69
Katzen 63, 238
Kellogg, Winthrop und Luella 202
Kläffer 64
Klammeraffen 29
Klein, Gary 251
Klein-Alphas 25
Klinghammer, Erich 21
Knott, Cheryl 30
Kolibris 150
Kommunikation 63, 94, 98, 130, 275
Kompetenz 72, 227
Komplexität 245, 261
Konflikt 20, 49, 56, 61, 63, 69, 71, 73, 82, 86, 196, 199
Konfliktmanagement 61
Konfliktscheue 69
Konfliktvermeider 69
Könige 45
Konkurrenten 29, 54
Konkurrenz 49, 88, 157, 182, 197, 212, 238

Konkurrenzdruck 241
Konkurrenzkampf 38, 49, 50, 52
Konkurrenzprinzip 49
Konsens 97
Kontrolle 192
Kontrollgene 246
Kooperation 93, 94, 98, 102, 107, 110, 112, 113, 114, 121, 190, 192
Koordination 97
Kräftemessen 51
Krallen 49
Krankenpflege 122
Kreativität 202, 232
Krokodile 41, 42
Kröten 65
Kuckuck 178, 179, 180, 181
Kuckuckseier 180
Küken 117
Kundenakquise 154
Kundenansprache 11
Kundenbeziehung 161
Kundenbindung 151
Kundenpflege 164
Kundenservice 157

L
Laborratten 205
Lagphase 209
Lamarck, Jean Baptiste 223
Langsamkeit 89
Languren 29, 59
Langurenmännchen 59

299

Laufkunden 164
Leadership 20, 28, 33, 45
Lean-Management 283
Lebensräume 49
Leitkuh 38
Leittiere 16
Leitwolf 20, 21, 22, 23, 27, 38
Leptothorax 265
Lernblockaden 83
Leuchtkäfer 182
Lindauer, Martin 277
Lizensierung 232
Lloyd, James 184
Lockmimikry 178
Logistik 283
Long Call 29
Löwe 16, 86
Löwenzahn 152
loyale Mitarbeiter 31
Lügen 190

M

Macht 16, 53, 69, 192
Machtkampf 49
Machtspiele 28
Machtwort 31
Makaken 29, 60
Mandrills 29
Manieren 146
Männlichkeitswahn 51
Mantelpavian 192, 193
Margulis, Lynn 93
Marienkäfer 175
Markenprodukte 173
Marketing 140, 141, 144, 154, 232
virales 140, 166, 169, 171
Marketingexperten 149
Marktentwicklung 212
Marktführer 161
Marktnische 151
Marktumfeld 249
Marktwirtschaft 238
Matriarchat 122
Matten 212
Maulwurf 126
Mäuse 205, 206, 239
Mausefalle 239
Mäusestrategie 206, 208
Max Planck Institut 203
Maximierung 103
Max-Planck-Institut 113
Mediator 62
Medinawürmer 136
Meerschweinchen 69, 70, 126
Mendel, Gregor 246
Metaphern 12
Me-too-Produkte 173
Milinski, Manfred 114
Mimikry 173, 174, 175, 177, 178, 180
Miniteams 96
Misstrauen 195
Mitarbeiter 44, 121
Mitarbeiterführung 107
Mitarbeiterorientierung 121
Mitarbeiter-Rentabilität 126
Mobbing 82
Modrow, Susanne 166
Monokulturen 228
Montgomerie, Robert 148
Mörderwal 94
Motivation 241, 258
Mungos 121, 122
Munn, Charles 190
Murmeltiere 46
Musth 39
Mut 44
Mutationen 221, 224, 229

N

Nachahmer 177
Nachfolge 24, 37, 41
Nachtigall 65
Nahrung 49
natürliche Auslese 221, 222, 225
Networker 41, 95
Netzwerke 44
Neuanfang 241
neue Wege 44
Neukunden 149
Neuorientierung 205
Newcomer 185
Niederlage 76, 208

Nilpferde 41
Nistplätze 49

O
Okavango 41
Online-Marketing 166
Orang Utan 28, 203
Orca 94
Orchideen 151, 152
Ordnung 264
Organisation 11, 117, 126, 132, 258
Ortsgedächtnis 38
Outlaws 271
Outsourcing 132, 178, 179
Overengineering 178

P
Pandabär 29
Pantoffeltierchen 224
Pape, Møller Anders 148
Paradiesvögel 157, 159
Parasit 99, 132, 133, 134, 135, 136, 137, 138, 139, 163, 228
Parasitismus 132
Partnerschaft 99, 102
Partridge, Brian L. 268
Pavian 38, 41, 57, 74, 75, 193, 195
Paviankolonie 42
Peckenham'sche Mimikry 178

Perfektionismus 205, 227, 238
Personalrekrutierung 154
Pfau 141, 142, 143, 144, 145
Pfauenrad 141
Pfauenstrategie 145
Pfauenweibchen 142, 143
Pflanzen 212
Pheromone 276
Photinus 183
Photuris 183
Pinguintanz 160
Piranhas 103, 104, 105
Planbarkeit 252
Planung 264
Plattwürmer 133
Platzhirsch 50
Populationen 235
Portia schultzi 157
Präsentation 275
Prestige 33, 36, 112, 163
Prioritäten 47
Produktentwicklung 249
Produktpiraterie 173
Produktpräsentation 178
Profiverkäufer 156
Provokateur 80
Pusteblumen 152
Putzerfisch 163
Putzerfische 99, 163
Putzsymbiosen 99

Q
Quallen 186, 187, 188, 189

R
Raleigh, Michael J. 75
Rangordnung 193
Rangregel 34
Ratte 74, 105, 205, 206, 207
Raubvogel 190
Rauchschwalben 147, 149
Rayport, Jeffrey 169
Red Queen-Hypothese 220, 238
Reißzähne 49
Ren, Mei Ren 59
Rentabilität 127
Reputation 112, 113, 115
Respekt 81
Ressourcen 132, 133
Ressourcenmanagement 11, 103, 201, 209, 216
Revier 49
Rhesusaffen 60
Riesenfaultier 89
Riesenschildkröte 98, 100, 102
Riesenschlangen 90
Ritual 56, 157, 161, 162
Rivale 51
Rivalen 49, 78
Rivalität 38

Robustheit 285
Rotalge 214
Routine 205, 208
Rudelführung 21
Ruheräume 49

S
Safran, Rebecca 148
Sapolsky, Robert 78, 86
Sardellenjagd 95
Sättigungseffekt 154
Satyrmimikry 177
Scantlebury, Michael 126
Schadensbegrenzung 51
Scheinversöhnung 62
Schildkröte 98, 100
Schimpansen 29, 56, 113, 202, 203
Schimpansenweibchen 58, 59
Schlangen 121
Schlangengift 121
Schleimpilz 128, 130
Schlupfwespen 134
Schlüsselkompetenzen 245
Schmeißfliegen 153
Schmetterlinge 173, 174, 175
schmutzige Tricks 54
Schrecksignale 157
Schreitvögel 243

Schumpeter, Joseph Alois 220
Schwalben 147, 148
Schwänzeltanz 276
Schwarm 271, 272, 273, 277
Schwarmintelligenz 190, 257
Schwarm-Mitarbeiter 272
Schwarmregeln 271, 273, 274
Schwarzen Witwen 157
Schwebfliegen 176
Schwindler 191
Seeley, Thomas 279
Seescheide 216, 217
Seescheiden-Organisation 218
Seibt, Uta 50
Selbstbewusstsein 196, 199
Selbstmanagement 16
Selbstorganisation 117, 128, 129, 261, 264, 268, 269, 282, 283, 285
Selbstständigkeit 131
Selbstzufriedenheit 76
Selektion 225
Serotonin 75
Service 163, 165
Servicequalität 164
Sexualität 227
sexuelle Fortpflanzung 229

Seyfarth, Robert 42
shared values 125
Shubin, Neil 248
Sicherheit 166, 282
Sicherheitsroutinen 185
Sieger 75
Smith, Henrik G. 148
Smits, Willie 28
Solidarität 109
Sonderaktionen 149
soziale Absicherung 121
Soziale Kompetenz 70
Spammen 152
Spenden 33
Spendengala 37
Spezialisierung 227
Spezialisten 141, 228
Spinnen 154, 155, 156, 157
Spinnennetz 154, 155
Spitzhörnchen 82
Sponsoring 141
Stabilität 110, 205, 232
Stacheln 49
Stammkunden 164
Standardisierung 232
Standortanalyse 154, 155
Standortsuche 275
Starallüren 146
Startkapital 133
stationäre Phase 210
Statuskämpfe 69, 72, 81

Statussymbol 49, 192, 193
Stellvertreter 20, 37
Stichlinge 157, 158
Stichlingskunden 161
Strahlenparadiesvogel 159
Strategie 132, 182, 258, 283
strategische Allianz 94, 98
Streitschlichter 56
Stress 49, 69, 82, 84, 85, 86
Stressauslöser 86
Stressmanagement 86
Stressphasen 88
Sukzession 201, 212, 213, 214
Sündenböcke 74
Superorganismus 129, 269
Symbiose 112
Symbol der Machtsymbol 53
Synergie-Effekt 230

T
Taenia solium 135
Taleb, Nassim Nicholas 254
Tangaren 190
Tarnen 173
Taufliege 246, 249
Täuschen 173
Täuschung 178, 182, 190, 192

Team 268
Teamarbeit 93, 94, 103, 112, 264
Teambildung 69, 82, 96
Teamplayer 115
Teams 115
Termiten 257, 258, 259, 260, 261
Termitenbauten 262
Termitenmanager 262, 263
Testosteron 39
Tiktaalik 248
Tinbergen, Kikolaas 158
Tomasello, Michael 203
Toxoplasma 135
Tradition 204
Trägheit 88
Transparenz 189
Trauerschnäpper 173
Tricks 54
Trittbrettfahrer 109
Tropenvögel 190
Truthahn 192, 194
Tümmler 94
Tupajas 82, 84

U
Überlastung 88
Überwachen 113
Überzeugungskraft 68
umgeleitete Aggression 73, 74

Underdogs 74
Unkraut 212
Unkrautstrategie 212
Unkraut-Stratcgie 215
unterbrochenes Gleichgewicht 233
Unternehmensethik 53, 121, 125, 132
Unternehmenskultur 36, 128
Unternehmensstrategie 212, 221
Unternehmensvorstände 45
Urvögel 244
Utami, Suci 30

V
Vampire 107, 108, 112
Vampirgesellschaft 108
Van Valen, Leigh 238
Variation 225, 229
Vegetation 212
Venusfliegenfalle 178
Verantwortung 27, 32
Verdrängungswettbewerb 18, 196
Verhandlungen 67
Verlierer 73
Verpackung 182
Verschwendung 144
Versöhnung 62
Versöhnungsritual 62
Versöhnungsrituale 56
Vertrauen 40, 98, 107, 112, 116

303

Vielfalt 231
virale Botschaft 170, 172
virales Marketing 140, 166, 169, 171
Viren 167, 168, 169
Virus 228
Virusinfektion 169
Vögel 190, 241, 243, 257, 271
Vogelballett 98
Vogelstrauß 243
Vorleistung 111
Vorsorge 103

W

Wachstum 201, 209, 211
Wächterdienst 34
Wachtposten 124
Wagenheber-Effekt 202, 203
Wagenheberstarre 98
Wale 95
Wandel 88, 216
Wandlungsfähigkeit 128
Wappentier 45
Warnen 68
Wechselmännchen 75
Werbung 140, 149, 150, 153, 157, 178
Wespen 150, 173, 176
Wettbewerb 11, 49, 53, 196, 221
rücksichtsloser 53
ruinöser 55
unbegrenzter 53
Wettbewerbsdruck 122
Wettbewerbsvorteil 238
Wettbewerbsvorteile 226
Wickler, Wolfgang 50
Wildkaninchen 46
Wildkräuter 212
Wilkinson, Gerry 108
Winnacker, Ernst-Ludwig 166
Win-win-Lösung 67
Win-win-Situation 111, 163
Wirtsorganismus 133, 138
Wissen, implizites 252
Wissensmanagement 37, 216, 283
Wolf 20
Wölfe 66
Wüstenameisen 284

Z

Zahavi, Amotz und Avishag 33, 143
Zähne 66
Zebras 86
Zeitmanagement 17
Zellparasiten 166
Zermürbungstaktik 79
Ziegen 46
Zielgruppe 153
Zielgruppenmanagement 154
Zielmanagement 103, 106, 262
Zimmer, Carl 134
Zitteraale 66
Zusammenhalt 36, 121
Zwergmungos 121, 122, 123, 124, 125
Zwergschimpansen 60